台灣
SCANNING TAIWAN Vol. 3
世紀回味
1895 2000 文化流轉

總策劃　莊永明

遠流出版公司

台灣世紀回味
SCANNING TAIWAN Vol. 3
文化流轉
1895 2000

編著者　　遠流視覺書編輯室
總策劃　　莊永明
編輯顧問　鄭林鐘
編務諮詢　吳興文・林皎宏
專文作者　林麗雲・程宗明・吳興文・林青萍
　　　　　莊永明・許佩賢・晏山農・劉克襄
主編　　　黃秀慧
執行編輯　李淑楨・王紹中・鄭麗卿・林琦珊
前製美編　洪致芬
校讀　　　黃智偉・林蘭芳
資料匯整　王雅慧・鄭志匡・蘇麗玲
編務協力　丘　光・吳倩怡

圖片提供　莊永明・胡文雄・蔡武璋・簡義雄 等
　　　　　（各圖片提供資料標於圖下或圖側）
照片調集　劉振祥
物件攝影　陳輝明・蔡沂均・徐志初・宋依婷

視覺統籌　勤蜂設計網–吉松薛爾
製版印刷　中原造像股份有限公司

發行人　　王榮文
出版發行　遠流出版事業股份有限公司
地址　　　台北市 100 南昌路 2 段 81 號 6 樓
郵政劃撥　0189456-1
電話　　　(02)2392-6899
傳真　　　(02)2392-6658

出版日期　2002年5月1日　初版一刷
　　　　　2011年6月30日　二版一刷
定價　　　新台幣2000元

行政院新聞局出版事業登記證
局版臺業字1295號
版權所有，非經同意不得轉載
著作權顧問　蕭雄淋律師
法律顧問　董安丹律師
ISBN 978-957-32-6813-0
YLib 遠流博識網
http://www.ylib.com
E-mail: ylib@ylib.com

遠流出版公司

封面圖象：這是台北建國中學70多年前的模樣,當時稱作台北第一中學校,是台灣歷史最久的中學之一,右方的校舍1909年落成,即著名的建中紅樓。(莊永明提供,相關主題見p92-93)

目錄

【總策劃序】
文物有靈，光影不滅　莊永明 4

【出版緣起】
黑白的印象，彩色的回味　王榮文 6

編輯室萬味報告 7

如何回味本書——編例說明 8

收音機是台灣1950-60年代新聞資訊萬里通的主要媒介,相關主題見p22-23.

萬變訊息
傳世紀 10

【導言】傳媒電訊通聲息　林麗雲・程宗明 12
一張紙四條腿 14
電訊萬里通 16
為世紀寫日誌 18
異議傳聲筒 20
用聲音來傳真 22
箱子裡的世界 24
媒體管制面面觀【新辭彙・舊時語】26

翻前翻後
看出版 28

【導言】出版原野的開拓　吳興文 30
吟漢詩・寫白話 32
禁忌中求發展 34
暢銷三十年 36
筆端的文心 38
此起彼落的文化浪潮 40
雜誌的大千世界 42
奇想世界 44
印書、賣書、買書，大家來看書
【新辭彙・舊時語】46

從課外讀物、漫畫、童話，直到現今五花八門的兒童有聲書、童…出版品始終占有台灣出版業的一席之地,相關主題見p44-45。

從野台到舞台 48

【導言】台上台下　林青萍 50
人偶爭鋒 52
京劇・北管・採茶戲 54
舞台風雲錄 56
映畫・影戲・電影 58
看電影好時光 60
四方框裡的家庭演出秀——電視 62
舞蹈展新姿 64
表演「獎」不完 66
明星大觀園【新辭彙・舊時語】68

20世紀初期以來,電影就開始為台灣的常民娛樂「添味」,相關主題見p60-61.

歌謠傳唱
一百年 70

【導言】唸歌唱曲解心悶　莊永明 72
在地的聲音 74

台語金曲年華 76

從黑貓到愛拚才會贏 78

群星在閃耀 80

唱自己的歌 82

百家爭鳴 84

懷念的歌聲・禁唱的歌曲
【新辭彙・舊時語】86

台灣民謠,飽含著土地的芬芳,相關主題見p78-79.

百年樹人 88

【導言】

清早上學去,走路守秩序 許佩賢 90

學校第一章 92

修身・勞動・新生活 94

我不說方言!? 96

讀書不忘救國 98

有我們同在一起 100

跑道・體操・運動會 102

考生歲月長 104

民主多元新氣象 106

課本・文具盒與學生服
【新辭彙・舊時語】108

大光頭,西瓜皮,赤腳仙,寫真了1950-60年代台灣學童的匱乏與純真,相關主題見p100-101.

從1930年代開始揚名立萬的棒球,到1950年代亞洲鐵人的光與熱,台灣體壇也風光,相關主題見p114-115,p124-125.

更高更遠更快 110

【導言】猛虎蛟龍,場上生風 晏山農 112

棒球遠征軍 114

壘上風雲 116

動手動腳好風光 118

追趕跑跳碰 120

終點線上 122

體壇之星 124

啦啦隊俱樂部【新辭彙・舊時語】126

陽光下的山林之子——台灣原住民,20世紀百年命運多舛,相關主題見p142-143.

土地家園 128

【導言】土地・生態・人 劉克襄 130

啊,福爾摩沙 132

開山闢土 134

受傷的土地 136

天災地變 138

好山好水留子孫 140

山海的子民 142

家園夢土 144

守護家園【新辭彙・舊時語】146

拼貼台灣 148

圖騰的腳印 150

故鄉客與異鄉人 152

口號・台灣 154

台灣・表情・符碼 156

看見時間 158

感覺時間 159

聲色・台灣 160

外國人看台灣 162

情調台灣 164

參考書目 166

感謝頁 168

縱使人生的舞台流離多變,生命仍充滿歡喜與斑斕,相關主題見p164-165.

【總策劃序】
文物有靈,光影不滅

一百年來,台灣人如何學習成長、放寬視野?
一百年來,台灣人如何保存傳統、創造文化?
不同政權的不同制式教育,能夠箝制台灣人的思維嗎?
不同時代的不同文化潮流,能夠影響台灣人的品味嗎?

　　1999年春,節氣驚蟄,大地甦醒之時,我與遠流出版社合作出版了《台灣鳥瞰圖》、《台灣醫療史》之後,再和遠流的視覺書編輯室商議製作「本土視覺書」。彼時世界各地正費盡心思準備迎接千禧年,而台灣人民也為當年年底的「世紀總統大選」在摩拳擦掌。思及時潮之衝擊,我們開始討論如何為20世紀的台灣,留下可供當代及後世參照的歷史視覺書。

　　英國近代史學家霍布斯邦(Eric J. Hobsbawn)曾說:「我們的一生,是這個時代的一部分;而這個時代,也是我們人生的一部分。」時代綿亙,人生有限,見證20世紀台灣過半的年代,能將自己成長的閱歷和聽聞上一代的經驗,留存於「歷史」,這當然是我期待的工作。因此我擔任本書總策劃,不僅與有榮焉,也有使命加身的感覺。

　　當世紀更替、新舊交接的各項慶祝活動,因時過境遷而煙消雲散,究竟有多少「畫面」還留存於我們的記憶?

　　2000年1月1日,台灣第一道曙光破曉的時刻,不少人群聚在台東太麻里海濱,目睹著將黑暗從台灣驅走的光芒,他們成為台灣邁進千禧年的見證人。

　　2001年1月1日上午6時33分,21世紀台灣第一道朝陽的光線灑在蘭嶼島上,而台灣本島南端的鵝鑾鼻也在2分鐘後的6時35分出現日光。在此珍貴的時刻,有無數人前往觀賞,見證「世紀交替」的瞬間。

　　日出日落,本是自然規律,然而為什麼有人會懷抱著興奮的心情,爭看「一時」,用以見證千秋?我錯失了迎接「千禧年」台灣第一道曙光的機會,也無緣和新世紀降臨台灣時的第一道曙光交會;和這二次「台灣第一」都未能正面接觸,是不是很可惜?

　　然而,走出「千禧年」,告別舊世紀:在21世紀,我想不僅要見證「光」,也要捕捉「影」。

　　在20世紀生活了半個世紀的我,和地球上的60億人一樣,都是「跨世紀的人物」。但做為一位台灣文史的研究者,對於台灣的「光和影」,我留下了什麼見證?

　　做為一個「蕃薯囝仔」,面臨幽微難明、觀點雜遝的台灣史,有幾個問題經常在腦海中思索著:

台灣人有過的是什麼?台灣人失去了什麼?
台灣人忘掉了什麼?台灣人希求是什麼?
台灣人創造了什麼?台灣人嚮往的是什麼?
台灣人在生命長廊中,如何度過悲歡歲月?
台灣人在生活長巷中,如何追求品質品味?
台灣人在生命旅途中,如何擴展視野境界?
台灣人在生活方式中,如何選擇汰舊迎新?
其實,我的問題,本就是台灣歷史應該探索、討論的題

台南州大觀,金子常光繪,1933,相關主題見p134-135.(莊永明提供)

目。長年來，我勤於收集各種證書、收據、郵票、車票、發票、照片、入場券、電影本事、明信片……，目的無它，因我視其為史料。

「史料」是能夠檢驗歷史的重要證物，然而什麼才稱得上「史料」？史料，僅只是政府文書、官方檔案嗎？應該未必吧！無所不在、無所不有的生活「跡痕」，難道是「非史料」嗎？

執政者往往對史料採行選擇性的保存，政治立場常常會影響「史觀」。於是「修史」是各說各的話，各唱各的調，歷史好像不容庶民的存在，難道「統治者」才能做「歷史」的主角嗎？

台灣研究由「險學」轉為「顯學」，從非主流成為主流；在「台灣學」當道的今天，如果還是以統治者為中心的史觀，鋪天蓋地做台灣史的詮釋，是不足以了解整體脈絡的，用小物件看大歷史是我們的心志，《台灣世紀回味》可以說是「以民為主」的歷史書。

人民的生活史必成為未來歷史的主流，此為可以預期的觀點。也因此我相信多年的收藏物件與文件，可以「回味世紀台灣」，藉著這些斑駁碎物，做歷史片斷的追憶，更重要的是——突顯台灣人民的「主體性」！

個人的收藏，必定有所不足，況且「藏史於民」的數量是成千累萬，所以也藉他人珍藏來共同完成此龐大計劃。更重要的是撰述、編輯團隊的全力投入，始能締造成績，因此《台灣世紀回味》是「群策群力」的作業。

《台灣世紀回味》這套書分別為：政經篇「時代光影」、生活篇「生活長巷」、文化篇「文化流轉」三冊付梓，是以全視野、全方位、全思考來探討1895年至2000年的台灣歷史。

文物有靈，歷史有憑，歲月舊痕必能喚起記憶。千禧年前夕，世界各地都有人埋下「時光錦囊」（時代儲存器,Time Capsule），希望後代子孫挖掘重見天日後，來解讀我們今日的生活。也因此，我們決定出版《台灣世紀回味》，因為文物「入土」不如歷史「出土」重要。

這套《台灣世紀回味》，不止是以「政權移轉，政黨輪替」來記錄台灣的歷史，更重要的是重拾褪色的記憶，尋找失落的鄉愁，勾起疏淡的感情，傳遞斷絕的信息，讓不朽的「影」和永恆的「光」，留存於福爾摩沙，留存於世世代代！

莊永明

1960-80年代電視武俠劇,布袋戲,卡通熱潮下的尪仔標,相關主題見p68-69.(張先正,大稻埕偶戲館提供)

阿里山紀念明信片,1934,相關主題見p132-133.(莊永明提供)

1930年代的德國燐安肥料廣告,相關主題見p136-137.(簡義雄提供)

【出版緣起】

黑白的印象，彩色的回味

在光陰導演的催促下，「20世紀」百年大戲已經落幕、進入歷史了。這場戲，關乎地球上大多數人的生存與權利，以及對未來幸福的追求。其劇情高潮迭起環環相扣，精彩的程度與變遷的速度，遠遠超越此前的任何一齣戲。

我們的台灣，從來不曾在世界舞台上領銜主演，卻經常扮演著不可或缺的角色，尤其在經濟領域的表現，屢屢教人刮目相看。即使內裡的傷口疼痛，演出始終賣力。努力生活、跨越障礙，正是台灣最可貴的演出。這些足跡的留存，無論形諸於個人傳記或總體性的歷史記述，這些年來，坊間見到不少可貴的出版，遠流也參與了一部分。

自1975年遠流成立以來，在台灣歷史文化領域的出版表現，深獲各界肯定。因為，除了作者用心經營的內容深度，還有編輯群的精心調理，為閱讀的意趣加料、提味。因此，出版《台灣世紀回味》這系列圖文並茂的書，便是立意要將真實的百年人間事、奮鬥的智慧重新歸整。體例上，大膽採取主題式的編排，捨去流水帳式的編年紀事，提供予關心台灣的人，加以審視、回味。

100年的台灣生活累積了怎樣的香醇芳味？台灣人如何在自己的土地上，不斷地創新紀錄、創造第一？在《台灣世紀回味》Vol.3：文化流轉裡，硬體如通訊傳媒網路的闢設，軟體如出版原野的開拓、歌謠傳唱的多元奔放，都是陪伴我們回味的起始點。

遠流特別邀請台灣最重要的收藏家、同時也是文化研究者的莊永明先生，來和我們一起策劃編纂這系列《台灣世紀回味》專書，以生活的角度呈現西元1895年至2000年百餘年來台灣的政治、選舉、經濟、產業、交通脈動、旅遊、消費、流行時尚、通訊、出版、表演藝術、歌謠、教育、運動、自然生態與環保、博覽會……等共20個領域的發展軌跡，便格外具有意義。他的關懷，向來以台灣為重心，觸角則延伸至與台灣息息相關的世界局勢、時代背景；他的收藏，使書齋成了書災；他的解讀，則帶領讀者重新探索文物的真味。

《台灣世紀回味》關懷的面向多元、材料繁多，我們耙理出三個方向：《台灣世紀回味：時代光影》《台灣世紀回味：生活長巷》《台灣世紀回味：文化流轉》，分為三部陸續出版。書頁中飽含各色圖片與物象，風格屬於富有溫度的人文與生活記憶，而非昔時統治階層需求的、傳統的沈重嚴肅冷硬的大歷史書寫。說得確切些，不但網羅了近期的時代特色，即使舊時代褪了色的印象，都因莊永明先生與視覺書編輯室同仁們的綿密編織和解碼而鮮活起來，回復了自身的色彩與光芒。

透過版面編排的活潑靈動和豐富多元的圖像——地圖、證書、攝影照片、明信片、郵票、畫作、物件、宣傳品等等，讀者可由身邊事物著手，盡情地翻閱100年，輕鬆加入回味20世紀的陣營。畢竟，在遠流這所無圍牆、無界限的學校裡，我們可以樂在知識，樂在展讀各式歷史資料，也樂在不同見解之間的交流與激盪。

王榮文

編輯室萬味報告

要替20世紀的台灣整理出一些什麼，光是看到「世紀」這兩個字，一不小心，就會掉進「歷史」的刻板框框裡去。對一般人而言，這兩個字，常代表著枯燥乏味與不貼近生活，只有研究者，才能對它「甘之如飴」。

閱讀20世紀，可不一定非得這麼堅毅！

於是，我們選擇用大量珍貴的圖象來「回看」這個世紀，搭配上精簡的文字來「回想」這個世紀，並透過每一跨頁一個主題的方式，輕鬆「回味」台灣的20世紀。重要的是，這裡面不只有歷史味，還帶著濃濃的生活味。

我們不忘在文字上理出時間的先後，也在乎圖片中有多少你我行過20世紀「曾有的記憶」與「未見的驚喜」。我們不僅聘請專家，就20世紀台灣生活最容易引起你我回味的20個面向，做大角度的嚴謹解讀，更在占主體的篇幅裡，藉由大量的圖象光影，勾起你、你的家人、你的朋友心靈裡的互動與交通。

也許，哪一張照片中的人，就正好有你自己在畫面裡頭，抑或是隔壁的黑狗兒、黑貓姐被拍了進去。也或許，哪一張照片中的房子，就是你曾經住過的街坊、唸書的學校、談情的公園。也或許，哪一張照片中的物件，呈現了一個你怎麼樣也想像不到的世界——你可曾見過，連牛車都要有「行車執照」？

一百年的生活實踐裡，留下的影像何其龐雜，其中，握手、簽約、開幕、剪綵的鏡頭經常可見，然而，更切身的景物是市井小民的生活場景。在時空走廊裡，儘管人人只參與了一部分，但我們在本書可以觀看更多，雖然不是網羅千帆，但百年時光美景又何需一次賞盡呢？

在本書裡，我們從通訊傳媒、出版、表演、歌謠、教育、運動、土地家園等面向，來看台灣20世紀的文化流轉。其中，運動看似與文化無關，實際上運動具有高度的文化內涵，許多運動方式即源自西方；土地家園講台灣的自然生態，也談人為生態——如受壓迫的原住民、受壓迫的生存權，這些議題自然有其文化內涵。上述單元之外，還有以拼貼手法，呈現總體台灣文化現象的拼貼台灣。回首百年光景，台灣文化跨過了多變的政局，經歷了經濟社會的巨大變遷，也接受著新科技的洗禮，多因激盪，不斷流變，有千種姿態，更有萬般滋味。

拋下所有沉重的包袱吧！放輕鬆，只要有一張圖片讓你低迴再三，一段小文帶你盪進往昔的悲歡喜苦，20世紀，我們就沒有白走，20世紀，我們就有了回味。

在搜尋本書千餘張圖象與查索內文資料的過程中，編輯同仁均已竭盡所能，從台灣頭問到台灣尾；讀者在玩味之餘，若其中發生錯漏疏失，尚請不吝指正。同時，對於大量出現的唱片封套、書刊封面和珍貴影像，同仁也是盡可能徵得使用權；但仍有部分資料來源，雖詢遍萬水千山仍不可得。一旦識得此部分圖片授權者，編輯部當即依例支付本書圖片費用。倘讀者知曉並賜告，實是莫大的助力。

如何回味本書——編輯體例說明

《台灣世紀回味》系列以圖象爲主要素材，圖象廣泛包括攝影影像、廣告、海報，以及百年來生活中曾經出現過的各類文件和物件等，希望以多樣的素材，和讀者一起豐富而有趣地回味台灣百年來的生活。

總策劃——莊永明簡介

莊永明，1942年生於台北市大稻埕，國內知名台灣文史專家，公認是蒐集台灣史料最豐富的研究者之一。初中就讀建國中學時，即開始收集台灣文史資料，並以集郵與收藏書籍爲嗜好。1970年代，開始陸續在報刊上發表文章。1980年，應《中國時報》之邀，撰寫「台灣第一」專欄，每周一篇，前後一年。1984年起，專注於田野調查、記述俚諺，成果收錄在《台灣金言玉語》、《台灣警世良言》、《台灣好言吉句》……等十本書中，並常爲廣播、電視節目引用播出。1989年出版《台灣紀事》上、下冊，被奉爲研讀台灣史的「入門書」。1991年

出版《台北老街》，獲得中國時報開卷版年度十大好書。1994年製作有聲書《台灣歌謠尋根》，獲頒新聞局優良唱片金鼎獎。1995年《台灣第一》獲聯合報讀書人版推薦爲年度非文學類好書。1996年出版《台灣鳥瞰圖》，獲本土十大好書。1998年出版《台灣醫療史》，獲巫永福文化評論獎。2000年策劃遠流出版公司《台灣放輕鬆》系列和《台灣世紀回味》系列，更爲國人打開另一扇閱讀台灣史的門窗。1999年《天下雜誌》以「有系統的整理台灣歌謠、俗諺語以及獨家珍藏共同記憶珍貴的史料」選爲「影響200跨越2000」的重要人物。

現任：
◆ 吳三連台灣史料基金會董事
◆ 台北市七星田園文化基金會監察人
◆ 保生文教基金會董事

本系列以20類主題，回味20世紀的台灣。三冊內容爲：

Vol.1 時代光影篇

政治：改朝換代
選舉：選舉風雲
產業：產業演義
金融：金錢共和國
歷史照相簿：萬象博覽會

Vol.2 生活長巷篇

交通：四通八達
旅遊：遊山遊水遊台灣
時尚：有模有樣趕時髦
飲食消費：買東賣西過生活
建築：大城小鄉蓋房子
醫療：衛生醫療保健康
歷史照相簿：一樣米百樣人

Vol.3 文化流轉篇

通訊：萬變訊息傳世紀
出版：翻前翻後看出版
表演：從野台到舞台
歌謠：歌謠傳唱一百年
教育：百年樹人
運動：更高更遠更快
環境：土地家園
歷史照相簿：拼貼台灣

本書編輯五大特色

1 開章頁：主題開章篇名頁以跨頁大幅圖象，引領讀者進入主題，並以大、小幅影像古今並陳的方式，對照出時光的變異流轉。

2 導言：邀請各領域專家，以宏觀的視野，撰寫3,000餘字的導言，讓讀者在進入單元內容前，先透過文字來掌握百年歷史梗概

3 **圖文單元**：文字導言後，進入各單元內容。每一單元以一個跨頁為篇幅，跨頁內有完整的文圖整合，內容依時代脈絡流動，透過有趣或重要的圖象素材和文字邊欄，來呈現單元內容。

1 主圖：以趣味或具重要性的歷史影像，做為版面的視覺重心，回味往日情境。

人偶爭鋒
傳統戲劇今昔 1

1 主圖說：文字說明主圖內涵，讓讀者更清楚掌握影像所傳達的時空背景與訊息。
2 主文：以精簡文字析論每一跨頁主題，撰寫策略上或依年代順序進行，或呈現該主題的不同切面。

4 配圖：數幅與主題相關的配圖，呈現該主題的不同面貌。圖片提供者置於圖側或圖片下方圖說內，依版面而定。
5 物件：透過昔日生活中出現過的物件，讓讀者回味再三。

6 邊欄：補充或延伸性的內容。以文字、或者文字配合圖象素材的方式鋪陳。
7 文件：與主題有關的各式文件、戳印等，它們與影像、物件一樣，記錄了歷史的痕跡、生活的氣味。

4 **拼貼**：**8 圖象拾穗**：與主題相關但未納入前面單元的各式圖象，以跨土題、多樣並陳的拼貼手法呈現。
9 新辭彙、舊時語：針對該主題揀選各年代重要或有趣的語彙，呈現語彙所具有的意涵，以及所記錄下的歷史片段。

5 **歷史照相簿**：有別於政治、經濟……等單一領域式的編輯邏輯，靈活設定主題，選編影像，再配合文字說明，以另一種方式顯影歷史。

本書內容簡介

本書包含八大主題。每個主題設定不同顏色，標示於頁碼旁，以方便查詢。

[通訊傳媒類]
萬變訊息傳世紀
包含通訊的郵政、電信，以及大眾傳媒的報紙、雜誌（新聞、政論）、廣播、電視等。它們都是20世紀訊息流通的重要管道。

[出版類]
翻前翻後看出版
20世紀台灣的圖書雜誌出版。不同於前一單元中的雜誌側重於雜誌的媒介功能，這裡談的雜誌重在雜誌的內容本身。

[表演類]
從野台到舞台
從街頭演出的落地掃到野台戲、從1930年代的新劇到1980年代的小劇場、從螢光幕上的電視節目到電影大銀幕，看百年表演。

[歌謠類]
歌謠傳唱一百年
側重於台語歌謠的百年歌謠回顧。從庶民傳唱的土地之歌到台語創作流行歌曲，從台語歌壇到國語歌壇，從民歌手到偶像歌手，歌謠傳唱一百年。

[教育類]
百年樹人
20世紀台灣的兒童開始踏進教室接受教育。戰前戰後的政權儘管不同，相同的是國家對教育的掌控，除了灌輸知識、鍛鍊技能，學校也形塑「標準國民」。

[運動類]
更高更遠更快
20世紀「運動」引進台灣，勤動四肢不再只是勞動，也是為了運動。從球場到田徑場，我們回顧百年來的體壇盛事。

[環境類]
土地家園
從傳統生活的人與自然到現代文明的開發與破壞，從自力救濟到生態保育，從自然生態到社會環境，一路走過百年的土地家園。

[歷史照相簿]
拼貼台灣
不同類型的圖象素材，不相連貫的歷史斷片，延展出八個意向，拼貼台灣，詮釋台灣。

萬變訊息傳世紀

跨入 20 世紀，台灣走進一個通訊傳媒的新世紀。

郵政屬於古已有之的通訊方式，但是現代化運作、並服務大眾的郵政體系，則是這個世紀的產物。

真正讓 20 世紀通訊邁向「零時差」的形態是電信。從世紀初的電報、電話，到世紀末的無線通訊狂潮與INTERNET網路無國界。

新興的大眾傳播媒體，則主要包括了世紀初期即有的紙面媒體──報紙、雜誌，以及世紀下半葉快速興起的電子媒體──廣播與電視。回首百年，它們共同見證了百年來台灣媒體從威權控管，到政治解禁後資訊爆炸的歷程。

20 世紀末的台灣人，身處在高速發達的通訊傳媒世界裡，並以此改造了自己的生活。

底圖：民營大報《聯合報》的前身是 1951年三家報社聯合出刊的「三報聯合版」，這個報名記錄了當年辦報是如何的艱辛。圖為 1950年代初期「聯合版」時期，送報伕騎腳踏車出發送報情景。(聯合報提供，相關主題見p18-19)

右頁小圖：從20世紀初期的電報、電話，到後期的無線通訊，百年來的電信生活發展極速。隨著資訊產業興起，1990年代的十年間，台灣迅速走入網際網路的世界，電信的發展與應用，也推展到一個前所未有的境域。〔2000,黃華生攝,相關主題見p16-17〕

報日民全
合聯

歡迎進入網際網路世界

傳媒電訊通聲息

林麗雲 輔仁大學新聞傳播系助理教授　**程宗明** 公共電視基金會研究發展部研究員

20世紀是通訊傳媒蓬勃發展的世紀，台灣百年來的報紙雜誌、廣播電視等傳媒，
以及電信通訊，在本文中分成「新聞報刊」與「電信廣播」兩部分回顧，
至於屬於通訊領域的郵政，則在後續的相關單元中加以說明。

新聞報刊之一：威權天空下

新聞媒體是社會的公共論壇，它能影響社會成員之間的溝通、民意的形成和人民的集體行動。因此，為了控制社會，統治集團往往致力於控制新聞媒體；但人民也會反抗。在20世紀台灣，即可見到在新聞控制與追求自由的意志間，不斷拉鋸與拉扯的情況。

1895年日本接收台灣後，日籍人士在台創辦報刊。其中大部分的主事者親官方，並接受政府的優惠與津貼。但也有少部分的日人報刊批評政府，當局則予以處分，甚至查禁、停刊。另一方面，在殖民政府對新聞的管制之下，台灣人卻如「壓不扁的玫瑰」一般，追尋自主的空間。1918年第一次世界大戰後，在民族自決的世界潮流影響下，台籍知識分子追求自治的理念已然形成。1920年代，他們開始發行報刊，從事長期的文化啟蒙工作。

1945年二次大戰後，台灣社會喜獲重生，文化界人士競相以筆墨耕耘家園，一時之間，報刊如雨後春筍般出現。但隨後當國民政府施政引發民怨時，新聞界對國府由熱忱歡迎，逐漸轉為建言及批評。對於這些逆耳言論，國府在1947年爆發的228事件期間，一舉予以殲滅。

1949年後，國府開始以台灣為反攻基地，而228事件後本土報業所留下的真空，多由大陸來台人士所填補。為了控制輿論、形塑民意，政府設立官方的新聞媒體；同時為了營造自由中國形象，也成立多個「民主櫥窗」，包括支持親信開辦民營報刊。

1950年代，報刊出現兩種新發展。部分民營報刊（如《聯合報》等）以犯罪新聞為賣點，在社會新聞版上大作文章，逐漸與官方報刊在市場上分庭抗禮。相對的，有兩家民營報刊《自由中國》與《公論報》成為民主運動的發聲機關。但是，隨著該運動功敗垂成，它們也分別被迫停刊或轉手。

1960年代，異議性報刊缺乏生存空間。《聯合報》、《中國時報》等主要民營報紙，在報禁的保護下壯大；同時，由於它們在社會上甚具影響力，因此也被納入黨國的宣傳體系中。這種報業結構反映了那個時代的特色——政治上的高壓與經濟上的成長。

新聞報刊之二：異聲蜂起

1970年代，異議性報刊再起。當時，外交挫敗接踵而至，國民黨統治的正當性受到挑戰；新生代知識分子發行《大學》雜誌，要求政治改革。後來，部分成員與無黨籍政治人物結合，高舉「黨外」旗幟，公開挑戰國民黨，並發行《台灣政論》。1979年，黨外的激進派發行《美麗島》，拉高批判分貝，一步一步挑戰、撞擊官方的容忍極限。同年底所爆發的美麗島事件中，大多數黨外領袖被捕入獄。主流媒體則一致指責此「暴力事件」是由「野心分子」、「暴徒」、「叛國賊」與「煽動者」在幕後一手策劃；一時之間，台灣社會風聲鶴唳。

1980年代，黨外雜誌獲得再生的機會。林宅血案與陳文成事件均被認為與情治單位有關，為了緩和國內外壓力，政府不得不重新開放因中美斷交而停辦的選舉。選戰中黨外重新出發，並開辦雜誌爭取選民，市場上出現越來越多的政論雜誌，專門兜售國民黨統治的「黑箱」內幕。這些雜誌的印刷設備簡單、機動性強、易於搬遷，因此，可與前來查禁的警總大玩捉迷藏，並有「備胎」（預先申請的雜誌許可證）隨時可以替換。

黨外雜誌的存在，迫使主流民營報業調整言論，來回應社會的要求。在媒體及社會各界的推動下，台灣政治逐漸邁入自由化。

新聞報刊之三：媒體解禁後

在媒體自由化的浪潮中，重要的一波應該是1988年的報禁開放，新的媒體競爭鳴槍起跑。在既有的基礎上，聯合、中時兩大報系投注鉅資，發展成媒體集團，旗下各擁有多份報紙、雜誌、出版社等，並進軍網路事業。更重要的是，由於兩大報的迅速擴張，媒體成為資本密集事業，苦無資本或金主的報刊，則紛紛面臨嚴酷的考驗。

但是，1990年代末期，一個相反的趨勢出現。網路媒體給予小眾團體在邊緣發聲的機會。在可負擔的資本及人力下，他們發行電子報，把消息、觀點迅速傳送給訂戶；而讀者也可直接回應或投稿。並且，電子報能以「超連結」方式互通聲息，所以社運團體之間也能互相結盟，在「虛擬社會」中動員起來，一起參與真實世界的改造行動。

百年來，台灣新聞事業逐步形成資本密集、所有權集中的結構。在這種情況下，台灣社會如何繼續保有自主及多元的論述空間，將是21世紀所必須凝神長思的。

（林麗雲）

電信廣播之一：殖民體制下

台灣電信與廣播媒體的發展，百年之初本是一家人，其後歷經不同的政權演變與科技發展，嘗試了種種分合的面貌。百年回首，詭譎多變的發展，好似演出一齣循環劇。

1895年日本依據馬關條約占領台灣，之後逐步將島上南北的電信接通，島外與東亞、南亞電信串連一氣。總計在日治50年間，殖民政府先後完成了全島電報通路、台北至高雄長途電話線路，以及台北至長崎、澎湖至廈門、台南至廣州的海底電纜線。

島內建設之目的，為擴張日人在台勢力，進行殖民經濟開發；日治後期積極進行的島外建設，則以協助日本南進政策，建立東亞共榮圈的實體架構為重心。因此，電信設施的使用權，大部分都由日本御用機關與產業組織所享有。

日本在台灣所創設的電信管理機構為「通

信部」，聯合了郵政、電信等業務於一部，化係屬移植歐洲的PTT(Post, Telegraph and elephone)制。該部於1928年創設了「台灣放送（廣播）協會」，嗣後發展北、中、南、東四區廣播服務，並引進歐洲的執照費制度，每月向收聽戶徵收日幣一圓。

電信廣播之二：改朝換代後

1945年二次大戰束後，台灣歸還給中國，電信事業就在戰後物資缺乏、物價貶值的背景下展開復原工作。228事件的發生，反而讓原本陷入慘澹經營的電信事業出現了轉機。事變後，原先經營的大陸籍人士紛紛求去，在此空檔下，引進了務實、專業的電信人才，如任期最久的台灣郵電管理局長陳樹人及副局長方賢齊來台履職。往後數年間，他們利用國共內戰期間中央政府無暇治理的情況，成功推動改革，施行郵電分家，並解決了日治時期台籍同仁於戰後重新任職的問題，奠定了戰後電信發展的穩固基礎。

然而，廣播的服務卻不進而退。228事件時，廣播充分發揮了傳播效能，舉凡陳儀宣布的安撫措施、王添灯公布的政治建議案，以及謝雪紅呼籲反抗的訴求，都是透過廣播傳達出去。因此事件過後，廣播被當局嚴密管制。1949年，戰後接收日產而組成的台灣廣播電台，被公司化為黨營的中國廣播公司，象徵了電子媒體進入訓政時期。

電信廣播之三：分道揚鑣

1949年後，台灣進入政治緊縮的氣氛當中，國府掌控著社會各個層面的發展。然而，因為發展電信需要仰賴美援支持，而美方規定受援助國家必須使所有投資過程透明化，並以反映成本、合理利潤的務實態度來經營，反而促使台灣的電信事業繼續與國際及台灣社會同步前行（也因此留下1950至1964年間台灣電信發展的許多珍貴史料）。

這段期間最重要的發展有：成立「電話建設協進會」，以台幣一萬四千元的高裝機費，來扶植電信事業（即使如此昂貴，電話仍供不應求，每次擴充門號，皆需在台北三軍球場舉行抽籤大會，盛況空前）；採購訊號計數器，解決總統府線路壅塞之苦；將電話基本費制度，改為超次付費制；構築台灣都市電信發展的先導設計——台北長春路上之「市話北分局」，引領中山北路繁榮發展長達20年之久。

然而，廣播卻進入了軍事動員的管制之下。隨著嘉義民雄的強力中波發射站完工，台海兩岸展開一系列廣播「蓋台」大戰；另外，以執照制為名，嚴密監控廣播收聽行為，防止「匪」波滲透，務求達到「機必歸戶、戶必有照」的目標。1957年，在美軍顧問團的協助下，「中美軍人之聲」（美軍電台前身）於台北成立，一方面為台灣廣播文化開了一扇向外的窗戶，另一方面也為美國文化的輸入，取得了有利的管道。

1960至70年代，台灣進入了出口導向的經濟形態，而通訊發展與貿易需求成正比，台灣必須在短時間內取得地面微波、越洋微波、衛星等無線通訊科技，以打下國際傳播的基礎。另一方面，越戰刺激下的經濟擴展與電子零件的加工生產等，為台灣累積了相當數量的外匯存底。1960年代起，台灣以日資、黨國資本為核心，陸續成立了三家無線商業電視台，並正式將廣播、電視劃分出電信的領域，也區隔電視與廣播的營業類別，形成世界上少有的電子媒體經營模式。

電信廣播之四：面臨瓶頸

1980年代開始，台灣電信在既有基礎上已臻於成熟。面臨著市場獲利飽和的瓶頸，朝向數位化發展成了必然之路。然而，數位化的核心——電信交換機組更新工程卻無法順利進行，相關採購與招標處在詭譎的外交攏

絡爭議及本土政經勢力瓜分利益不果的局面下，台灣電信度過了十年工程弊案傳聞不斷、硝煙四起的歲月，也延緩了數位化之進程，市內電話一機難求的苦境，民眾記憶猶新，也逐漸醞釀成要求電信民營化的聲浪。

另一方面，廣播電視此時也在解嚴的衝擊下，遭到前所未有的質疑，開放經營的呼聲此起彼落。1986年中正機場報導事件，正式宣告三台無線電視公正客觀神話的破滅，也揭示出人民手持廣電科技器材(ENG)可以撼動黨國的言論禁錮。此後數年間，人民或民進黨使用電話答錄機、傳真機、火腿族、通訊社，前仆後繼地挑戰國民黨在電子媒體中的威權體制。

電信廣播之五：解禁後的發展

1990年代，國民黨終於撤守在電子通訊領域的霸權位置。然而，撤守的目的並非單純為了實現民主化，更希望藉由自由化的煙幕，讓黨營事業及民間財團瓜分市場大餅。

在自由化的趨勢下，1992年有線電視合法化、1993年網際網路服務業開始經營，以及1994年中小功率電台開放設立等，都為民眾帶來了更多的資訊傳輸管道。然而，媒體開放後，不當內容廣為散布也讓人感到憂慮。未來，結合電信與有線電視的整合寬頻傳播即將出現，又會帶來怎樣的影響？

在這充滿希望與危機的不確定年代裡，唯一讓台灣人民感到自滿與欣慰的電信科技，莫過於「大哥大」。1997年，民營行動電話正式啟運後，擁有話機的年齡層迅速擴散，邁向人手一機的目標。廣告中訴求個人化服務、新穎的生活體驗、無窮物慾的追逐，也讓手機族沈溺於自命不凡的認同與超時空的虛擬連結。是通訊還是慾望的滿足？正考驗著今後我們是否能善用電子傳播，還是受役於新科技的聲光魅影中。

（程宗明）

一張紙四條腿
通信生活百年快遞

　　台灣的郵政服務，在日本治台之前已經存在，像民間的民信局和官辦的驛站郵政均是，但在當時社會及經濟條件之下，使用郵務的頻率並不高。

　　1895年日本治台，將其本土行之多年的現代郵政移植台灣，更為普遍的郵政機構，也伴隨著交通路線的開發逐漸設立。

　　日治時期郵便局的廉價郵資，使得居民對內、對外的通信率逐年提升。以島內平信郵資為例，由治台初期一單位2錢，到日治結束時的10錢，50年間僅上漲五倍，尤其是其間還歷經了戰爭時期的動盪，實屬不易。

　　跨國的航空郵遞也在1930年代開辦。隨著台灣產業的發展，以及日本勢力的擴張，航空郵遞的通信範圍廣及中國大陸各地以及滿州國。此外，因貿易往來，也透過保險信函來遞送有價票券。

　　戰後，中華郵政承接原有的日郵組織架構繼續發展。1950年代，因應時局，台灣需要厚植經濟來支撐國防，兼具通信與金融功能的郵務機構設置得更普遍，也提供更多種類的服務。比如1960-70年代郵局開辦的錄音郵件、郵購生猛海鮮、小學生的零用錢儲蓄等服務，讓郵局成為民眾生活上不可少的一環。

　　而兩岸由統合到分立，郵政也都留下歷史痕跡。尤其在解嚴後兩岸郵件復通，多少親情企盼是透過郵政來彌補多年的缺憾。

　　近年來，在自由化的趨勢下，郵政雖然面臨了民間郵局及網際網路的挑戰，但民眾的選擇也更為多元！（何輝慶）

【現代郵政上路】台灣的現代郵政起自日本殖民時期。圖為建於1898年的台北郵便局木造建築（圖右）。順著街道遠望，北門還隱約可見。郵便局所在位置，與火車站相距不遠，以方便長途郵件的輸送。這棟建築物於1913年遭火災焚毀，今已不復存。（遠流資料室）

1 野戰郵便是日軍於1895年征台期間所設，隸屬陸軍軍郵便部，初以日人為服務對象，隔年起開放台民使用，並改隸民政，圖為台南野戰郵便局作業情景。

4 明信片是簡便的信件類型，圖中寄件人與收件人都是知名畫家，1935.（李景暘提供）

5 水路是早年重要的交通方式，船上也辦理郵務，高砂丸為台日間客輪，1938.（同4）

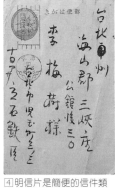

6 台北屏東飛郵便試航紀念1923.（遠流資料室）

7 台日航空郵開始紀念戳，1935.（莊永明提供）

2 北門附近的台北郵便局毀於火災後，1930年在原址附近建造新的台北郵便局，如圖所見，為一幢三層樓建築，到了戰後增蓋一層，成為現今所見的模樣。

3 日治時期各地城市規模不大，郵便士（郵差）送信多靠一雙腿奔波，圖為1940年代新竹市郵便士合照，圖中下方文字所說的「配達」，指的是遞送郵件。

8 在電話還不普及的年代，寄信是人際聯繫的主要方式，大城小鄉的郵筒裡裝滿了準備投遞出的人情事故，圖中人物是集集郵便局郵便士，約1940年代。

隨著城市規模擴大,交通方式也迅速機械化,1950年代以後,郵差開始跨上摩托車,在大街小巷穿梭,收送郵件.

10 車上的郵局——行動郵局從1950年代開始上路,服務於一些偏遠路段或特殊地區,服務的時刻一到,等著寄信或辦理郵政儲金的民眾,焦急地守候它的駛達,模樣看來像在等公車一樣,1967.(今日郵政社提供)

傳原音・保新鮮——便民郵政服務

1950-60年代,人際聯繫多仰賴魚雁往返,但寫信並非萬能。為了便民,1959年郵局開辦錄音郵件服務,寄聲人到指定郵局錄音或請郵局人員到府服務,收件地郵局人員會帶著錄音郵件及設備,到收件人家中播放。這是電話發達前的原音傳遞。此外,為商品銷售,1957年郵局也開辦郵購服務,郵局印有郵購目錄,郵購人填單繳款後,由郵局代客寄達。

15 郵購服務郵票 1961.(遠流資料室)
16 錄音郵件郵票 1960.(同15)

12 14 世界通信週是萬國郵盟於1957年訂立,指每年包含十月九日(郵盟紀念日)的那一周,目的在於鼓勵人們多寫信,溝通彼此,建立友誼.13 為了提昇郵遞效率,1970年開始推行三碼郵遞區號.日後曾增為五碼,但成效不彰.(12-14莊永明提供)

投入路邊郵筒的信,即將展開各自的旅程,向四面八方而去。郵局收件後,根據信封上的收件地,分門別類,準備分赴旅行,圖為台北郵局的分揀郵件設備,透過有趣的軌道設計,來分揀郵件,1965.(今日郵政社提供)

17 從20世紀初開始,遍設於大城小鄉的郵局就成了台灣人生活上的好厝邊,郵局除了可以寄信或寄包裹,也經辦許多金融業務,約1960年代.

兩岸魚雁路難行

20世紀前,兩岸通郵受黑水溝險阻,進入20世紀後則受政情左右。1937年中日戰爭爆發,兩岸通郵趨緊,1949年後更長期禁絕。直到1987年解嚴後,兩岸郵政才逐步放寬。

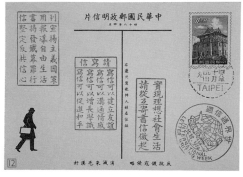

18 日治時期台灣寄福建郵件.
19 20 1950年代,從安徽輾轉寄台郵件,背面還貼上毛澤東像郵票.
21 解嚴後,以通信不通郵的方式經香港寄台郵件.(18-21何輝慶提供)

民營快遞宅急便

除了公營郵務,1960-70年代,隨著台灣邁入工商社會,許多行業對遞送服務需求更多,時效上也要求更快,中小型的民營快遞公司因而陸續增多,提供都市短距快遞服務。1980年代後期以來,隨著政治開放與商業暢旺,一度還出現民營郵局,而國外快遞公司也進軍台灣,讓全球都方便快遞。2000年,國內便利超商業者引進日系宅急便服務,提供更便利的大眾化服務。

郵筒演進一覽表

22 此郵筒以水泥製作,因體積笨重,搬運不便,1956年起由鋼板壓製的郵筒所取代.
23 以鋼板製成,內置隔板,兩側設口,分受本埠,外埠郵件.
24 專收平常包裹的鋁質郵筒,1958年起設置,後因停辦平包業務而撤銷.
25 單口普通信箱,設置在投寄郵件較少的區域.
26 以玻璃纖維製作,取代原有的鋼製郵筒,於1973年起試用,使用至今.
(22-26郵政博物館提供)

1945-50年代	1950-70年代	1958年	1970年代起	1970年代起
單口郵筒	雙口郵筒	平包郵筒	單口普通信箱	方柱形信箱

電訊萬里通
電信生活百年傳訊

1895年日本治台,台灣的電信事業也隨之起步。1930年代,日本積極擴張版圖,台灣成爲帝國南進的通訊樞紐,更進一步奠定電信事業基礎。

1945年日本戰敗,國民政府接收台灣,導入抗戰期間中美電訊合作的經驗,此舉也註定了日後台灣通訊產業與美日兩國通訊產業既競爭又合作的糾葛關係。

□公用電話專用幣,1970年代後期.(張先正提供)

1950-60年代在美援協助下,台灣不但復原了戰前的通訊效能,同時也邁入機械式通訊交換時代。另一方面,原本屬於奢侈品的家用電話,也因美援政策下的費率改革、經濟成長後的消費需求、以及中小企業與外銷的崛起,促使政府推出貸款裝機的方案,來普及電話服務。然而,在1970年以前,電話的服務只是從軍事動員用途,擴散到政府、企業與專業經營的領域上。

1970年後,電子交換技術逐步成熟,國際通訊管道——衛星與海纜也開始暢通,使台灣具備一個完整的電信服務體系。

另一方面,電話發展面臨市場漸趨飽和的瓶頸,也逼使電信事業朝向數位化發展,並提供附加服務以擴大經營面。1980年後開辦資料傳輸業務;1989年開放固定式汽車行動電話,隔年開放手持式行動電話,電話躍入一個嶄新的個人化、全時性的消費時代。1994年開放網際網路服務,電信服務將電腦推入家家戶戶,一個功能整合的未來通訊屋逐漸浮現。(程宗明)

②1900年,台灣總督府在島上的北中南三地,分設電話交換局,開啓了台灣20世紀電訊傳聲的事業.圖為台北電話交換局人工轉接機房,1918.(遠流資料室)

③日治時期,電話用戶慢慢增多,1930年代末期全台用戶突破兩萬,為因應日益增多的使用人口,1937年落成的台北電話局改採自動轉接系統.(遠流資料室)

④電話號碼共幾碼,反映用戶總數,以用戶最密集的台北市為例,1930年代電話已達四碼,而畫面上方的兩碼電話,顯示當地用戶不足百戶,1942.(莊永明提供)

⑤跨入20世紀,台灣人也走進了一個電信生活新時代,電的出現不只點亮了夜晚的街道,電在通訊上的應用,也讓訊息電傳千里遠,其中電報是最早被廣泛使用的電信服務,圖為1933年電報計費表,上頭說明了計費方式,除了計算電報字數,還分使用的語文種類與距離遠近.(莊永明提供)

⑥在電話普及前,重要消息多由電報發送,圖為1932年的電報送達紙.(陳慶芳提供)

⑦⑧隨著電話裝設日益普遍,電話簿也印製發行,標示出當年電信生活樣貌,1930年代.(遠流資料室)

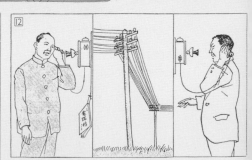
⑨1900年台北電話交換局徵募接線生廣告.(遠流資料室)

⑩⑪1934年台日間無線電話啓用,圖為相關廣告兩則.(同⑨)

⑫早年打電話的模樣,取材於1936年國語(日語)教本.(同⑨)

電話機演進一覽表

⑬-⑱20世紀初使用的磁石電話又大又笨重,撥用時需先搖柄摩擦磁石發電,共電式電話改由電信局供電,體積輕巧不少,戰後,轉盤式、按鍵式電話相繼出現,到了無線通訊時代,行動電話除了愈趨精巧,功能也越來越多.(⑬-⑱簡義雄提供)

⑬	⑭	⑮	⑯	⑰	⑱
1900-10年代	1910-20年代	1930-40年代	1950-60年代	1970-90年代	1990年代
人工磁石式電話	人工磁石式電話	共電式電話	轉盤式電話	按鍵式電話	早期行動電話

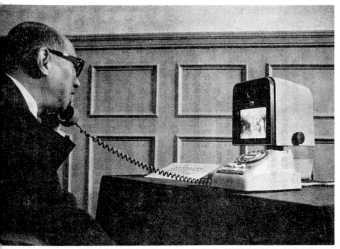

早期撥打長途電話,需經由電信局人工轉接,1968年台北-基隆間同軸電纜鋪設竣工,兩地直撥電話就此啓用,人工轉接長途電話的時代也逐漸落幕,圖為竣工啓用典禮上,副總統嚴家淦與基隆市長通話,現場還設置了影像畫面,讓新技術的效果更為眩目.(遠流資料室)

⑳1970年代前,家用電話仍不普及,圖為新竹某眷村,全村僅有一台軍用電話,設在村長家,鈴響時,村長日夜無分跑全村叫人聽電話.(荊廣禹攝)

電訊會轉彎──太空通訊

電訊傳輸分有線與無線。無線通訊藉由基地台收發電訊,效能受到地形限制。透過以衛星為中繼站,人類克服了地形上的阻隔。1969年,台灣開始建造衛星訊號接收站,登入太空通訊時代。1990年代,更透過技術合作的方式,開始擁有自己的衛星。

今日中國 The Republic of China TODAY

㉔陽明山上的人造衛星地面接收站,1971.(遠流資料室)
右㉕台灣首顆商用衛星紀念電話卡,1990年代.(莊永明提供)

㉑早年撥打國際電話係由人工轉接,因線路不足,還需事先預約,通話地區也有限,1950年代.(遠流資料室)
㉒隨著公司行號的電話分機越來越多,電話轉接需配置交換機,圖為1965年人工交換機廣告.(同㉑)
㉓電話普及前,電報是人際互通重要管道,圖為1953年國際電報廣告,人生大小事,盡乎其中.(同㉑)

無線通訊熱

㉖電報交換機(Telex)是1960-00年代的貿易利器,1980年代.(瑞龍公司提供)

⬇**【電話線編織新世界】**1990年代,無線通訊狂潮席捲台灣,短短數年間,行動電話達到近乎人手一機的高持有率。另一方面,在有線通訊基礎上,也編織出網際網路新世界。透過電訊纜線,數據化訊息快速傳輸,無遠弗屆。20世紀末的電信生活裡,有線與無線各自發展,也交雜共生,新通訊產品如網路電話、行動上網等不斷推出。(2000,黃華生攝)

歡迎進入網際網路世界

傳呼機的暴起暴落,表徵了1990代通訊的激變. ㉘無線通訊市場放肆,號碼盜拷嚴重. ㉙㉚通訊系統從單頻到雙頻的演變,不只讓行動電話跨國漫遊,也帶動大量商機. 行動電話易付卡.(㉗-㉛莊永明提供)

爲世紀寫日誌
閱覽百年報業

台灣近代化報業開始於日治時代。1896年日人創辦《台灣新報》，翌年再有《台灣日報》創刊。1898年《台灣日日新報》合併上述二報而成立，爲日治時期台灣發行最久、規模最大的報紙。

台籍知識分子也不讓日人專美於前，1920年代發行「台灣民報」系列，由《台灣青年》（月刊），發展成《台灣民報》（從旬刊、半月刊演變爲周報），及《台灣新民報》（從周刊再到日刊），並在各地廣設「讀報社」，以達到文化啓蒙的目的。

戰後初期，改朝換代之際，政治管制稍弛，一時之間許多報紙相繼創刊。戰前的台籍報業人士也創辦《民報》、《人民導報》、《大明報》等，直到1947年228事件爆發後，被當局勒令停刊爲止。

1950年代，在「戰時需要」的理由下，國民政府陸續頒布「限證」（許可證從嚴）、「限印」（發行所限一地）、「限張」（出刊張數限制）成爲往後報禁主要依據。1960年以降，台灣只有31家報紙，其中，黨政軍經營的有15家，民營有16家，在各自的市場中享有壟斷或寡占的地位。其中《聯合報》與《中國時報》更坐擁台北市日報市場，在官方保護與經濟成長的庇蔭下，打敗省營《台灣新生報》及黨營《中央日報》，逐步成爲報業集團。

1988年報禁解除，在報業巨人分食大餅下，資本小的報刊，如《自立晚報》等紛紛不支倒地。苦無金主的報紙，如《首都早報》、《明日報》等則「曇花一現」。20世紀末的台灣，資本已成爲報刊生存的關鍵！（林麗雲）

□殖民政府傳聲筒「台灣日日新報社」外觀,1920年代. 簡義雄提供

②台灣民報以「台灣人唯一之言論機關」自許,1925.

③台灣民報傳達知識分子的改革言論,並設讀報社,以啓民智,1927. 莊永明提供

④日治時期內地（日本）進口報紙的廣告.

⑤以發揚台人言論自由的台灣民報,卻在東京發刊,反映言論受到限制的情況.圖為1923年創刊.

⑥⑦1928年台灣民報發行量突破一萬份,圖為當時出刊的紀念號與標誌.

⑧1929年台灣民報改為台灣新民報.

⑨台南新報發行量僅次於台灣日日新報,稱霸南台灣.（⑤-⑨遠流資料室）

新生報資料片 國史館提供

⑩台灣新生報創刊於1945年10月25日,是戰後第一份報紙,為台灣省行政長官公署接收日治末期「台灣新報社」改組而成,圖為報社營業組情景,1951.

聯合報提供

⑪聯合報最初由台北市三家報社合併組成,圖為送報伕出發送發報情景,1950.

⑫從家國大事到鄰里瑣事,報紙是時事的最佳代言人,圖為舊高雄市立圖書館外設置的露天讀報欄,1950,蔡高明攝.

1950-70年代報紙廣告,由左至右,由上而下,依序是:

⑬台灣新生報挾著省營事業的優勢,與中華日報、中央日報,同為1950年代台灣三大報,1952.(遠流資料室)

⑭中華日報1946年於台南創刊,為國民黨所創辦,1948年增辦北部版,但發展上仍以南部為主,1973.(同⑬)

⑮中央日報由國民黨創刊於上海,1949年遷台,1950年代率先採用套色印刷,並推出飛機送報,讓南部人可當日讀到北部報,1955.(同⑬)

⑯公論報由李萬居創刊於1947年,與自立晚報同樣以新聞獨立著稱,也因此數度遭到停刊處分,1965.(同⑬)

⑰中國時報前身徵信新聞創刊於1950年,歷經慘澹經營,1970年代起,與聯合報並列台灣兩大報,1966.(同⑬)

⑱從三報合一的聯合版,聯合報逐漸發展成擁有數份報紙的報業集團,1984.(同⑬)

新聞最前線——通訊社

通訊社是新聞消息的供給者。日治時期,台灣已有通訊社。1946年,國民黨所辦的中央社來台設分社,成為本地才興報業所倚重的稿源。1949年中央社遷台,繼續扮演新聞最前線的角色。1996年,經立法程序成為國家通訊社。

㉑中央通訊社1924年創立於廣州。(鄭麗卿提供)

㉒報禁解除後,一時之間出現許多新報,圖為創刊於1989年的首都早報版面。

數位新報業

隨著台灣登入網路時代,透過網路發送的電子報也出現。1995年,中國時報上網,讓報紙跨上數位平台。同年,南方電子報發刊,標榜讓「非商業」理想在網上發聲。

上㉓明日報於1999年上線.(同⑬)
下㉔南方創於1995年.(陳豐偉提供)

⑲1949年後,多項動員時期法令箝制了報業發展,1988年報禁解除,諸多不合理限制才解除,圖為中國時報編輯部每天倒數報禁解除日,1987,蕭嘉慶攝.

㉑1947年創刊的自立晚報,標榜無黨無派,獨立經營的辦報理念,1990.

●【為新聞自主而走】報禁解除後,報業競爭殘酷。在虧損累累的情況下,1994年自立報系面臨易主的命運,員工擔心新資方改變報系風格,因此,在記者節主辦「901為新聞自主而走」的遊行,以爭取媒體內部新聞自由、簽訂編輯部公約為訴求。(劉振祥攝)

異議傳聲筒
政論雜誌與新聞雜誌

百年來，台灣歷經長期的威權統治，較容易獲准創辦及營運的媒體——雜誌，則每每成為威權天空下的異議傳聲筒。

日治下的1920年，台灣留日學生在東京創辦《台灣青年》，掀起了異議媒體的先聲。其後由於訴求對象由留學生變成本地知識分子，《台灣青年》改名為《台灣》，1924年再由《台灣民報》取代，並將編輯部移回台灣。1927年，台灣左翼團體也發行《台灣大眾日報》等雜誌。這股本土的論述力量延續到戰後初期。

戰後1950年代，《自由中國》推起另一波聲浪。它由胡適命名，殷海光撰稿，雷震為負責人，原受國民黨補助，目的在批判共產政權，後來卻連國府的威權也一併批判。奈何，在「萬山不許一溪奔」的情境下，1960年國府以「匪諜」之名逮捕雷震，《自由中國》也遭停刊。1960年代，台灣就沒有異議性刊物了，只有《文星》提供青年思想上的啟蒙。

1970年代，雜誌成為新一波黨外運動組織與動員的工具。1970年代初，新生代知識分子發行《大學》雜誌，要求政治改革。中期，黃信介發行的《台灣政論》，以及偏社會主義的《夏潮》相繼問世。稍後，黨外的溫和派與激進派分別發行《八十年代》及《美麗島》，後者更是旨在「組織一個沒有黨名的黨」，發行量達十萬份以上。1979年美麗島事件後，各路黨外勢力分別發行雜誌，為選舉做準備。1980年代中期，黨外雜誌盛極一時，影響所及，非黨外的政論性雜誌，如《新新聞》、《南方》等也相繼出刊。

弔詭的是，真正危及異議雜誌生存的，並不是官方的管制，而是1980年代末期以來、政治自由化發展後的主流媒體競爭。在官方的查禁下，黨外雜誌猶有商機；但是政治自由化之後，主流媒體也碰觸政治禁忌，吸納了黨外雜誌的議題，使得曾經風起雲湧的政論雜誌，頓然失去市場上的利基。打完光榮的大小戰役，政論雜誌紛紛卸下戰袍，被迫熄燈休兵。（林麗雲）

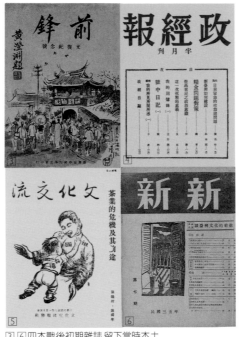

① 由留日青年所創辦的台灣青年，是台灣20世紀第一份政論性雜誌，圖為位於東京的雜誌發行所，1920年代。(莊永明提供)

② 台灣青年創刊於1920年，1922年改名為台灣，擴大召，圖為台灣青年創刊號與創辦人物，1925。(莊永明提供)

另類異聲：八卦新聞雜誌

在戰後異議雜誌衝撞言論尺度的風潮外，另有一類雜誌也為當局所忌。這類為數不少的雜誌，以捕風捉影的小道消息、情色花邊為內容，在報攤上等待著讀者的蒐奇。1954年，文化界發起文化清潔運動，政府也著手查禁這類雜誌，不過仍然無法徹底掃除這股異色風。

⑦⑧ 1950年代八卦雜誌。⑦莊永明提供 ⑧林皎宏提供

③-⑥ 四本戰後初期雜誌，留下當時本土與外省知識分子對時勢國政的議論，也見證了1947年228事件前曇花一現的言論空間。(③-⑤傳文文化提供⑥鄭世璠提供)

⑩ 雷震入獄十載，出獄前，迫於形勢，寫下切結書，也記錄下言論受壓制的年代，1970。(中央日報社提供)

⑪ 自由中國豎起1950年代的言論標竿。(遠流資料室)

⑨ 自由中國創刊於1949年，從最初的議論時政，逐漸成為一股批評當局的力量，圖為主要成員舉辦座談會時合影，1960。

⑫ 中華雜誌1964年創刊，以敢言著稱。

⑬ 十字論壇是黨外雜誌的先聲。

從文星到黨外雜誌時代,李敖(右)都是風雲人物.梁正居攝.

李敖主編文星後,引發了60年代的中西文化論戰.

莊英翔提供

大學雜誌於1968年創刊,初期的內容側重藝文性.

莊永明提供

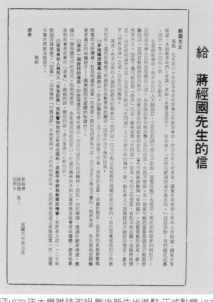

給 蔣經國先生的信

遠流資料室

1970年大學雜誌改組,戰後新生代進駐,正式點燃1970年代的論政風潮.圖為雜誌呼籲當局能廣納青年真心話.

18-23 1970年代中期興起的黨外雜誌,炙熱了往後十年的言論空間,從台灣政論,夏潮,八十年代,到美麗島,標示了第一波浪潮.美麗島事件後,隨著黨外勢力再度集結,另一波高潮來臨,黨外雜誌此仆彼起,數量空前,更以多份雜誌逐日接續出刊方式,來突破報禁.(18林岐宏提供,19,21-23莊永明提供,20遠流資料室)

【衝破言論禁忌】解嚴前,黨外雜誌不斷挑起禁忌議題,挑戰言論尺度.另一方面,除了以雜誌為陣地,黨外人士也發起街頭運動,讓禁忌話題走上街頭.圖為1987年「時代」系列雜誌負責人鄭南榕(右二)參與民進黨發起的228和平日遊行.(宋隆泉攝)

24 中時報系所創辦的綜合性周刊——時報雜誌,創刊於1979年底,在黨外政論雜誌蜂起之際,開啟了一個以新聞性報導為重的雜誌走向.(鄭振提供)

25 1975年聯合報系所創辦的中國論壇,算是大學雜誌後另一份能夠凝聚知識菁英的園地,不過僅止於學者論述.(遠流資料室)

26 搶在解嚴前創刊的新新聞,歷經政治激變的年代,媒體自由化後,也面臨了轉型的課題.(莊永明提供)

27 新新聞創辦者司馬文武(左一),南方朔(右一)等人,1987,蔡明德攝.

用聲音來傳眞
廣播放送新世界

廣播爲台灣最早出現的電子媒體。1931年啓用的台北放送局，象徵了日治時期現代科技與公共收聽費制度的整合。

戰後，台北放送局收歸國民黨產，改爲台灣廣播電台。1947年228事件首日，民眾攻入電台，成爲民眾心聲的宣洩管道。

1949年國民黨將之改組爲中國廣播公司，主導無線電節目發展。中廣與政府、美國簽約播送政治宣傳節目，台灣的廣播成爲冷戰時期圍堵「匪」波陣線之一環。除了島內禁絕收聽彼岸廣播之外，在島外更要形塑「自由中國」的美好形象。

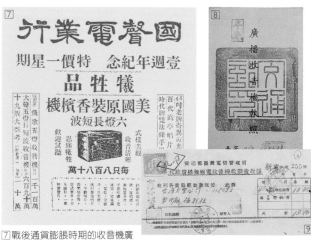
①1940年代收音機.（台北228紀念館提供）

在高度的軍事動員與管制之下，台灣的廣播度過了單一色調的戒嚴年代。廣播從業員遭政治整肅時有所聞，電台裡賣藥廣播與西洋流行音樂放送，則成爲單一選擇的例外。

解嚴後，政治異議活動崛起，地下廣播成了最佳媒體。抗議政府取締之抗爭活動也登上了國際輿論頭版新聞，迫使政府優先讓廣播解禁，開放頻道。

1993年開始出現的中小功率新電台，讓台灣的天空更多元，廣播轉型爲特定族群、文化的集聲機。有的耕耘社區，有的在艱困中尋求定位，有的成爲汽車駕駛的資訊傳播樞紐，或都市精英文化的消費指標──交織成繽紛的聲波網絡。（程宗明）

②台灣的廣播事業興起於1930年代,圖爲台北放送局,1931年開始放送.

③台南放送局於1932年開始放送

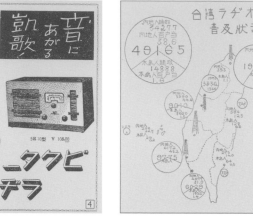

④1940年代進口收音機廣告.
⑤日治時期,全台共有五座放送局,圖爲1940年廣播概況圖,當時花蓮放送局尚未設立.（遠流資料室） ⑥二戰期間,廣播成爲動利器,圖爲青年團收音機體操徽章,1940年代.（林漢章提供）

⑦戰後通貨膨脹時期的收音機廣告,每台舊台幣880萬元,1949.（遠流資料室）⑧收音機執照,1959,⑨廣播收聽費收據,1951.（⑧⑨莊永明提供）從日治時期到戰後的1973年,廣播收聽實施證照制.

⑪1970年代中期電視機普及前,聽廣播是生活裡的主要消遣,除了歌唱節目,電台製播的廣播劇也風靡一時,圖爲南投中興電台的廣播劇團成員,1960年代.

⑩1950-60年代是廣播的黃金年代,圖爲1952年行政院長陳誠在廣播節大會上致詞,前頭站滿了電台麥克風,鄧秀璧

⑫廣播劇是全憑音效的戲劇,也正因爲看不到,製作者與收聽者都很需要發揮想像力,圖爲廣播劇錄製情景,1970年代.

13-21 1950-80年代重要電台標誌及創立時間. 由左至右,由上而下依序為空軍1946, 正聲1950, 鳳鳴1950, 警廣1954, 幼獅1956, 復興1957, 天南1958, 教育廣播1960, 中國廣播公司1928. (13-21遠流資料室)

↑【神奇盒子】小小盒子竟然會說話、會歌唱,初見這番情景的人,不免都睜大了眼,豎直耳朵,聚精會神。如此神奇,讓無聲的虛空,轉為一片喧鬧,讓遠方聲傳耳邊,讓老少三代同堂圍坐,樂此不疲。（1960,中國國民黨黨史會提供）

22 正聲電台1950於台北創台,其後在各地續設多家分台,早年有民營第一大電台之稱,圖為開台廣告.
23 日航買下電台時段,播放舞曲,轉開收音機,自己就可以辦舞會,1962.
24 中廣克服許多技術困難,轉播登陸月球實況,1969. (22-24遠流資料室)

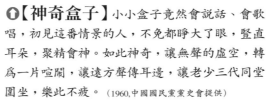

25 1949年後,兩岸政權隔海對峙,陸上的戰爭結束了,但空中的聲波大戰才開始,圖為台灣對大陸廣播圖,1959,鄧秀璧攝. (中央社提供)

26 美軍電台是美國協防台灣時所設,即ICRT前身,圖為電台的美籍播音員,1955,秦炳炎攝. (同25)

地下電台掀起聽眾call in熱潮,圖為台灣之聲播音室,1990年代,薛繼光攝.

28 1990年代電台解禁後,廣播大戰開打,新電台也讓空中的聲音更多元,圖為電台街頭播音室,邱瑞金攝. (光華雜誌社提供)

[1] 1960年代台灣邁入電視時代,不過在電視台開播前,民間已著手培訓人才,圖為光啟社電視講習班,1961,潘月康攝.

[2] 1962年國慶日,台視開播,成為台灣第一家電視台,初期每天播出五小時節目,圖為台視開播酒會情景,潘月康攝.

[4] 電視台成立前,新奇有趣的電視已被用來促銷商品,1959.(遠流資料室)

[5] 電視實況轉播,滿足觀眾無法親臨現場的遺憾,1964.(遠流資料室)

[6] 繼台視之後,1969年中視開播,兩年後,華視也出現在頻道上,獨霸30年的三台時代來臨,直到1997年民視成立,無線電視的天空才有變化,1972.(遠流資料室)

[7] 電視走入客廳,成為家居消遣的重心,取自空飄大陸傳單,1965.(莊永明提供)

箱子裡的世界
電視媒體實錄

1962年台灣第一家電視台「台灣電視公司」成立,它所製播的電視節目如群星會、古今奇譚、田邊俱樂部、兒童世界、台視交響樂團、星期劇院、電視歌仔戲、布袋戲、神機雷鳥號等,則成了第一代電視觀眾的深刻記憶。

1971年起三家電視台三足鼎立的局面形成,更激烈的商業競爭,卻讓節目品質惡

[3] 台視成立時,國內尚無電視機生產,因此台視不但負責製播節目,也製銷電視機,1962.(遠流資料室)

化,廣告更多,連續劇由收視率來決定播出長短。

除了商業因素左右電視發展之外,三家電視台長期在黨政軍資本的介入控制之下,更成為威權政治的傳聲筒。可悲的是,在缺乏民主制衡的環境中,顛覆這種不良電視媒體生態的力量,實際上卻是來自另一股低俗的暗流,反映出台灣本土社會之情慾文化。1980年起冰果室的閉路電視開始流行,放映一些日本摔角

節目,其後衍生出第四台的家庭閉路電視,以放映色情片為主。脫軌的演出,卻衝擊了威權社會的框架。只准三家電視台設立的鐵制,也受到各界嚴重質疑。1987年解嚴後,遊行示威、小蜜蜂噴漆、無線電波干擾等民主抗爭作為,鋪設了有線電視百家爭鳴的合法道路。

不過,有線頻道開放後,為了填滿萬花筒般的頻道組合,台灣的電視少了政治力的干預,卻換來更多的感官與功利訴求。威權控制的陰影仍在,公共電視是否為一出路,正考驗著知識社會的理想是真實或屬幻影。(程宗明)

看電視要執照

依循早先對收音機的管制措施,1959年政府公布電視廣播接收機登記規則,對電視機持有,也採登記制,由警備總部負責,目的在於掌控這類具有敏感性的電子器材。1973年,警總修正動員時期電子器材管制辦法,電視、收音機不再列入管制,行之多年的登記制也走入歷史。

[8] 電視機執照,1972.(莊永明提供)

[9] 1969年台灣第一座衛星地面台啟用,台灣從此跨衛星通訊時代,衛星的越傳輸效能,也很快運用在播上,1970年代台灣青少揚威美國的畫面,就是透衛星實況轉播,圖為1977電視台廣告,顯現當時在早資源有限的情況下,新聞送達的路徑.(遠流資料

公共電視　公視　Public Television Service Foundation

[13] 為了提供非商業性的電視節目,1984年台灣的公共電視節目開播,隸屬於廣電基金會,圖為此時期的公視標誌。(遠流資料室)

[12] 1980年代開播的華視新聞廣場屬於時事論辯性節目,是1990年代call in節目的先驅,1987,謝三泰攝。

[14] 1997年公視法通過,公視改組為財團法人,設電視台,在已徹底商業化的頻道中,保障非商業空間,圖為公視新標誌。(同[13])

[1] 三台媒體公信力不被信賴,民眾圍看獨立影像工作隊綠色小組所拍攝的新聞,1986,劉振祥攝。

[1] 台灣電視媒體長期受到政府操控,報導不公,解嚴前後引發多次民眾抗議事件,1986,蔡明德攝。

[15] 1984年日本發射百合2號,開啟亞洲衛星直播時代,圖為山區接收衛星訊號的小耳朵,梁正居攝。

【搶新聞】1990年代媒體解禁之後,各種媒體在數量上都急遽增加,競爭更為激烈。以電視為例,無線電視由三台變四台,加上為數更多的衛星電視台,讓搶新聞場面混亂。圖為1993年連戰被任命為行政院長後,媒體採訪人員蜂擁而上、爭相發問的情景。　(許伯鑫攝)

紙面を刷新

漢文欄愈々廢止

臺灣日日新報社

[1]

同志に訴ふ

明治大帝の御言葉を冒瀆し
皇道の擴充を阻止したる
日本教育の反逆者

淡水中學校を變革せよ

一記者

[4]

日本教育の反逆者

淡水中學校を變革せよ

[4]

豫算八十餘萬の

桃園水租評議會

前後兩天異議百出
把豫算額創減六萬

[5]

臺灣地方自治の

「改革建議案可決」

臺灣議會請願審議未了

[5]

臺灣省行政長官公署代電

行政長官 陳儀

[2]

人事室

[2]

台灣省政府代電

主席 吳國楨

新聞處

[3]

警 告

[6]

六社共同聲明

臺灣日日新報社
興南新聞社
臺灣新聞社
臺灣新報社
高雄新報社
東臺灣新報社

省新聞處

告誡本報

[11]

自由中國雜誌

恐難按期出版

[11]

本報奉令

停刊三個月啟事

[9]

李玉階啟事

[8]

停刊

自立晚報

刊

39年
11月
17日

40年
9月
22日

[10]

旅天開新 NEWSDOM

[12]

Chairman Hua with Marshal Yeh, Gen. Chen (right): Thwarting the 'gang of four'

...ary Long March, Yeh considers military professionalism more important than revolutionary zeal. As a result of his moderate leanings, he was attacked by Chiang Ching and other radicals, and when Deputy Premier Teng Hsiao-ping, a fellow pragmatist, was purged last spring, Yeh reportedly stormed out of a Politburo meeting and declared: "I've had enough." How active a role

Wang: More

Hsu: Wa...

Peking Prodigal Son
With Chairman Mao visibly enfeebled and Premier Chou En-lai gravely ill,

First Deputy Premier T... (above), a disgraced 'n... the Cultural Revolu... back as the de facto le...

媒體管制面面觀

【圖片說明】 ①1937年殖民當局廢止報刊漢文欄.(流通海資料室) ②③戰後初期禁用日文.(同①) ④⑤日治時期官方刪除內容的手法.④莊永明提供 ⑤同① ⑥《台灣民報》所刊啟事,顯示官方干預情形,1925.(同①) ⑦二戰末期,官方強制六家民營報社合併,以統一言論口徑.(同①) ⑧1953年《自立晚報》因文字不當,遭停刊三個月.(同①) ⑨1960年《公論報》報導雷震案,遭官方告誡.(同①) ⑩1950年《自立晚報》因文字觸怒當局,停刊數月.(同①) ⑪雷震案發生後,《自由中國》被迫停刊,圖為《公論報》報導.(同①) ⑫《旅行雜誌》因內頁查扣而致函讀者,1985.(同①) ⑬⑭國外書報也在管制之列,圖為雜誌上經加工處理的毛澤東像,1977.(同①) ⑮⑰黨外雜誌遭處分的公文.⑮流通海資料室 ⑯鄭南榕基金會 ⑱解嚴前,記者出國,申請費時.(鄭林鐘提供) ⑲出版40期,遭查禁24期的時代系列雜誌,1984.(同①) ⑳⑫1950-70年代,民眾購買電子通訊器材,皆須申請使用執照.(同①) ㉓集郵袋宣導不集「匪」郵,1981.(同①) ㉔開放人陸探親後,兩岸通郵仍需曲折,郵件要經由香港轉達,1989.(何輝慶提供)

新辭彙·舊時語

【食割】 日治時代,在報刊上所發表的文章,因觸犯言論禁忌,而被言論檢查單位以留白方式處理,也就是後來所稱的「開天窗」。

【禁行】 日治時期,報刊言論不當之情節嚴重者,予以禁行處分,即停止發行。國府時代,政治干預媒體的情況依舊,以「混淆視聽,挑撥政府與人民感情」為由的報刊查禁行為也屢見不鮮。

【號外】 1940-60年代,報紙於正常出報之外,每遇有重大突發事件,為搶先發布消息而另外印行的消息稿,大...

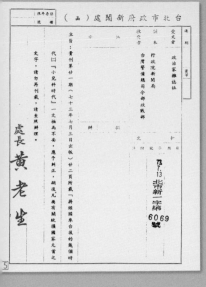

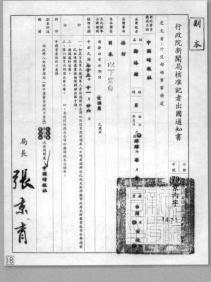

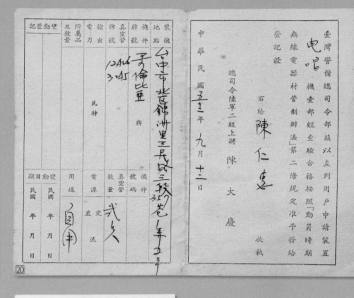

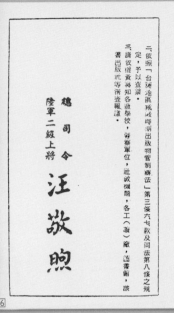

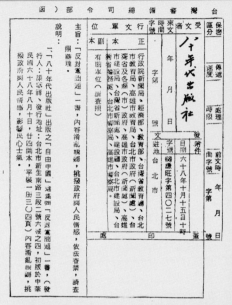

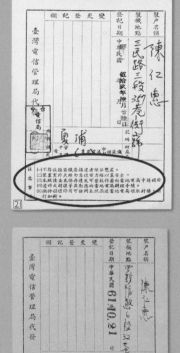

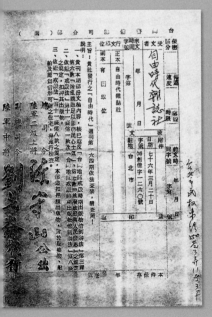

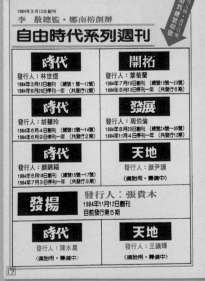

多免費贈送，後來因廣播、電視等媒體的普及而消失。

【送報伕(生)】1934年，楊逵揚名文壇的小說〈送報伕〉，所寫的就是年輕學子靠派報謀生的故事。戰後，送報差事依舊是許多學生打工掙學費的主要方式。

【二號雜誌】1920年《台灣青年》創刊，出資者蔡惠如認為能夠出刊一、二號就算不錯了。因為生存不易，許多雜誌的壽命也確實如此短促，而被戲稱為二號雜誌，李敖所言「害一個人，就勸他辦雜誌」，確實不假。

【第四台】戰後，黨政軍勢力壟斷三台無線電視台長達30年，民眾沒有其他選擇。1980年後，冰果室播放閉路電視的風潮，逐漸衍生出非法的有線電視系統（以播放日片與色情片為主），成為三台之外的「第四台」。此後，凡是無線電視台之外的電視頻道都叫第四台。

【大哥大】指手持式行動電話。此俗稱來自香港，一說香港人早年採行英國TACS系統，其諧音正是中文的大哥大；另一說認為開始用此電話者都是大哥，是以名之。

【ICRT】即「台北國際社區廣播電台」之謂。為中美斷交後，持續讓美國文化在台發聲的機構，引領了本地西方熱門及古典音樂的流行，也是民眾學習英語的途徑之一。因此，ICRT代表了崇尚與領略美式文化的指標。

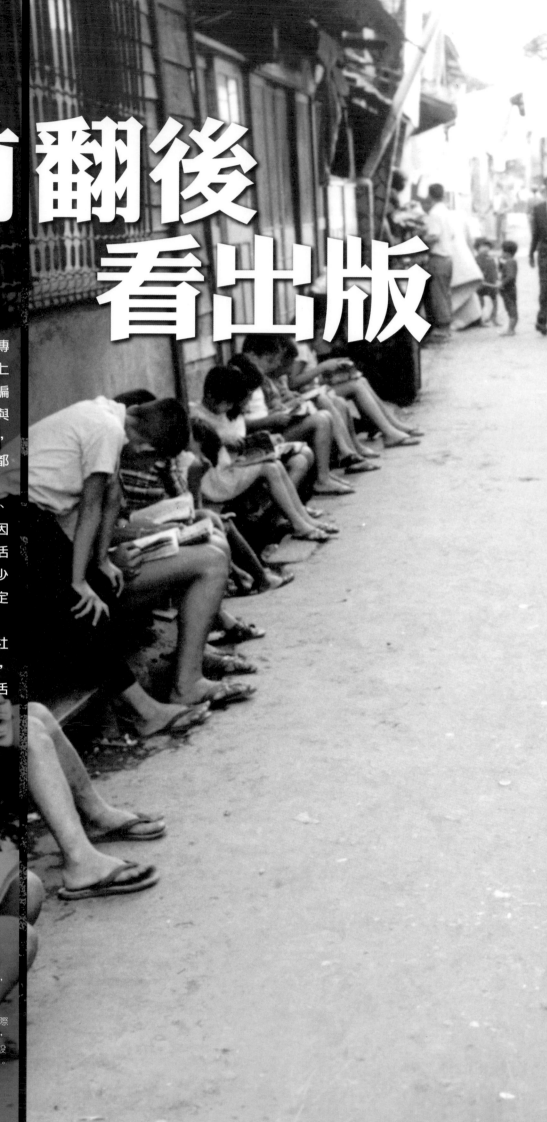

翻前翻後看出版

出版是傳遞資訊、傳載知識、傳承文化的最佳工具。出版活動的上游是內容生產（作者），中游是編輯與印刷（出版社），下游是書店與讀者（市場）。20世紀一百年間，台灣出版活動的上、中、下游，都發生了巨大的轉變。

尤其重要的是，由於技術進步、教育普及，以及文化活動發達等因素，出版逐漸成為一種與大眾生活息息相關的領域，不再是局限於少數人的活動，而大眾的喜好在一定程度上也決定了出版業的發展。

20世紀，台灣在政治、經濟、社會等方面，都經歷了複雜的變動，這些世紀發展的歷程，也在出版活動上留下了足跡。

底圖：這是1960年代台北西門町巷弄裡的「露天書展」。一個租書攤，加上幾張板凳，沿街擺放起來。架上有讓孩童神往的漫畫書、故事書，只消幾毛錢，就可以坐上板凳，晃進一個充滿奇幻的午後時光。（1966,黃伯驥攝,相關主題見p44-45）
右頁小圖：這是1990年代在世貿中心舉辦的台北國際書展，也是號稱全球四大書展之一的展覽舉辦現場，每年都吸引幾十個不同國家、好幾百家出版社前來設攤參展，十足見證了20世紀台灣出版業的蓬勃發展。（1992,薛繼光攝,相關主題見p36-37）

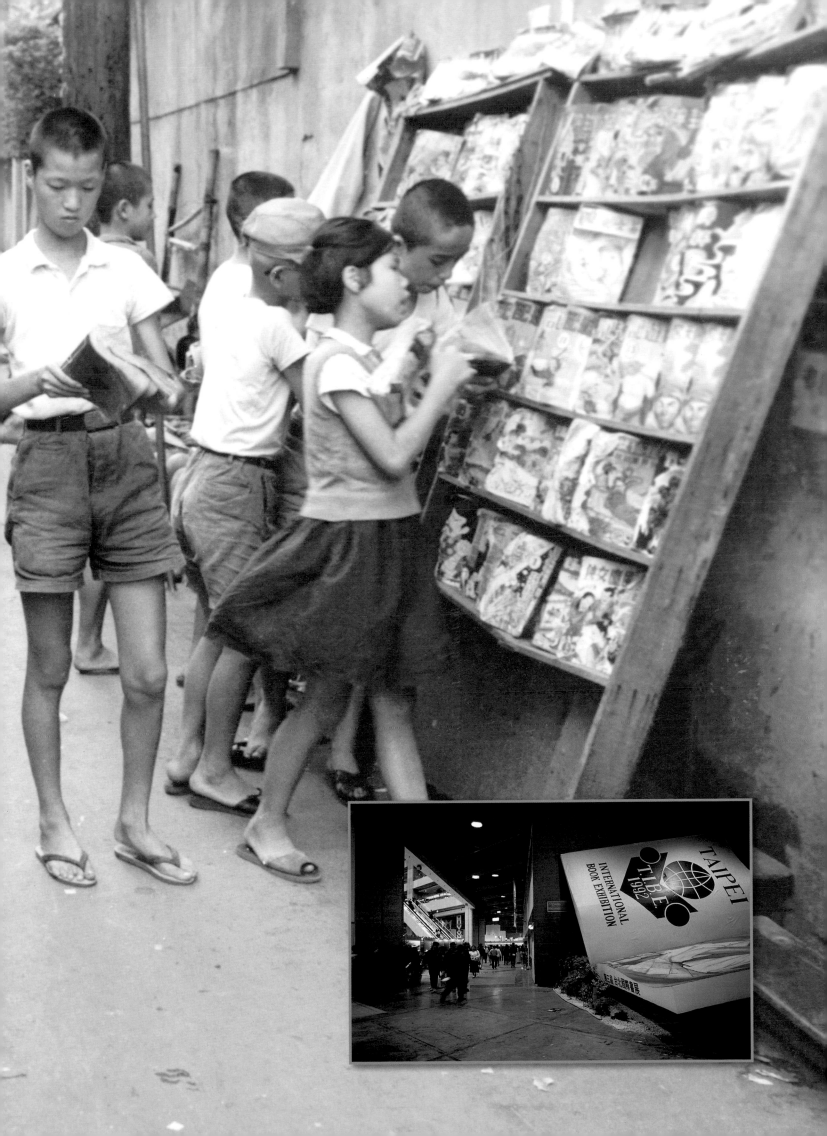

出版原野的開拓

吳興文 資深出版人

20世紀台灣的出版事業，與其他領域一樣，
歷經從殖民、戒嚴到解嚴等大時代格局的壓縮與鬆綁。
20世紀末，台灣的出版事業已幾乎完全開放，
而國際化的發展趨勢，也將出版活動推向一個嶄新的局面。

殖民體制下官方出版興起

日本治台達50年之久。其間，基於統治需要，官方出版大量圖書。如出版人口、土地、國勢及慣習等大規模調查的資料成果；為推行國民教育，編印各類教科書；為宣揚政績，出版《領台10年史》、《施政40年之台灣》、《台灣統治回顧錄》等書籍；另外，為了振興產業，對農林水產、工礦產業等也都有詳盡的研究與出版。根據國家圖書館台灣分館所編印的《日文台灣資料目錄》來看，書中所收錄日治時期台灣主題的日文出版品共計6,665件；如將有登錄但散失的部分計入，則有7,775冊。這些書籍多數由官方發行，其中產業類圖書占了將近三分之一，可見官方出版的方向。

除了官方出版，民營的日資出版社也發行了許多日文書刊。如台北的新高堂書店、三省堂書店及台灣日日新報社的出版部門等。

日治下台灣人圖書出版

另一方面，在日文出版品占優勢的環境之下，此時期中文出版事業的發展則相對有限。台人著作大部分為自刊，尤以語文類出版居多。如舊詩出版有林朝崧《無悶草堂詩存》、顏雲年《環鏡樓唱和集》、連雅堂《大陸詩草》等；白話文學出版則有張我軍《亂都之戀》詩集。

此外，也有一些由各地出版機構或文藝團體所發行的書刊。如台北的台灣新民報社印行謝春木《台灣人之要求》、徐坤泉《可愛的仇人》、《暗礁》、《靈肉之愛》、吳漫沙《韮菜花》等；萬出版社刊行陳逢源的《台灣經濟與農業問題》；台灣文藝協會印行李獻璋編輯的《台灣民間文學集》。台中則有「新民會」印行葉榮鐘《中國新文學概觀》、中央書局出版張建勳長篇小說《京夜》（該書局為當時最大的中文書局，但其出版活動

卻極有限）。嘉義有「蘭記圖書部」印行林珠浦的《新撰仄韻聲律啟蒙》。也有一些作家，如許地山、李春生、林履信等人，將著作交由中國大陸的出版社出版。

連橫所撰《台灣通史》的出版，是本時期出版史上的重要事件。全書記載台灣起自隋代、終於割讓其間1,290年的史事。該書於1920年底至隔年初，分三冊陸續刊行，連橫並自任發行人，於台北市建昌後街設立「台灣通史發行所」。

日治下台灣人雜誌出版

書籍的出版之外，當時台人所辦雜誌也以語文類居多。其中，舊詩刊物有林幼春、蔡惠如、林獻堂等人發起的「台灣文社」所創辦的《台灣藝文叢誌》、連橫主編的《台灣詩薈》等。台灣新文學刊物有楊雲萍、江夢筆的《人人》、林斐芳的《明日》；賴和、賴明弘、張深切等人創立的「台灣文藝聯盟」機關刊物《台灣文藝》；楊逵、葉陶夫婦創辦的《台灣新文學》；以及二戰期間張文環、黃得時等人創辦、以日文創作的《台灣文學》。另外還有由簡荷生主編、以消遣娛樂為旨趣的《風月報》。

此外，鼓吹台灣民族運動、推動文化啟蒙工作不遺餘力的《台灣青年》，及其後衍生的《台灣》、《台灣民報》、《台灣新民報》（後成為日報）等刊物，則代表著日治下台人所創辦雜誌的另一種類型。

戰後出版的重建與新生

戰後初期，台灣百廢待興，稍具規模的本土出版社或書局可說寥寥無幾，其中較為著名的是台北的東方出版社、台灣英文雜誌社、台中的中央書局，以及嘉義的蘭記圖書部等。其中，東方出版社由日治時代新高堂書店改組而成；台灣英文雜誌社於1946年

成立，初期以經銷外文書為主；中央與蘭記書局則屬戰前已成立，戰後繼續經營。

大陸的出版業者此時也開始在台籌設分支機構，開明書局、正中書局、中華書局、商務印書館等出版社相繼來台設分店，經銷其總店在大陸出版的中文書籍。

1949年台灣省政府宣布全省戒嚴，隨後又頒布戒嚴時期相關法令，台灣的出版事業進入全面管制時期。國民政府遷台後，黨、公營單位紛紛辦起報紙、雜誌、圖書等出版事業，成為出版界的一股勢力。此外，隨著經濟社會各方面的逐步發展，民間不同類型的出版社也陸續成立。1950年代台灣較著名的出版社有台北的重光文藝出版社、紅藍出版社、藝文印書館、新興書局、啟明書局、遠東圖書公司、虹橋書局、明華書局等，以及高雄的大業書店、百成書局和長城出版社。此時期，台北市重慶南路的書店街逐漸形成，業者以「前店後廠」的經營方式，除了賣書也兼營出版。台灣的出版事業至此進入起步階段。當時的出版有三項特色，即大量翻印古籍名著、私人出書風氣興盛，以及闡揚國策思想的論著普及。

同時期的雜誌以1949年底創刊的《自由中國》半月刊最為重要。1960年，當局以「知匪不報」的罪名，逮捕雷震等人，叱吒1950年代的《自由中國》也隨之結束。

文學出版的風光年代

1960年代正是廣播事業鼎盛的時期，許多通俗小說配合廣播播出，盛極一時。如金杏枝、禹其民的言情小說、費蒙的偵探懸疑小說、瓊瑤的愛情小說皆是。瓊瑤小說後來更搭上電影和電視八點檔連續劇演出，成為歷久不衰的暢銷書。這股長篇小說出版風潮之下，較著名的出版品還有徐速的《星星、月亮、太陽》、徐訏的《風蕭蕭》、王藍的《藍

黑》、楊念慈的《黑牛與白蛇》、羅蘭的
飄雪的春天》，以及紀剛的《滾滾遼河》
，都風靡了當時的文學青年。

同時期最重要的雜誌則非《文星雜誌》莫
。雜誌由文星書店於1957年創辦，創刊
幾年，並未引起社會太大關注，直到1961
刊出李敖的〈老年人與棒子〉，掀起一場
中西文化論戰」，才受到矚目。趁著此一氣
，文星書店在1963年推出第一批40開本
「文星叢刊」，並在文星雜誌及報紙上刊
三全批廣告大作宣傳，帶起一股文庫出版
潮，此後，「人人文庫」、「三民文庫」、
水牛文庫」等文庫接續推出。

新生代浪潮下的出版風雲

1970年代，九年國民義務教育施行的成效
漸展現，閱讀人口增加，壯大了出版的潛
市場。此時在台灣接受大學教育的新生代
紛投入出版界，並引進市場行銷概念。這
由新生代所創立的出版社，如遠流、桂
、長橋等，大部分只有六至八名員工，不
為了在市場上爭得一席之地，都拚勁十
，掀起了風起雲湧的出版戰國時代。例如
974年遠景出版社推出第一批書，拋棄40
本，改採32開，並且將封面改成彩色藝
照，書價也因而提高；遠流出版公司則於
979年推出李敖主編的《中國歷史演義全
》，單憑刊登報紙全版廣告，即售出近萬
，也鼓勵了許多人開發套書產品。這些例
不但引發了台灣出版的變革，也將出版業
入全面競爭的局面。

相較於風起雲湧的圖書出版界，同期的雜
誌出版也不遑多讓。1971年改組後的《大
》雜誌網羅一批新生代菁英，首開1970
代議論時政、鼓吹民主的風潮。1970年
中期，《台灣政論》、《夏潮》等黨外雜
繼起，接續政論雜誌的出版路線。而隨著

商業活動日益暢旺、民間消費能力提升，反
映社會脈動的新型態雜誌也相繼創刊。如以
企管、婦女、兒童、消費、休閒等面向為題
材的雜誌，都在此時期有蓬勃發展。

出版資訊化、多元化

1980年至解嚴前，台灣的出版業正朝向國
際化的時代邁進。而隨著資訊產業發展，出
版活動也開始資訊化。此時期，在市場上原
本獨占鰲頭的文學類出版，開始受到非文學
類出版品的衝擊。這些非文學類出版社，如
經濟與生活、財訊、生產力、長河、卓越
等，多數擁有自己的雜誌媒體，並且以中小
企業主、上班族為對象，在價格和銷量上，
都有較大的發展空間。而雜誌出版也百家爭
鳴，《財訊》、《天下》、《牛頓》、《日本文摘》
《儂儂》、《錢》等新型態的雜誌，帶來資訊爆
炸，也讓出版多元發展更為顯著。

同時，書店經營型態也起了莫大的變革，
大型連鎖書店出現。1983年金石堂文化廣
場成立，首開書店現代化、企業化的經營型
態，以電腦統計銷量，設立文學、非文學暢銷
書排行榜，並舉辦新書發表會等促銷活動。

解嚴後的出版新局面

1987年解嚴，解除在台灣實施長達38年
的戒嚴令。同年底，開放台灣民眾赴大陸探
親，恢復兩岸交流。1988年，報禁解除，
報紙開放登記、增張。同年，行政院新聞局
公布施行「淪陷區出版品、電影片、廣播電
視節目進入本國自由地區管理要點」，適度
允許探親民眾攜入少量、供參考的「淪陷區」
出版品，並取消大陸著作「中介授權」規
定，進一步開放兩岸間的出版交流。

在愈趨開放的發展潮流下，台灣的出版界
也開始積極向外發展，參與國際書展。1989
年，出版業者正式組團參加德國法蘭克福書

展，其後美國ABA書展、義大利波隆納兒
童書展等場合，也常見來自台灣的出版業
者。而從1968年起每年舉辦的全國圖書雜
誌展覽，在1987年也改由台北國際書展取
代，以後每兩年舉辦一次；從1998年第六
屆台北國際書展開始，改為每年舉辦。此
外，國家圖書館於1989年起承辦國際標準
書號（ISBN）業務。以上的諸多發展，都
顯示台灣出版界對國際市場的重視，以及朝
向國際化發展的努力。

而隨著戒嚴令的解除，不論是雜誌或圖書
出版，過去的禁區都已不存在，從批判當
局、統獨爭議、本土意識到同志議題、成人
漫畫等出版品紛紛出現，出版內容幾乎已是
無所不包。

1992年公布的新版「著作權法」，也使台
灣出版環境發生重大變化。在新規範下，出
版社競相爭取外國暢銷出版品版權，出版社
經營進入新的階段。而隨著發展條件成熟，
外國的雜誌與出版集團也陸續登台，使得出
版的競爭更加白熱化。1996年詹宏志等人
創辦的《PC HOME》雜誌，以低價促銷成
功，對往後雜誌經營也影響頗大。

此外，大型連鎖書店已經發展成形，如金
石堂、誠品、新學友、何嘉仁、敦煌書店
等。前兩者更進一步成立物流中心，正朝經
銷商型態前進。更方便的店銷通路——便利
商店（如7-11等）也已鋪設完成，對雜誌、
漫畫、旅遊、實用書的銷路有莫大的幫助。
而1990年代後期網路書店的發展，更標誌
著出版發行新時代的開始。

隨著兩岸於2002年同時加入世界貿易組
織（WTO），未來兩地在經貿和文化上必然
會有更進一步的交流，因為在全球化的發展
趨勢下，出版人必然面臨跨越國界發展的問
題。而隨著兩岸出版的互動、兩岸關係的演
進，華文市場的整合指日可待。

吟漢詩·寫白話
日治時期出版

台灣固無出版，有則自道光初年（1825年前後）台南松雲軒雕版印行各類善書、詩文集開始。1884年基督教宣教士巴克禮牧師引進第一部新式印刷機，創設聚珍堂，發刊《台灣府城教會報》，為活字印刷的濫觴。

1895年日本開始治台。隨著國民教育普及、殖民力量的深化，台灣出版風貌大體沿著中文、日文出版兩條主軸前進。

中文書刊出版與書局雖然有所發展，但內容上仍有限，多半是文學作品，其中大部分為各地詩社酬唱應答的刊物。連橫的《台灣通史》算是這一時期極重要的出版品，其銷路卻也有限。1937年，中日戰爭爆發後，中文出版幾乎完全停止。

日文圖書方面，隨著殖民勢力的擴展，出版日益活絡，1932年送審出版圖書已達1,482種，其中主要為教科書、參考書、官方出版品等。重要的出版社有新高堂、三省堂、清水書店等。

值得注意的是，日治時期本土出版品有限，卻不代表閱讀的貧乏，原因是無論是來自中國大陸或日本內地的進口圖書，始終絡繹不絕，成為知識分子的資訊來源。（林皎宏）

南社嬉春圖

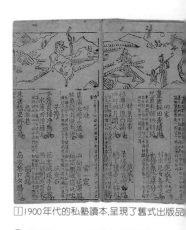

①1900年代的私塾讀本，呈現了舊式出版品

●【舊文人扮新潮】傳統詩社在新世紀依舊蓬勃，舊文人酬唱之作占了日治時期中文出版的一大類。不過，口中吟出的儘管是舊調，新風吹拂下，也趕時髦，新潮扮裝。（1914，黃天橫提供）

乙亥社株春會紀念

②櫟社是中部著名詩社，以霧峰林家為發展重鎮，圖為詩社文友合影，1935.

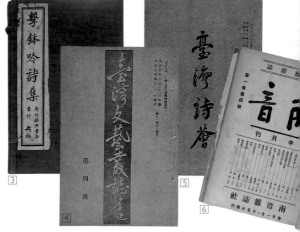

③擊鉢吟是舊式詩人的創作方式之一，出題讓詩人即興發揮，擊鉢吟詠。（同②）
④台灣文藝叢誌1919年創刊，是台灣第一本文學雜誌，刊行舊體詩。（黃天橫提供）
⑤台灣詩薈1924年由連橫所創辦。（同④）
⑥文藝刊物南音1932年創刊，由南音社創辦，新舊文學雜然並存。（遠流資料室）

三六九報愛讀者遺稿記
鏡汾作

⑦每逢三六九日出刊的三六九小報，1930年創刊於台南，為消遣性文藝刊物.

風月報之主旨！
一、因本島尚有許多老年之輩不解國文者，故以漢文提唱國民精神
一、養成進出大陸活動之常識，研究進出大陸活動之常識
一、風俗，習慣之改善，
一、研究論文藝●●詩、詞、歌、賦、新小說、舊小說
一、提唱東洋固有之道德，熱心投稿最妙，遠反本報宗旨之議概不登載，希折原諒
報俱樂部

⑧⑨風月報1937年創刊，標榜是茶餘飯後的消遣品和文人墨客的遊戲場，也是二戰期間唯一的中文雜誌.（同⑥）

新高堂書店

嘉義市 蘭記圖書部

興文齋書局 中國書籍

崇文堂書店

文化書局

⑩台北新高堂書店是日治時期著名的書店與出版社，圖為戰爭時期廣告，1944.（同⑥）
⑪-⑬1917年創立於嘉義的蘭記圖書部，與台南的興文齋和崇文堂等書局，都屬於漢文書局，所販售的圖書多由大陸進口，也有部分屬自行編印，圖為1930年代廣告。（同⑥）
⑭民族運動人士蔣渭水開設文化書局，旨在透過書店來推動文化啟蒙工作，1926.（同⑥）

1920年代文化協會所掀起的文化浪潮下,台灣新文學開始發展,文學陣營也逐步壯大,圖為新文學刊物台灣文藝的編輯群,1935.(莊永明提供)

16 如同舊文人以詩社為據點,以詩刊為陣地,台灣新文學的發展過程中,參與人士也開始發行刊物,繼而籌組文藝團體,1930年代各地便有許多新文藝社團形成,圖為1934年賴和等中部新文學人士創設的「台灣文藝聯盟」成立大會同仁合影.(莊永明提供)

我們的李獻璋君苦心的編著「臺灣民間文學集」將出版 臺灣研究的絕好資料 臺灣文藝協會

台灣新文學發展之初,以報紙上的文藝欄為發表園地,1925年楊雲萍創辦第一本白話文學雜誌,此後新文藝雜誌相繼創刊.

17 18 由1933年創立的「台灣文藝協會」所出版,1934.(莊永明提供) 19 為「台灣文藝聯盟」發行的刊物,1934.(遠流資料室) 20 文藝雜誌曉鐘創刊於1931年.(同19) 21 戰爭時期的新文學刊物,除了創作空間受擠壓,作家也要以日文寫作,1941.(同17)

作家出版人——西川滿

「一閉上眼睛,眼前就立刻浮現出台灣的光景來。」日本作家西川滿曾如此表達對台灣的慕情。他兩歲時隨父母來台,在台北完成中學教育後,返日進入早稻田大學。畢業後再度來台,除擔任《台灣日日新報》記者與文藝欄主編外,也開設「日孝山房」出版社,題材以台灣歷史、傳說、民俗、民藝、信仰為主,出版品封面和裝幀設計,充滿獨特的美感。由於都是限定本,因此成為收藏珍品。對他主編的《文藝台灣》,文學評論家葉石濤說:「他以浪漫、耽美的藝術至上主義,把雜誌塑造為日本人外地文學的象徵。」這份雜誌代表的當然也是殖民者的意識形態。

22 1933年創刊,西川滿編輯,讀者以收藏家為主,反映菁英式的出版品味.(遠流資料室) 23 西川滿編輯,1934年創刊,為日文詩刊.(台北228紀念館) 24 25 西川滿等人將出版視角,延伸到台灣的風俗情調,1940年代.(同23)

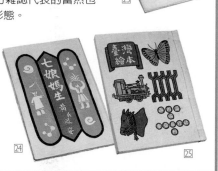

26 戰爭時期,文學也整編入戰爭體制,圖為1942年西川滿(右二)、龍瑛宗(左二)、張文環(右一)等人赴東京參加「大東亞文學者大會」時合影.

27 1940年創刊,由西川滿主編的文藝雜誌,在戰爭下向當局靠攏.

宣誓

南海に夥々たる大戰曇泰がる大戰呪泰を聽きつつ、この日、この瞬間、慇懃米英の反攻侮辱もなれども、一大忠誠心をふるつて、蹶乎、米英文化擊滅に邁進せざるべからず。廣大無邊の神靈上に閃に給ふ、光榮之に過ぎたるはなし。吾等皇民たる之を暴げて大東亞戰爭完勝に捧げん決し米英殲滅の絨緞を下さん文學を以て國に殉するの至誠を捧げ吾等皇民の血潮漲るこの時、忠を致し、信愛の誠を致し、不退轉の皆を示し、その眞魂を奮ひ、以て本大會を完うせん右宣誓す

昭和十八年十一月十三日

臺灣決戰文學會議

28 1943年,台灣文學奉公會召開決戰文學會議的宣示文.

29 皇民文學風潮下,台籍作家所寫的小說,1943.(同28) 30 由台灣總督府情報課所出版的小說集,1945.(同28)

禁忌中求發展
1945-60年代出版

1946年，「日文圖書取締規則」公布。出版市場的空缺，由中文圖書來填補。沛然而興的「祖國熱」，也帶動中文出版。原有的日人出版社，紛紛改頭換面經營。台籍仕紳以日治時期新高堂書店為基礎，創辦東方出版社，成為戰後第一家出版社。大陸老字號出版社也看好台灣這塊新市場，跨海設立分店，代銷圖書。

1949年國府遷台，帶來了大批軍公教人員，成為日後重要的閱讀人口。不過，在反共復國的大旗下，全島進入白色恐怖時期，出版遭到嚴重扭曲。透過戒嚴時期相關法令與1958年制定的出版法，政府監控出版，嚴格限制言論自由，出版單位動輒得咎，經營不易。

從出版內容來看，為了避免觸及時諱，語言類、古籍、教科書成為主流。文學上則盛行反共文學，主題正確之外，人物、背景也多以祖國大陸為主。民營的台灣商務印書館、台灣中華書局、世界書局與正中書局等號稱「四大」，成為市場主力。唯一堪可媲美的文星書店，則以文星叢刊的出版掀起一股「文庫熱」，成為文化沙漠中的一朵奇葩。

不容忽視的是，在國際東西方冷戰體制之下，國府不得不網開一面，為出版留下一些發展餘地。如美國新聞處資助的今日世界出版社，在此時期便引介許多西方新知與美國文化；此外，同樣標舉西方文化價值的《文星》、《文學雜誌》、《現代文學》等刊物，也默默地為台灣的出版注入了啟蒙的新生力量。（林皎宏）

① 戰後第一家出版社——東方出版社,1945年底成立於台北重慶南路,初期以兒童讀物為出版主力,圖為1970年代外觀.（莊永明提供）

② 東方出版社由林呈祿（前左二）等台籍仕紳所創辦,1948.（莊永明提供）

③ 戰後初期,書刊多由大陸進口,本地的出版業仍有待重整與發展.（遠流資料室）

④ 古籍翻印是1950-60年代的出版大類,圖為世界書局古典文學叢書,1967.（林皎宏提供）

⑤ 創立於大陸的書店,遷台初期許多大陸時期出版品重新印行,圖為開明書店廣告,1950.（遠流資料室）

有禁無類

禁書一事充分反映政治對出版的干預。兩岸分隔後，凡投「匪」、陷「匪」的作家作品皆列為禁書；情節輕者，將作者改名出版。除了查禁對岸作家，此岸冒犯時諱、混淆視聽、污染風氣的文字也被查禁。

⑧ 一直到1980-90年代政治鬆綁前,40年來禁書不知凡幾,禁書現象本身,也成為出版題材.（林皎宏提供）

⑥ 創立於上海的商務印書館,1948年來台設分館,經銷圖書.（台灣商務印書館提供）

⑦ 1966年起,商務推出「人人文庫」,以低售價普及知識.（遠流資料室）

教科書爭奪戰

教科書的銷售量龐大且穩定，歷來都是出版界爭搶的大餅。尤其，早年出版市場封閉、處處受限，教科書更成為最大的利源。1958年起，政府規定中學教科書一律採用「標準本」，並交由正中書局等93家出版社聯合印行，形成壟斷現象，引發其他業者不滿。往後，教科書爭奪戰是出版界慣常上演的戲碼，被排除在外的出版社甚至登報聯名陳情（圖⑨），要求開放教科書市場，維護出版公平。

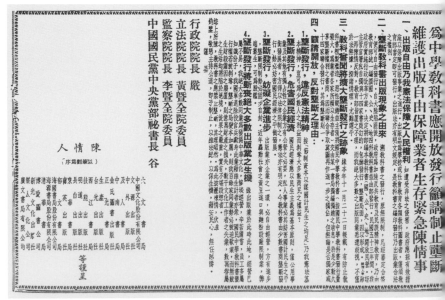

⑨ 教科書的編印,一直都是出版市場的一塊大餅,是兵家必爭之地,分配的方式常引發許多爭議,1967.（遠流資料室）

陳紹鵬：
蔣氏的欣賞（評論九篇）

梁實秋：
秋室雜文（散文三十五篇）

林海音：
婚姻的故事（小說四篇）

蔣勻田：
民主的理想與實踐（長論二十四篇）

毒華苓：
一朵小白花（小說十三篇）

黎東方：
平凡的我（自傳六十四篇）

於梨華：
歸（小說六篇）

余光中：
左手的繆思（散文二十八篇）

李敖：
傳統下的獨白（雜文十四篇）

沉櫻：
散文六篇（散文三十篇）

自由中國出版界的新貢獻
「文星叢刊」十種新書

文星書店出版·每冊新臺幣十四元·定價·有格調·大眾化·大量現·西書·專營·各地·廉客·迅速·皆水準·版·儲·精·印·均現·分版·

遠流資料室

1963年第一批文星叢刊出版，引發「文庫熱」.

偉大的預演
美國憲法草擬和批准的故事

THE GREAT REHEARSAL
—THE STORY OF THE MAKING AND RATIFICATION OF AMERICAN CONSTITUTION
by Carl C. Van Doren

遠流資料室

集雕玉
柏楊著
第一輯

林啟宏提供

⑪香港的今日世界出版社以推展美國文化為主，代表了冷戰時期美國的海外出版勢力，1964.

⑫1960年代，柏楊便以雜文時論聞名，並自辦出版社，出版許多文集，1963.

⑬翻印西書是1950年代興起的出版類型，1953.

虹橋書店

臺北市南陽路四大四號
電話：二四五五號

專營西書·大量現版·各格客廉·迅速皆水準·儲印精·

遠流資料室

⑬

⑭書必須透過書店經銷，隨著出版市場擴張，負責通路的書報社也應運而生，1959.(遠流資料室)

郭記書報社 門市部 總滙臺北市博愛路一三一號	公路局 臺北東站服務社 供應書報香烟糖果	遠東書報社 臺北市博愛路二七號 經銷書報雜誌	信華書報社 臺北市博愛路二七號 經理劉必謙 圖書雜誌文具	志新雜誌社 經銷書報雜誌 圖書鋼華刻印圖章 售經 雜誌鋼華刻印圖章 地址臺北市延平北路二段八七號之二 鄭政內延路處街六六號 郵政信箱金門一一五四號
群益書報社 臺北市重慶南路二段八十三號	環球書局 臺北市重慶南路二五號 圖書雜誌文具紙張	福大書店 屏東市中葉十三號 經理張幼巡 圖書雜誌文具紙張印刷	福光書店 彰化市左營中山南路一段六巷十號 中西舊圖日文書市 聯田同棄委托經書	古今書局 屏東市民生路 經理李 生
大洋書店 臺南市中正路一〇三號 書籍文具印刷 雜誌總滙	東南書店 宜蘭市中正路一〇〇號 電話二七四號	金門書報服務社 經理李偉雄 橫篾街十八號 電話掛號〇二五一	宜蘭書局 舊址·宜蘭市中山路一三七號 經營·文具紙張·樂器·運動器材	中聲書局 臺中市中山路二六七號 圖書雜誌文具 中部雜誌總銷
			恒春書局 屏東市左營	中原書店 花蓮市中華路三七號

1960年代書店風貌,當時雜誌種類已經不少.

台中瑞成書店提供

三大書店街

1950年代，台北三大書店街逐漸成形。一是以販賣新書為主、日治時代即書店林立的重慶南路；一是靠近美軍顧問團、銷售西文書的中山北路；最後是離台日人與大陸來台人士出讓舊書所形成的牯嶺街。隨著1970年代市容整頓、美軍撤防，以及1980年代連鎖書店的興起，如今只有重慶南路書街繼續興旺。

圖書聯合大廉價
十年來第一次

大連書局 文化圖書公司 新陸書局 五洲書局 東方出版社 華明書局……

⑯重慶南路書店聯合促銷廣告,1970.(遠流資料室)

●↓**【舊書攤上好時光】**戰前，今牯嶺街一帶鄰近日人宿舍區，戰後，這裡成了臨時舊貨市集，待遣返的日人販賣帶不走的家當。隨後，大陸來台人士進駐，也將隨身物品擺賣起來，沿街排列的書攤，讓牯嶺街成為舊書重鎮。1973年底，政府將攤販遷往光華商場，牯嶺街上看書好風光從此落幕。（1966,黃伯驥攝）

暢銷三十年
1970-90年代出版

1970年代，台灣經濟起飛，九年國教有成，精神食糧的需求更形迫切，台灣的出版進入躍昇期，無論質量均有驚人成長。此時的年輕人只要有理想、肯奮鬥，拉人湊錢，成立出版社，幾本書暢銷，便可站穩腳跟。這一時期令人印象深刻的出版社如遠景、遠流、長橋、桂冠、四季等，無不赤手空拳，打出一片天下。

出版朝向多元發展，是此時期最重要的特徵。出版量從每年8,000種，遽增到35,000種；出版社突破5,000家；出版企劃新穎，種類繁多，人文、社會、自然、財經類無所不包；形式上也由單書進入套書階段。大手筆的投資，如遠流《中國歷史演義全集》、時報《中國歷代經典寶庫》、戶外生活的《台灣最佳去處》系列，無不令人刮目相看。行銷手法也另起爐灶，除了店銷，也透過報紙、廣告信件，甚至到戶直銷，競爭激烈，堪稱戰國時代。

1980年代，書店發展出現新面貌，金石堂等連鎖書店成為店銷主力；透過排行榜及促銷活動，暢銷書銷量動輒幾十萬本。

大型書展也不再局限於本地。1987年起舉辦的台北國際書展，成為亞洲的出版盛事，吸引各地書商前來與會。台灣的出版人更是世界各大書展版權交易上的常客。

1987年解嚴後，出版業更顯蓬勃。新出版社紛紛成立，更多的本地、外地資金加入戰局；1996年，結合多家出版社成立的城邦出版集團，更將出版界的經營方式與競爭局面推向新的時代。（林皎宏）

① 1973年中華書局率先推出美國暢銷書譯本，把翻譯書出版市場推向新局面。(遠流資料室)

②遠景出版社1974年創立，為出版品帶入彩色封面的新風氣，並大量運用攝影照片做為封面。

③水牛出版社創立於1966年，早期推出水牛、少年等文庫，有許多優良譯介與本地著作。

④志文出版社1966年推出新潮文庫，大量譯介外國文學與思想，成為許多學子必備的精神食糧。

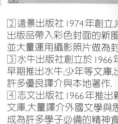

書香金鼎獎

1970年代初，因世界能源危機，經濟波動，出版深受打擊。1976年，為了獎勵優良出版，推展書香社會，新聞局舉辦「金鼎獎」，如今範圍更擴大到報刊雜誌、有聲出版、印刷等。

⑥除了辦書展，1976年政府設置出版金鼎獎，1983年推行書周，以此落實書香社會。

⑤1968年內政部在僑光堂舉辦第一屆全國圖書雜誌展覽，揭開了舉辦大型書展的序幕，圖為1975年秋季書展。

⑦遠景出版社的沈登恩(左)與遠流的王榮文，俱為1970年代新生代投入出版的代表，圖為二人在1974年全國書展現場合影。

⑧在出版業蓬勃發展下，出版社也受邀參與外國書展，圖為1970年水牛出版社參加香港國際書展，左二為社長彭誠晃。

⑨志文出版社1966年創立，圖為負責人張清吉，1998，黃震球攝。

1980-90年代，隨著政治鬆綁，出版朝向多樣化發展：⑩本土書系興起，⑪因應更為熱絡的商業運作與職場競爭，企管及職場生存出版繼續風行，⑫隨著金融管制開放，理財書籍大為暢銷，⑬從翻印到原書進口，大陸書已成學術用書第一名，⑭在全球NEW AGE潮流下，心靈叢書大賣，國外暢銷的科普書也大量引進國內。

⑩自立晚報，1987年出版

⑪天下文化，1989年出版

⑫商業周刊，1996年出版

⑬台灣翻印的大陸書

⑭張老師，1992年出版

⑮大卜文化，1993年出版

1983年金石堂連鎖書店開張,帶來了嶄新的出版通路經營方式.

1980-90年代,在各方壓力下,台灣開始重視著作權問題,1994年6月日新版著作權法施行前,業者紛紛出清不符規定的圖書.薛繼光攝.

隨著出版界競爭白熱化,各出版社莫不增加曝光率以刺激買氣,圖為遠流公司為武俠小說作家金庸舉辦的「射鵰英雄宴」場面,當時適逢台北市長選舉,市長候選人也應邀赴宴.1998,陳輝明攝.

⑲1987年台北國際書展開辦,取代已有20年歷史的全國書展.隨著規模逐年擴大,台北國際書展如今號稱是全球四大國際書展之一,不過書展的功能逐漸趨於單一,淪為圖書大賣場.1992.薛繼光攝.(光華雜誌社提供) 右下⑳誠品書店宣傳品,1999.(陳輝明提供)

⬇【知識菁英新殿堂】1989年,第一家誠品書店在台北市東區開設,強調高雅的空間設計與按類擺放的書籍陳列,讓買書既方便也更加舒適,「到誠品逛書店」成了都會中產階級流行口頭禪。除了重質感,誠品也爭時潮,講究與世界同步的經營策略獲得成功。在1990年代,誠品讓買書不僅僅是買書,也是消費一種感覺!(誠品台中店,2000,劉振祥攝)

筆端的文心
戰後文學出版

出版與文學分不開，除去文學，出版將黯然失色。戰後的文學出版，可以1970年代作分水嶺。此前，創作多於譯作；其後，譯作成爲市場主力。

1970年代前，文學出版題材與內容皆較貧乏，但活力十足，作家投身出版者不乏其人，如林海音的「純文學」、白先勇的「晨鐘」皆是。文星書店與皇冠出版社則是培養作家的兩大園地。純文學作家如白先勇、王文興、葉珊、余光中等，無不在「文星」踏出第一步；「皇冠」則培養出瓊瑤、華嚴、馮馮、司馬中原、張谷等許多知名大眾文學作家。

1970年代後，隨著出版競爭激烈，文學出版也逐漸分化，專業出版社出現，小而美的「洪範」、「九歌」、「爾雅」等，幾乎含括所有本土作家的純文學創作。大型出版社則透過市場機制，塑造明星作家，如「圓神」之於龍應台、「遠流」之於金庸、「希代」之於張曼娟、「皇冠」之於三毛、侯文詠、吳淡如等。

原以西洋古典文學名著爲主的翻譯出版，1970年代後情勢丕變。「遠景」等多家出版社，競相推出諾貝爾文學獎全集，在市場上引發激烈競爭；「光復」出版當代世界小說家讀本，直銷成績頗佳。外國暢銷作家如克莉絲蒂、村上春樹等也陸續被引進，炙手可熱；「皇冠」當代名著精選、「時報」大師名作坊，更是叫好又叫座的書系企劃。

「勇氣與夢想」即是筆端的文心，也是台灣戰後文學出版的最好註腳！（林皎宏）

從日文到中文，改朝換代下的語言轉換，成為本土文學人士在戰後面臨的難題。1 1946年楊逵的小說仍以日文出版。2 同年，《新新》月刊上刊出日文欄是否廢止的讀者問卷。3 日治時期的文學家張深切，直到1961年才克服語言問題，出版描寫霧社事件的中文小說.

4 1950年代反共文學，戰鬥文藝盛行，軍中也大力推行相關文藝工作，造就了台灣文壇許多的軍中作家，圖為長期主編軍中文藝刊物的作家朱西甯，1960年代.（朱天文提供）

5 為了強化戰鬥意志，1950-70年代軍中大力推行國軍文藝運動，1960.（新生報資料片 國史館提供）

6 王藍的小說《藍與黑》是反共文學風潮下的著名作品，暢銷一時，印行超過20萬冊，1958.（林皎宏提供）

1950-60年代，大陸遷台人士是文壇上的創作主力：7 標榜自由中國，創作難免受限於時代，1954.（遠流資料）8 茹茵任「中央副刊」主編多年，1955.（同7）9 羅蘭開啟勵志性散文寫作熱潮，1963.（吳興文提供）10 徐鍾珮以書寫國外遊記文學最富盛名，1970.（同7）

文藝青年的兩首「歌」

不同的時代裡，同樣的校園故事不斷上演，象牙塔裡人手一冊，風靡一時。1950年代的《未央歌》，談的是抗戰時期西南聯大的故事；1980年代的《擊壤歌》，講的是北一女綠衫黑裙的歲月。時代儘管改變，無邪的青春卻一樣奔放、燃燒。只要校園繼續存在，這樣的故事註定還要寫下去。

左起 11《未央歌》.（同7）12《擊壤歌》.（游正名提供）

【文學之家】明星咖啡館位於北武昌街，裝潢、餐飲都保有老上風。1960年代後，成為文化圈聚會在，許多作家著名篇章在這裡寫成店前騎樓有詩人周夢蝶的書報攤，爲台北文學風景之一。（1972，張照堂攝）

租書店第一名——通俗文學

自有書籍以來，便有借書一事。更進一步的租書行業，則是出版更發達、大眾讀物形成後所衍生的商業行為。1930年代，台灣已有人蒐羅暢銷書，設立店面或載運巡迴，提供平民大眾精神食糧。1960年代的租書店仍不脫窠臼，租書者可以繳納押金，把書帶回家看；或者搶占小板凳，在昏暗燈光下，津津翻閱。當時除了廣受歡迎的漫畫之外，瓊瑤、金杏枝、費蒙、臥龍生、古龍等，都是暢銷作家。1980年代後期，腦筋動得快的書店老闆，碰到熟客，有時也會高價提供「禁書」，創造利潤。1990年代後，傳統租書店沒落，取而代之的是連鎖經營、電腦管理的租書店，店面光亮，書源充足，雜誌、漫畫、小說，無不可租。後期更與網路咖啡廳結合，成為年輕人的最愛。

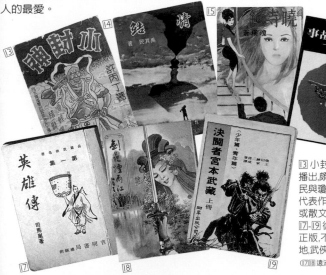

13 小封神為神怪小說，於電台播出，頗受歡迎.(同13)
14 15 禹其民與瓊瑤都是愛情暢銷小說的代表作家.(同9)
16 不論是遊記或散文，三毛作品都風靡.(同7)
17-19 從禁書到解禁，從盜版到正版，不論來自香港、日本或本地，武俠小說都有大批讀者.
(17 18 遠流資料室 19 林啟宏提供)

20 1968年林海音創辦純文學出版社，與隨後成立的大地，爾雅，洪範，九歌，合稱純文學出版「五小」。圖為林海音(左四)家宴，是台北文壇盛景之一，1990年代，游輝弘攝. 大地提供

23 皇冠是通俗文學的出版重鎮，出版許多長年暢銷的張愛玲小說，1976.(林啟宏提供)
24 25 純文學與爾雅出版社都走純文學路線，也編輯出版許多年度選集.(遠流資料室)
1970年代，鄉土文學風潮下的出版：26 遠景出版社選編的日治時期台灣文學全集，1979.(莊永明提供) 27 夏潮出版社出版的鄉土文學論戰文集，1978.(吳興文提供)
28 陳映真的小說也是1970年代寫實主義文學的代表，有濃厚左派色彩，1975.(同27)
1980-90年代，翻譯國外文學名著與引進大陸文學，都是文學出版的重要發展：29 時報出版的大師系列，以歐美當代名著為主，1988.(同24) 30 兩岸交流後，大陸文學也登台.(鄭麗卿提供) 31 當代日本文學譯作也成為文學出版的暢銷書，1989.(張致斌提供)

翻譯文學也是歷來文學出版要項，早期以西方經典為主，圖為1967梁實秋翻譯全套莎翁作品，是當年文壇大事，取自《台灣畫刊》. 遠流資料室

遠景因義受難 閣下買書得利

別人因銷出壞書來獲利，遠景卻因出好書來負債。遠景為了出版好書「諾貝爾文學獎全集」，由於投資過大，二年來艱辛因籌重重，仍然把全書出齊，虧了重新起步。我們決定，賠得這一套好書，為了使讀者重新起步，我們請讀者決定，請讀這一套好書，為了給因義受難的我們新的遠景。

人類最偉大的文學遺產
遠景精讀譯選
諾貝爾文學獎全集
全錄1901—1983年80位得獎主眾千多萬字傑作‧64鉅冊
陳映真 主編 沈登恩 策劃
精裝定價28000元 特價9500元
平裝定價16000元 特價5280元
64鉅冊 3.3折
行書不多，備買貴不

22 1980年代初期，在套書出版風潮下，出版界競出諾貝爾文學獎全集，競爭激烈，1985. 遠流資料室

副刊與文學獎

早年出版資源匱乏，作家常以投稿報紙副刊為躍登龍門的第一步，副刊主編如中央日報副刊的梅新，「聯副」林海音、瘂弦，中時「人間副刊」高信疆，「華副」蔡文甫等，更因獎掖後進，為人所津津樂道。1980年代，聯合、中時兩大報相繼創設文學獎，成為年度文壇盛事，是許多文壇新星的搖籃。

時報文學獎史料索引
(1978第一屆—1989第十二屆)
時報文學
32 報刊文學獎是作家搖籃，1990.

33 1979年，一批出身台南鹽分地帶的文壇人士，開始籌辦「鹽分地帶文藝營」，以文藝營隊的方式，推動鄉土文學寫作，續辦至今.

左起 34 35 1990年代，純文學面臨蕭條景況，在媒體發達，各種書寫風格與出版類型不斷出新的情況下，它的讀者逐漸流失，圖為誠品書店和出版社舉辦的「尋找作家」活動宣傳品及戶外裝置現場，活動回顧台灣本土作家，似乎也意圖找回它的讀者，1997.(誠品書店提供)

黃春明

此起彼落的
文化浪潮
戰後的人文雜誌

「要害朋友，就慫恿他去辦雜誌！」戰後流傳的這句名言，除了說明辦雜誌吃力不討好，也透露出戒嚴時代人文雜誌易犯時諱的宿命。然而，半個世紀以來，雜誌創辦仍不絕如縷，為台灣人文思潮掀起一波又一波的高潮。

戰後的人文刊物，大致以「文化思潮」跟「文學實踐」兩線平行發展，其間或有所交集。

文化思潮上，1950年代《自由中國》、1960年代《文星》、1970年代《大學雜誌》、《中國論壇》、1980年代《人間》、《當代》、《南方》等雜誌，都曾經在戰後台灣的人文發展過程中，激起陣陣波瀾，引發回響。而為了辦雜誌遭受當局關切也在所多有，雷震、李敖等人，甚且遭到羅織入獄。

文學實踐上，1970年代前，同人雜誌盛極一時。其中以台大外文系師生為主的《文學雜誌》、《現代文學》，引領一時風騷，在現代主義文學理念上，影響台灣文學走向至深且遠。1970年代以後，《純文學》、《文學季刊》賡續前行；而標榜本土的《台灣文藝》則屢仆屢起，為台灣文學保存另一風貌。

在大眾文學方面，《皇冠》雜誌50年如一日，培植本土作家，同時也引進東洋、西洋的暢銷作品；《小說創作》則讓許多文藝青年一圓作家夢、踏出文學第一步。1980年代以後，隨著出版多元化，文學繁華夢落，文學雜誌接連停刊，如今還具商業經營實力的純文學雜誌，就只剩下《聯合文學》了。
（林皎宏）

戰後初期，政治上發生改朝換代，文化上也面臨變局，戰爭時期被禁止的中文雜誌此時復甦。①台灣文化1946年創刊，由本土菁英創辦，關切光復後台灣文化的發展。②創作1948年創刊，由大陸來台教書的學院人士所辦。③台灣文學為楊逵於1948年創辦，旨在延續本土文學發展。

④1950-60年代，軍中大力推展文藝工作，除了設獎項、辦活動，也出版圖書刊物，成為台灣戰後文藝出版的獨特類型，圖為總政戰部主任王昇將軍（左一）會見軍中文藝工作者，1976。

⑦1950年代中期，標舉現代主義的詩刊率先出現，1960年白先勇（前排右二）、陳若曦（前排左一）等台大外文系學生創辦現代文學雜誌，繼續拓展現代主義文學創作的疆域。

⑧在現代主義於台灣文壇掀起熱潮之際，1964年有兩份強調本土文學創作的刊物——台灣文藝與笠詩刊先後創刊，並設置獎項，圖為第一屆笠詩獎頒獎典禮後座談會現場，1969，李魁賢攝。

文學雜誌與文學發展

雜誌具有小眾媒體的特質。在戰後台灣文學的發展歷程中，雜誌屢屢成為文學集團發展上的最佳陣地。從戰後初期本土、外省文人急切地透過辦雜誌來推展文藝，到1950年代官方發行反共文學刊物推行國策；從1960年代現代主義的引進，到1970年代鄉土文學發熱，文學雜誌一直扮演著文學發展的指標與媒介的功能。1980年代後，隨著政治社會議題成為社會主流，文學雜誌漸趨消沉。

⑤新文藝為軍中文藝刊物，前身為1950年創刊的軍中文摘。⑥幼獅文藝於1954年創刊，救國團所創辦的文藝刊物。

1950-80年代有許多重要的文學雜誌創辦，各領風騷。
⑨1954年創刊的皇冠雜誌是通俗文學園地。（皇冠雜誌提供）
⑩1952年創刊的文壇大量刊載軍中作家作品。（莊永明提供）
⑪筆匯1959年創刊，主張擺脫反共文藝。（林皎宏提供）
⑫現代文學是台灣現代主義文學發展的指標。（黃秀慧提供）
⑬文學季刊1966年創刊，走現實主義路線。（吳興文提供）
⑭純文學1967年創刊，由林海音擔任發行人兼主編。（同⑫
⑮聯合文學1984年創刊至今，堅守純文學陣地。（鄭麗卿提供

⑯現代詩1953年創刊，率先提出現代主義文學主張。

⑰笠詩刊由本土詩人團體創，開創另一股文學風氣。

文史雜誌是具有悠久歷史的人文刊物類型，在台灣研究仍具敏感性的年代，留下許多珍貴文獻：23台灣風物,1951. 24台北文物,1954.

○【下鄉訪洪通】1970年代，文學雜誌的風華雖未走盡，但人文殿堂裡已經多了一些新的面孔。1971年，標榜視覺藝術的專業雜誌《雄獅美術》創刊，隱然標示了台灣人文發展重心的轉移，文學不再獨大於人文市場。圖為1973年雄獅美術月刊社創辦人李賢文（右二）和作者、編輯群，下鄉走訪當紅的素人畫家洪通（右三）。（雄獅美術提供）

1971年英文版漢聲雜誌創刊,1978年中文版發行,初創時旨在向國外人士介紹台灣,實際上更是戰後新生代踏上島嶼的大街小徑,「重新認識」自己的過程,圖為雜誌社編輯部,1980.

1985年,人間雜誌創刊,以具批判性的深度報導和紀實攝影圖片為主,其參與社會現場的精神,樹立了人文雜誌走入人群的實踐標竿,圖為雜誌社同仁在湯英伸棺柩前,1987,鍾俊陞攝.

20漢聲雜誌,1989. 21人間雜誌,1985. 22創刊於1986年的思潮雜誌當代.

1950-70年代有許多人文雜誌創刊,發行幾期後,常常面臨停刊的終局,創刊與停刊,都顯現了當時人文發展脈動的起落.（莊永明提供）
25 1957年文星創刊,於1960年代引爆中西文化論戰.（莊永明提供）
26 1962年傳記文學創刊,刊載許多珍貴傳記性史料.（遠流資料室）
27 1965年文藝刊物這一代創刊,標舉現代主義精神.（林皎宏提供）
28 1965年前衛創刊,內容以西方現代藝術為重點.（莊永明提供）
29 1965年劇場創刊,內容側重於西方現代電影戲劇.（羅斌提供）
30 1971年雄獅美術創刊,兼顧國內外美術的發展.（雄獅美術提供）
31 1977年仙人掌雜誌創刊,屬於思想論述性刊物.（林皎宏提供）

地方新脈動——文史刊物新潮

1987年解嚴後,台灣社會朝向自由化趨勢發展,新媒體、新刊物不斷出現。在激烈的商業競爭下,人文雜誌更顯弱勢,紛紛面臨著經營上的困局。不過,也隨著政治鬆綁,強調本土的人文思潮湧現,各地方政府及民間文史工作團體,開始致力於地方文史的發掘與出版,成為一股強勁的人文脈動。

32地方政府出版的文史刊物,1993.（遠流資料室）
33山海文化為原住民文化發聲,1993.（楊敏盛提供）

雜誌的大千世界

從雜誌看江湖,這個大千世界充滿了五花八門的報導題材與行銷機會;從江湖看雜誌,雜誌業本身其實就是一個大千世界。

雜誌類型五花八門。政治財經、藝文娛樂、語言學習無所不包。戰火初熄的克難年代,我們讀「增產報國」的《豐年》,經濟富裕的太平盛世,我們看「做你自己」的時尚雜誌與休閒情報。

發行周期五花八門。月刊周刊是主流,季刊半月刊也不陌生;旬刊半年刊雖然少見,也並非完全空白。在報禁的年代,還有人想連出七種周刊,每天發行一種,他們說,這樣不就等於一份報紙了嗎?

價格類型五花八門。高價雜誌賣身分與格調,平價雜誌瞄準巨大發行量。還有,不用花錢買的雜誌,航空公司、信用卡或保險公司印的雜誌不收錢,電影街介紹院線強檔的小冊子也不要錢。

促銷方式五花八門,超低特價、超優贈品、隨冊光碟;演唱會、首映會、簽名會、時裝秀……創意迅速變成老套,然後又有新的創意跳出來。

甚至,雜誌的血統也是五花八門。歐美來的、日本來的、香港來的、大陸來的;全本翻譯的、「國際品牌,本土製作」的;知名國際雜誌紛紛披上方塊字的外衣,台灣還沒加入WTO,「雜誌聯合國」就已經鑼鼓喧天了。

根據新聞局的統計,到1999年最後一天為止,台灣境內一共登記了6,463家雜誌,是全世界雜誌密度最高的國家——不止是印象,連統計數字都說明了台灣的雜誌業是個大千世界!（鄭林鐘）

①在美援支持下,豐年半月刊創辦於1951年,旨在推展農業知識,是台灣農業時代的重要刊物,1950年代.（豐年社提供）

台灣英文雜誌社創於1946年,代理國外雜誌為主要業務(1965年起代理讀者文摘中文版),現今仍為台灣規模最大的雜誌代理商. 左起圖②為1960年代美國媒體要人亨利·魯斯(左二)與負責人陳國政(右二)合影.③早期門市外觀.

④⑤⑥⑦⑧

受限於時代需求及條件,同年代的雜誌,反映了同時代的面貌.
④農友是農業時代重要專業刊物,1962.（莊永明提供）
⑤拾穗1950年創刊,透過翻譯,引介國外新知.（遠流資料室）
⑥自由談1950年創刊,標榜山水,人物,思想.（同⑤）
⑦今日世界1952年創刊,香港印行,屬於冷戰時期美國海外宣傳刊物.（同⑤）
⑧未經授權的讀者文摘1952年就問世,直到1965正版發行時才結束.（同⑤）

⑨⑩⑪⑫⑬⑭⑮

⑨大眾之友創刊於1957年,為大眾綜合刊物,網羅許多日治時期文藝名家參與.（莊永明提供）
⑩世界電影創刊於1966年,並持續發行,記錄了影壇從黃金時代至今的發展.（薛惠玲提供）
⑪電視周刊創刊於1962年,幫助大眾認識這個新媒體,象徵著電視時代的來臨.（鄭振鵬提供）
⑫今天創刊於1965年,以精美的圖片介紹時潮,編印水準超出當時一般水平.（遠流資料室）
⑬如同農業時代的豐年半月刊,工業設計雜誌象徵著工業時代的來臨,1967.（莊永明提供）
⑭⑮以社會菁英為發行對象的綜合月刊,由張任飛(圖⑮右一)於1968年創辦,同時期還創辦了中產階級婦女讀物——婦女雜誌,透過這兩份刊物,他將現代化的雜誌經營方式引進台灣,擺脫原本文人辦雜誌的格局,是1970年代台灣雜誌界風雲人物.（張潘靜宜提供）

音樂與音響

1 第一期

音樂與音響創刊於1973年,談音樂也談音響,反映了1970年代民眾消費能力的提高。(鄭振提供)

科學月刊

第二卷第二期 總第十四期 中華民國六十年 2月號

17 科學月刊於1970年由台灣留美學生創辦,目的在於普及台灣的科學教育,也代表著1970年代海外留學生回饋本土的努力,1971。(莊永明提供)

18 郵購雜誌於1974年創刊,除了反映出民間消費能力的提升,也顯示1970年代商業活動趨向活絡。(遠流資料室)

21 1970年代,雜誌發展雖然受到能源危機的影響,經營不易,但種類上已呈現出多樣化風貌,讀者選擇更多,1980年代,梁正居攝。

光華 sinorama CHINESE-ENGLISH BILINGUAL MONTHLY

光華20年特刊

光華講古:我們就是這樣長大的 Two Decades Through the Lens of Sinorama

草藥風正流行 The Herbal Medicine Revival

老台北的滋味 黃合發糕餅店 A Taste of Old Taipei; The Huang Ho Fa Pastry Shop

通俗電影導演 朱延平 King of the Pop Flick or Film Director of Chu Yen-ping

官方出版刊物也是雜誌類型之一,從政府宣傳到話報報告,種類不一,1976年創刊的光華雜誌是新聞局刊物,一改官方刊物的正經八百,以中英對照方式,替台灣做生動的文字與影像報導。(光華雜誌社提供)

7月號 第二十四期

戶外生活

李嘉瑞將帶你遨遊青天 開車去露營 消暑最佳去處—海濱浴場

20 1970年代,隨著國民旅遊風氣興起,旅遊休閒類的雜誌也出現,1970年野外雜誌創刊,1976年戶外生活創刊,不同於1950年代自由談那種帶著文人氣息的山水抒懷,這些雜誌提供實用的旅遊資訊。(莊永明提供)

天下 雜誌 Commonwealth 6月1日前刊1981 細數出經濟首長的背景

22 天下創刊於1981年,是台灣經濟奇蹟發生後興起的財經雜誌,屬於新興白領階級讀物。1986年開始,天下雜誌每年公布台灣1000大企業的調查報告,長期記錄了台灣產業的發展動態。(天下雜誌社提供)

大地 地理雜誌 THE EARTH

23 大地地理雜誌創刊於1988年,以中國的國家地理雜誌自許,標示著國人走向世界的趨向。(鄭振提供)

Newton 牛頓雜誌 中文國際版

24 牛頓創刊於1983年,是日本的科普雜誌中文版。(遠流資料室)

台北人

25 自立晚報發行的台北人,創刊於1987年,以一種開闊的新風貌,迎接解嚴後的時代。(同24)

【美女促銷秀】身材曼妙的模特兒+香豔火辣的泳裝+人氣沸騰的偶像藝人+國際知名攝影師的聲望+全台第一大周刊的名氣,+不惜重資越洋製作的手筆與氣魄=暢銷與熱賣。時報周刊的「泳裝專輯」不但為自己創立出一連串銷售長紅,也為20世紀台灣增添一波波美麗回味。 (中時資料片)

時報周刊　時報月刊

雅砌　People

張國榮 「顛倒」眾生 卸妝後的李登輝

PC home 電腦家庭 名人學電腦

HERE! 便宜買好貨 30家便宜好店

1990年代,在自由化趨勢下,雜誌進入高資本,跨國界的發展形態。26 雅砌屬於人文,建築雜誌,1990。(遠流資料室)27 People屬於國際雜誌中文版,1993。(林鐘提供)28 PC HOME首開雜誌低價促銷,1996。(鄭振提供)29 Here是都市情報誌,1997。(同28)

奇想世界
童少漫畫與書刊

兒童是國家未來的主人翁。然而,直到「九年國教」實施前,受限於經濟條件與聯考壓力,台灣的兒童讀物可說乏善可陳,能撐起場面的,幾乎就靠東方出版社的「東方少年文庫」,以及聯合國所補助出版的「中華兒童叢書」了。兒童報刊方面,如今仍深受懷念的,有學友、東方少年、良友、新生兒童、漫畫大王、王子等刊物,以及國語日報等。

1970年代後,台灣的經濟起飛,家長開始有能力也有心購買童書,台灣的兒童出版市場才逐漸活絡起來。其中影響最深遠的,當屬國語日報出版社。在發行量廣大的報紙推波助瀾之下,該社所推出的讀物,如漫畫《小亨利》、《淘氣阿丹》,「世界兒童文學名著」系列的《冰海小鯨》及《萬能車》等,無不受到熱烈歡迎。兒童文學工作者林良、何凡、林海音等人,也在純文學出版社開闢「純美家庭書庫」,推動兒童、青少年讀物,同樣廣受好評。

1980年代以後,成本昂貴、製作精美的繪本書開始出現。漢聲出版社成功推出「漢聲媽媽」直銷繪本套書,光復、台英社、信誼、遠流、格林等出版社,也相繼投入,掀起一波波高潮,豐富兒童閱讀空間。相對於此,由於聯考陰影難祛,青少年讀物幾經嘗試,卻始終無法走出康莊大道,這也成了21新世紀台灣出版界亟於突破的「魔咒」之一。(林皎宏)

❶【巷道小天堂】在電視電影電子影像都還不普及的年代,看漫畫,是孩子們的重點娛樂。於是「諸葛四郎和魔鬼黨到底誰搶到那支寶劍?」成為孩童心裡的懸念;狹窄巷道裡的書攤,也化身為奇想聯篇的天堂。(1966,台北西門町,黃伯驥攝)

① 學友創立於1950年代,出版許多童少讀物.(遠流資料室)

② 小叮噹替兒童實現無所不能的夢想.(謝吉松收藏)

③ 台北新公園裡的連環圖出租規矩是看一本二毛,躺著看一小時要五角,1967.
(新生報資料中心提供)

⑫ 不論是盜版,還是經過授權,1960年代以後日系漫畫開始在台灣風靡.(黃訓慶提供)

⑬ 台灣盜版的日本少女漫畫,1979.(遠流資料室)

⑭ 1990年代,日系漫畫依舊是台灣漫畫市裡的大宗.(光華雜誌提供)

新漫畫書出版! 王朝宗創作《棗集》中日文對照並用,日節曾沿用『這是漫畫名著中日文對照的好的漫畫書』(子供マンガ連と書く)本才各書店出版マガ

發行所 東華書局 基北市延平路二段五〇號

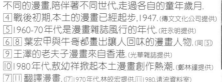

不同的漫畫,陪伴著不同世代,走過各自的童年歲月.
④ 戰後初期本土的漫畫已經起步,1947.(傳文文化公司提供)
⑤ 1960-70年代是漫畫雜誌風行的年代.(旺氣明提供)
⑥⑧ 葉宏甲與牛哥都畫出讓人回味的漫畫人物.(同⑤)
⑨ 王澤的老夫子漫畫來自香港.(光華雜誌提供)
⑩ 1980年代敖幼祥掀起本土漫畫創作熱潮.(鄭林鐘提供)
⑦⑪ 翻譯漫畫.(⑦1970年代,林皎宏提供;⑪1980,遠流資料室)

⑮ 1990年代,隨著漫畫人口增加,漫畫專賣店也出現,1995,林盟山攝.

繪圖重增幼學故事瓊林

銅版精印

友學子

印行局書成瑞

遠流資料室

遠流資料室

幼學故事瓊林是傳統私塾使用的童蒙教材,以文為主,圖為輔,1955.

17 日治時期已出現具有現代風格的兒童讀物,如1919年創刊的學友.

王華文提供

20 1970年代,隨著家庭所得提高,童書市場逐漸成形,童書出版種類也增多,圖為遠流出版公司舉辦的露天童書展.

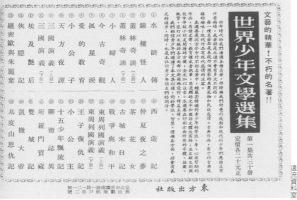

世界少年文學選集

第一集共三十冊
定價各二十元正

東方出版社

遠流資料室

東方出版社出版許多童少讀物,圖為1970年代推出的世界少年文學選集.

童書大家寫──兒童文學獎

1970年代,為了鼓勵兒童讀物的創作,洪建全文教基金會設立「兒童文學創作獎」,掀起一陣童詩、繪本創作熱潮。其後,信誼基金會、兒童文學學會、聯合報系、中時報系等機構也陸續跟進,紛紛創設獎項或選拔年度優良童書,藉此提倡童書出版風氣,也讓台灣童書發展環境更為健全,出版物更豐富。

歷代名人故事之一 王安石

兒童文學傑作選 萬能車

玻璃海王

20萬個為什麼？全部國語注音

張開大嘴打呵欠

安徒生故事全集

19 除了舉辦兒童文學獎,洪建全文教基金會也將得獎作品出版,圖為出版品廣告,1977.(遠流資料室)

中國童話10

波利,你在哪裡?

不同的年代,童書風貌也各有不同. 21 王安石由兒童書局編印,取材自中國歷史人物,1959.(遠流資料室)

22 萬能車由國語日報社譯自英國的兒童名著,1968.(林琦珊提供)

23 玻璃海由教育廳與聯合國兒童基金會合作出版,1968.(同22)

24 20萬個為什麼屬於科學知識性讀物的常見類型,1974.(同22)

25 漢聲的中國童話,以創新手法說傳統民間故事,1981.(同22)

26 1990年代,繪本書風行,圖為台灣麥克的名著翻譯繪本.(同22)

27 1980年代,自製童書已趨精良,圖為信誼出版品,1981.(同22)

28 安徒生全集的出版,讓童話大師作品全貌得見,1999.(同22)

友學子 東方少年 良友 王子 209 兒童科學園地 小牛頓2

了一般圖書,童少讀物也包括雜誌,如學友、東方少年、良友、王子,皆風行於50-60年代的刊物,小讀者創刊於1970年代,內容更專業,1980年代後,還有一外國兒童雜誌的中文版創刊,如小牛頓.(29 30 鄭振銘提供 32 莊永明提供 33 遠流資料室)

35 1990年代,童少出版更豐富多樣,出版社的宣傳活動也顯得活潑新奇,圖為台北國際書展中書店宣傳活動,黃華生攝.

歐米最新式各種凸版印刷
各種裁本活字鑄造販賣
臺印社
電話 長 九四七一
臺北市本町二丁目百四十六番地

本店
神戶市元町二丁目番地
電話 三宮 ○九三番
市田寫眞館
市田印刷所
支店
大阪市道修町四丁目
臺北市撫臺街二丁目
電話 七五四番
だ—が田市は刷印と真寫

文華造紙廠
專造高級紙張・服務文化事業
營業項目 各種出品 應有盡有
單光道林紙、火柴紙
各色銅版紙、打字紙
牛皮紙、白報紙
藍筋書面紙、圖畫紙
模造紙、白紙板
各種定製 交貨迅速 交樣退速
電話：九一○四
地址：臺北縣樹林鎮
廣榮路一六號

營業項目
商品包裝 宣傳刊目錄
商品股票禮券
紙器裝釘
圖案新穎・印刷精美
緣地印刷文化事業公司
TEL. 34141
台北市成都路105號

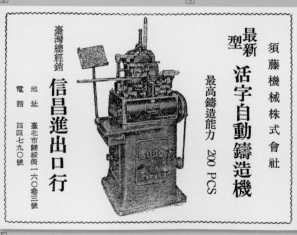

臺灣總經銷
最新型 **活字自動鑄造機**
最高鑄造能力 200 PCS
須藤機械株式會社
信昌進出口行
地址 臺北市歸綏街一六○巷三號
電話 四四七九○號

印書、賣書、買書，大家來看書

【圖片說明】 書的誕生涉及許多步驟，如印刷：①②1912年廣告 ④1960年廣告。如造紙：③1952年廣告。如鑄字：⑤1955年廣告。（①-⑤遠流資料室）書誕生後上市，促銷方式五花八門，有假慶祝之名：⑥1954年廣告 ⑧1962年出版節特價廣告。或看準時機：⑦1955年開學促銷廣告。（⑥-⑧遠流資料室）1970年代，書店類型開始增加，如⑨百貨公司書廊，1972。（水牛出版公司提供）⑪出版商聯合賣場——中國書城，1973。（同⑥）在書界折價競爭下有人發起⑫不二價運動，1971。（同⑥）除了業界的惡性競爭，政治干預也對出版造成危害：⑩《自由中國》讀者投書，1955。（同⑥）除了抑制，政治有時也鼓勵出版，復興文化：⑭文化復興節郵票紀念，1967。（同⑥）隨著出版蓬勃發展，1968年起每年舉辦全國書展，20年後被台北國際書展取代：⑬⑮-⑰書展廣告和文宣。（⑬遠流資料室 ⑮吳興文提供 ⑯⑰莊永明提供）出版的蓬勃也顯現在談書的刊物：1960年代創刊的⑱書和人，1970年代的⑲書評書目 ⑳出版之友，1980年代的㉑出版界 ㉒新書月刊 ㉓金石堂出版情報 ㉔精湛 ㉕開卷，1990年代的㉖誠品閱讀。（⑱-㉖遠流資料室 ㉑鄭林鐘提供）

新辭彙・舊時語

【前店後廠】 指書店前段賣書、後段設置印刷廠印書的一貫式經營形態。在1960年代前，出版活動的分工程度不高，一些書店自設印刷廠，出版自己的書刊或翻印一些沒有版權問題的書籍，產銷兼備，利潤空間更高。

【撿字】 在以鉛字排版印刷的年代，書刊在出版前都要經過撿字的步驟。這是一...考驗工人熟練、細心與耐...的工作。因為鉛字上的字...是左右反向的，撿字工稍...不慎就會出錯，甚至可能...成巨禍。如將反共撿成...

、將中央誤植為中共，在中共至上的時代，這可不是砸飯碗就能了事的！

【作者編輯部】 在政治嚴干預出版的年代，有許多書刊被當局列為禁書，如帶黃（色情）、黑（暴力）、（頹喪）、尤其是紅（共產主義）色彩的書刊均在此列。對於「違規」情節尚輕者，出版社將作者更名出版。如將「陷匪」作家陳寅恪改為陳寅；或者乾脆冠上編輯部之名權充書籍作者，市面上因此出現不少作者為編輯部、來歷不明的書。

【磚頭小說】 指篇長頁厚的通俗小說，言情、黑社會、間諜、武俠為這類小說常見的題材，發展上以1960年代最為輝煌。當時的廣播節目也大量取材於這類小說，讓它更為風靡。不過，隨著電視台相繼開播，電視節目逐漸成為民眾的娛樂重心，磚頭小說的熱潮也一去不返。

【書城】 指由多家出版社共組的大型書店，風行於1970年代，如台北的中國書城、出版家書城皆是。它以書的百貨公司自許，標榜買書不必四處奔波，是1970年代出版界發展通路的集體嘗試。

【試刊號】 指雜誌創刊前，為試探市場、測試刊物本身的編輯發行能力或打響知名度而先行發刊的雜誌。試刊號的出現，除了反映雜誌在定位上愈趨市場導向，也顯現出更為精密的經營手法。

從野台到舞台

半個世紀前，我們坐在廟埕的長板凳上，口嚼花生，佐以茶水，看著竹竿布棚搭起的野台上的表演，悶溼的空氣雜夾著陣陣涼風，蚊子在身邊兜圈子，小販攤上飄來陣陣香味，那是場聽覺、視覺、味覺與觸覺的盛宴。半個世紀後，我們坐在客廳的沙發上吹冷氣，耳朵聽著手機講電話，眼睛盯著螢幕上打得正熱的「臥虎藏龍」，那是種時間、空間與感官的多向交錯。

一百年來台灣的表演藝術，從野台到舞台，看的還是歌仔戲，還是電影，也有舞蹈、戲劇和電視，但是觀看的方式不一樣了，內容和表現的方式更是前所未有的多樣。

底圖：在電視機還沒有占據家家戶戶客廳的1950年代，野台歌仔戲班是台灣農村的主要娛樂來源，戲班子隨著歲時節慶穿村走鎮來表演。圖為1956年某個歌仔戲團在台中清水橋頭里一帶進行演出前的踩街宣傳，當家旦角高高騎在馬上，甚是威風。（王春木提供.相關主題見p52-53）

右頁小圖：電影在台灣的大城小鄉普及後，廟會節慶有時會放映露天電影來替代傳統的酬神戲。當放映機嘶嘶作響，一幕幕武俠奇情、愛情悲喜便在隨夜風飄動的布幕上演。（1990,徐子喬攝,相關主題見p60-61）

台上台下

林青萍 文化工作者

回顧台灣百年的表演藝術，
不難發現它們在早期因為受到政治因素的左右而難以自由發展。
一直要到經濟起飛、意識型態擺一邊時，
才漸漸展現屬於台灣的風貌。

意識型態、演出語言與戲劇

隨著漢人移墾台灣，源自唐山的亂彈戲、七子戲、九甲戲、布袋戲、傀儡戲、皮影戲、採茶戲，這些演出活動也依附移民的農業生活型態與民間信仰而在台灣各地流傳，成為農業社會中人民的主要娛樂活動，也是廟會節慶、節令祭祀中不可或缺的儀式。

本土劇種歌仔戲興起於1920年代。歌仔戲的基本曲調雖源自中國閩南地區，卻醞釀、發展、形成於台灣社會，它可說是最具代表性，且流傳最普遍的台灣戲劇。歌仔戲與布袋戲，以及其他傳統劇種，都與台灣傳統宗教儀式有一定的關連。因此在娛樂活動日趨多元的今天，它們還能以某種形式繼續存在。

除了歌仔戲以外，在1920年代，受到日本新派劇與中國文明戲的影響，戲劇界出現了新的戲劇形式——新劇。新劇有許多知識分子參與，編寫反映台灣政治、社會情況的劇本，以倡導社會改造與戲劇改革為目的，與當時風起雲湧的民族運動息息相關。新劇運動後來歷經日本官方打壓，又因民族運動路線的分歧而式微，並漸漸走向商業路線，失去原有的理想色彩。在太平洋戰爭期間，日本殖民統治者大力推動皇民化運動，禁止台灣的傳統戲劇活動，僅存的少數新劇劇團也只能藉著演出帶有軍國主義色彩的皇民劇，迎合日本當局，來尋求生存的空間。

1945年台灣脫離日本統治後，台灣劇場界終於能以自己的語言演出，新劇、舊劇皆蓬勃發展。傳統戲曲藝人紛紛重出江湖，成立民間劇團。部分台灣劇場工作者承繼新劇的批判精神，藉由戲劇演出，譏諷當時因政治、經濟政策不當而產生的社會問題。此時，許多大陸的劇運人士也來台，加入劇場運動行列。大陸左翼劇作家的作品也常在本地劇場中演出，顯示出台灣劇場在戰後的確有一段開放時期。然而在1947年的228事件後，劇場活動也因政治局勢而受到極大衝擊，加上國語運動雷厲風行，台灣的劇運人士在短短兩、三年間便退出劇場。1949年，國民政府通過「懲治叛亂犯罪條例」，嚴禁群眾集會、罷工、罷課，整個台灣的藝文界籠罩在政治高壓氣氛下。自此，台灣戲劇進入反共抗俄時期。

1950年代，台灣民間戲班因民眾生活需求而益加蓬勃；至於在日治時期深具社會批判意味的新劇，卻受困於當時的政治環境無法伸展壯志。此後領導台灣話劇的是一批來自大陸的話劇運動人士，幕前幕後的工作人員多為大陸籍，演出的語言以北京話為主，在意識型態的統率之下，出現大量的反共抗俄劇。然而，這種深受大陸來台人士歡迎的戲劇活動，與台灣民間社會可說幾無交集，其內容多半虛構而矯飾，甚至淪為反共八股。到了1950年代末期，隨著短期內反攻大陸的希望渺茫，反共抗俄劇因不能符應觀眾現實生活中的需求而終至沒落。

1960、70年代，隨著電視台相繼成立，劇場流失大量觀眾群。而原本從事劇場工作的幕前幕後人員也全面轉向電視台，台灣劇場面臨缺乏震撼人心的劇本以及從業人員不足的窘境，此時出現搬演本地作家作品的青年劇展，以及演出外國劇本的世界劇展，可惜這兩個劇展影響力僅止於校園，一般社會大眾並未留下深刻印象。

1980年代，隨著政治的開放、經濟的繁榮，社會多元化發展之下，活潑大膽的小劇場亦步亦趨，扣緊社會發展的環節，開始針對敏感的政治社會問題與文化現象，進行批判與反省。多數的劇團傾向於實驗性、前衛性，不計成本地演出，在艱困的環境中努力不懈。還有一部分的劇團，在追求藝術性同時，兼顧商業利益，後漸具規模，成為台灣劇場界的代表性團體，如：屏風表演班、表演工作坊、果陀劇團等。

1990年代，一些小劇場工作者積極朝城鄉社區發展。這些出現在各地的社區劇場，如台南的華燈劇團，雖沿襲日治時期新劇運動的傳統，然而他們更加尊重地方傳統，用地方既有資源，從民間傳統藝術活動中尋求創作題材，為活絡地方文化與建立地方文化特色而努力。

在傳統表演藝術方面，以京劇為例，在戰後逐漸被官方扶植成所謂的國劇，成為軍公教人員及外省民眾的休閒娛樂。而其他原本在內容、活動上都依附農業生活步調的民俗藝術，隨著經濟發展和社會型態的轉變，漸失去舞台與觀眾。1970年代之後，一連串的外交失利，與社會、政治環境的驟變，許多人開始意識到本土文化的重要性，文化界對民俗藝術的態度開始轉變。長期不受重視的本土傳統藝術活動得到了重新的評價。1980年代後，各項民俗戲曲活動成為官辦藝季、藝術節及國家戲劇院表演活動的重要節目；文建會更在宜蘭縣設立國立傳統藝術園區，希望藉此發揚與推廣傳統戲曲藝術。

起跑最遲的舞蹈藝術

如同台灣的現代戲劇，台灣的舞蹈也啟蒙於日治時期，透過日本間接吸收到西方現代舞蹈思潮。戰後，台灣的舞蹈也同樣擺脫掉政治情勢的影響，成了為政治服務的工具。1955年，官方開始舉辦年度民族舞蹈競賽，這項比賽後來成了操控台灣舞蹈生態的機制。不可否認，民族舞蹈比賽培養了一批優秀人才，可是台灣舞蹈界也因在政治機制下視野變得狹窄，不論個人或團體，以

官方資源與獎勵為重，因而無暇顧及藝術作的本質。

960年代，台灣舞蹈界開始受到西方現代習思潮的刺激，1970年代，一枝獨秀的門舞集使舞蹈從政治工具提升為自由發聲藝術，並成為文化外交最佳代言人。1980代，舞蹈終能不再受困於政治意識型態，專注於藝術風格的發展，並以直接的方式發、反映對社會現象的不滿與無奈。1990代，台灣舞蹈界則努力自本土文化中尋找展力量，不論鄉土藝術、民間信仰、原住歌舞儀式，皆是舞者創作上的元素與靈，台灣舞蹈開始自信地面對世界，思考如期創屬於台灣的舞蹈美學。

識百變的台灣電影史

日治時期，日本人將電影引進台灣，但是整個日治時期，台灣電影少有發揮的空，雖有「誰之過」、「怪紳士」、「望春風」台語片的攝製，但成績平平，無法帶動電工業的形成。1937年以前，台灣人還能次賞到中國片，七七事變之後，中國片禁輸入台灣。1941年珍珠港事變後，日本頒上海，在占領區經營電影事業，模仿好為模式，製作愛情娛樂片，影片內容多以情故事包裝，企圖傳達日本、中國之間的善與信賴關係。這些影片經過殖民當局管後再輸入台灣，也曾勾起台灣人對中國的景與嚮往。

戰後初期，百廢待舉，台灣電影業接收了本人留下來的設備，以及從大陸移轉過來人力資源，僅能生產一些紀錄片、新聞。1950年代，國民黨政府一方面厲行戒，一方面提倡「反共文藝」，電影純粹是宣工具，內容以鼓吹反共思想為主。在民方面，一因日治以來一直未建立電影事業

基礎，二因當時國府對攝影器材和軟片的管制均極嚴格，創作量有限，所以當時的台灣電影市場幾乎全是外片的天下。

1950年代中期開始，才有了第一部台語片，台灣電影業也才漸漸朝向真正的電影拍攝工作邁進。可惜的是，這個蓬勃的台語片熱潮只維持了十幾年，後來因技術簡陋、缺乏行銷觀念，日片、港片、西片瓜分電影市場，加上官方輔導國語片，壓抑台語片，而觀眾也在長期的國語政策下對台語片產生排斥，這些因素終使台語片漸走下坡。

1960、70年代，政治外交情勢詭譎多變，電影題材明顯受到時勢現狀的影響，呈現出多種特殊的電影類型，如曲調動人的港製黃梅調、強調種族優越的功夫武打片、以台灣本土為題材的健康寫實電影、共禦外強的愛國電影，以及逃避現實的三廳式愛情文藝電影。

1980年代出現了落實本土的「台灣電影新浪潮」，其意義在於表現手法上及題材選擇上的創新。新銳電影在題材選擇上富有濃厚的本土味，內容以描述發生在台灣這塊土地上的形形色色為主，有個人成長歷程的描繪，有反映社會現實的情景，且採取不同於以往的角度來描寫，因而打開電影題材上的限制，確實反映出人民生活中的共同記憶。這股新浪潮影響台灣電影甚鉅，並頻獲國際影展的矚目與肯定。

1990年代，有更多意氣風發的新血進入電影圈，可惜並未匯成潮流。綜觀之，台灣電影在這幾年間萎縮得相當厲害，製片數銳減，票房跌落谷底，外片與港片席捲台灣電影市場。百分之百台灣製作的台灣電影，雖然在國際間各項影展中獲得青睞，卻難以擠進十大賣座影片排行榜，可見「叫好」和「叫座」之間還有一些距離。看來，台灣電

影的最大難題是如何精進藝術創作，同時兼顧觀眾的接受度。

給我娛樂，其餘免談

電視的出現，大大地改變了人們過去的娛樂習慣。過去要在特殊日子才看得到野台戲，或是要大費周章到戲院看舞台劇或電影，現在只要在家中打開電視，即可獲得娛樂。當然，電視的出現也對劇場界、電影界的營運造成莫大的衝擊。

台灣在1962年有了第一家的電視台——台視，之後相繼有中視、華視的設立與開播。在1987年解嚴後，政府逐步開放頻道，1997年，台灣出現了第四家無線電視台——民視。除了原有的無線電視台，有線電視台以及衛星電視台也如雨後春筍般地冒出。頻道數量遽增，觀眾所能收看的節目數量也跟著大幅增加。其實，一般大眾收看電視的理由，不外乎消遣、娛樂、調劑生活，只要是輕鬆、刺激，能帶來娛樂效果的節目都受到歡迎。所以，最受一般觀眾歡迎的電視節目，還是以連續劇與綜藝節目為主。

表演藝術的坎坷路

回顧這一百年來的歷史，不難發現台灣早期的戲劇、舞蹈、電視、電影都受到政治因素的左右而難以自由發展，直到台灣經濟起飛、意識型態擺一邊的時候，才漸漸展現屬於台灣的風貌。然而就在掙脫了最大的創作枷鎖之後，以經濟發展為主導的價值觀與政策，竟成了抑遏表演藝術發展的另一道藩籬。當台灣身處經濟泡沫化與政治未定的危機之中時，該如何在這塊土地上繼續推展藝術文化，將是一項對民眾、執政者、教育界、媒體以及文化工作者最艱難的考驗。

人偶爭鋒
傳統戲劇今昔 1

古早時代想要看戲，大概只能等廟會節慶時搬演的野台戲了。那時的戲曲類別眾多：以偶演出的布袋戲、皮影戲、傀儡戲，以及真人上場的北管戲、高甲戲、歌仔戲、客家戲等。鑼鼓絲絃和著喝采叫好，哪個戲棚腳不是台上台下一片喧騰？名家班更是一戲難求！

除了露天野台戲外，後來又有在戲院演出的內台戲，其中以布袋戲及歌仔戲居多。看戲要買票進場，享受當然不同。戲台有布景變化、機關設計，增加戲劇的效果，劇情

更是曲折離奇、高潮迭起，天馬行空的金光布袋戲也應運而生。

面對時代變遷、娛樂多樣化，大部分的台灣傳統戲曲漸趨沒落，唯有布袋戲、歌仔戲運用媒體再創佳績。從收音機普及之初的廣播歌仔戲、布袋戲，到電視興起後，風靡全台的楊麗花、葉青歌仔戲及史艷文、六合等金光布袋戲，那時誰不會哼句歌仔調、說句布袋戲口頭禪？近年推出的電影布袋戲結合科技特效，尤其受到新生代的歡迎，可見傳統朝多元精緻發展，其生機果真盎然。（林千鈺）

③ 雕琢華麗的彩樓是傳統布袋戲的特色,圖為彩樓後的演師許王.

④ 第二代雲州大儒俠是對1960年代電視布袋戲的回憶,1994,陳輝

② 1950年代,布袋戲盛行於戲院演出,因場地變大,戲臺布景也相應加大,1967.

⑤ 金光布袋戲演出的劇團分為「洲派」和「閣派」,洲派的宗師是黃海岱,閣派則是鍾任祥,金光戲的演出多在戶外野台,為了適應表演空間,新奇怪異的劇色彩鮮麗的布景燈光,以及透過音響高分貝播放的後台音樂,是金光戲最大的特點,圖為新洲園劇團在淡水的酬神演出,1970年代末期,梁正居攝.

隨時代長大的戲偶

早期從福建傳入台灣的布袋戲偶,偶頭僅有雞蛋大,平均尺寸約23公分（由肩至腳）。1940年代末,南部的布袋戲團改良傳統演出形式,加入更多武打動作與聲光特效,同時也將戲偶的尺寸加大至28公分左右。1964年的「雲州大儒俠」戲偶已變成48-50公分。而今天盛行的霹靂布袋戲偶更有78-110公分的大小,表演的方式,也從以「掌」改成以「杖」執偶。

⑧ 傳統布袋戲偶,約1900.
⑨ 雕刻師傅徐祈森1950年代所製戲偶之複製品.
⑩ 金光戲偶,南俠翻山虎,約1970年代.(以上大稻埕偶館提供)

⑧　　⑨　　⑩

❶【台上演得熱，台下看得樂】野台歌仔戲是台灣最普遍的戲曲表演型態。歌仔戲源於宜蘭的「本地歌仔」，這種說唱表演原是在空地上進行，後來搬上了舞台，表演和結構方式都變得更加完整，唱戲的人和聽戲的群眾，也清楚分隔開來。

（1970年代初期，梁正居攝）

左⑪台灣第一部歌仔戲電影薛平貴與王寶釧掀起了台語片風潮，1956.(國家電影資料館提供) 上⑫廣播歌仔戲曾是台灣歌仔戲的一種特殊形式，圖為中國廣播公司麗華歌劇團，約1950年代(莊永明提供) 下⑬電視重振了歌仔戲，也造就了許多歌仔戲明星，如楊麗花及圖中的葉青，1993,劉振祥攝.

右⑭精緻歌仔戲或稱劇場歌仔戲，指以現代劇場舞台布景，燈光音效的概念，製作演出的歌仔戲，右圖公演海報中的敘述，道出了此種新型態表演的特色，1990.(河洛歌子戲團提供)

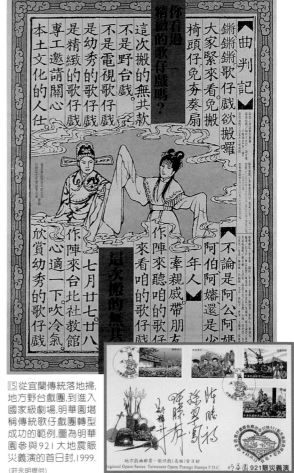

⑮從宜蘭傳統落地掃，地方野台戲團到進入國家級劇場，明華園堪稱傳統歌仔戲團轉型成功的範例，圖為明華園參與921大地震賑災義演的首日封，1999.(莊永明提供)

京劇‧北管‧採茶戲
傳統戲劇今昔2

20世紀的台灣戲曲豐富多采，百年來多樣劇種在這塊土地熱鬧上演。

台灣以閩粵移民居多，自清朝起便盛行大陸傳來的戲曲，南管戲、北管戲、客家採茶戲和偶戲，都有正規的職業劇團。日治50年間，日本政府在發動太平洋戰爭前並未限制戲曲發展，傳統戲曲蓬勃一時。南管戲重細膩文戲，是文人雅士的最愛，北管戲則是鑼鼓喧天，深受市井小民歡迎，有「吃肉吃三層、看戲看亂彈」的俗諺。採茶戲流行於客家族群，唱著山歌小調頗富農村氣息，詼諧又活潑。而小型說唱歌舞如弄車鼓、牛犁陣等，活躍在各鄉村，誇張的語言動作無不令人呵呵大笑。

當時，台灣與大陸的交流頻繁，經常邀請劇團來台公演，其中包括中國最流行的京劇，富商辜顯榮就曾大量引進上海京戲班，當時欣賞「外江戲」（京劇的暱稱）可是件時髦事。京劇對台灣戲劇也產生影響，各劇團吸收其音樂、身段、舞台等，創造出更精采的演出。

二戰的結束，解除了皇民化運動時期的戲曲禁令。1949年國民政府遷台，大陸人士帶來更多的地方戲——川劇、豫劇、崑曲等，京戲也在政府的支持下成立三軍劇團和劇校。相較之下，台灣原有的傳統戲曲，遲至1980年代才因鄉土運動而受到重視。然而，文化的斷層所造成的疏離，能否在政府的振興下起死回生，仍是個問號。　（林千鈺）

1 日治時期的京劇多由中國京劇團跨海來台演出，此為永勝和京班於台北新舞台公演時的戲單，1926.（遠流資料室）

2 淡水戲館是新舞台的前身，主要表演京劇.

3 台北國軍文藝中心是官方的京劇舞台，圖為蘇三起解的演出，約1970年代.

4 京劇盛行之際，名伶顧正秋，張正芬剪綵，成了商家宣傳賣點，1950.

5 京劇學校學生演出有模有樣，1966.

6 大鵬劇團演出洛神，由名伶嚴蘭靜（中）出飾洛神一角，約1960年代.

傳統戲曲走進教室

京劇教育納入正規教育體制，始於1955年的國立藝術專科學校國劇科。1957年又有復興戲劇學校成立，早期京劇教育因政府政策的支持，比起其他的戲曲教育開始得早、且受到重視。相較之下，歌仔戲教育雖在1950年代一度於國立藝專設系，卻隨即廢止，一直到1994年才重新在復興劇校成立。

1999年，復興劇校與國光藝校合併，升格為十年制的台灣戲曲專科學校。此後，其他的傳統戲曲，如傳統音樂、歌仔戲，以及籌設中的客家戲劇，終能透過教育體制傳承延續。

【野台上的京劇】1995年，存在40多年的海光、大鵬、陸光三軍劇團正式走入歷史，由教育部成立國光劇團取而代之。除了編制上的改變，還加入了許多台灣民間傳說及歷史劇目，演出方式也從劇院走向戶外。（1997，劉振祥攝）

客家採茶戲改良為演出複雜的大型戲曲主要是受到京劇的影響,初期多在桃竹苗等客家庄演出,1935,鄧南光攝.

北管戲在台灣又稱亂彈,一度極為盛行,而今天能表演的職業戲團已寥寥可數,1947,台中清水.(楊基滋提供)

車鼓陣的演員人數不定,且無特定裝扮,多演出簡單的鄉土故事,內容往往滑稽逗趣,常見於台灣民俗活動中,1993,劉振祥攝.

定戲也要憑據

以往戲團並沒有自己的辦公室,多租用商家一角,擺張桌子招攬生意,台北涼州街就曾是布袋戲團的集中處。請戲的人多會到戲團集中的街上定戲,戲單上寫明日期時間、戲金、定金、爐主(即請主),註明戲棚是在內(戲團自行搭台)還是在外(請主一方搭台)。此外,也少不了要寫好餐飲是自理——福食在內,還是請主招待——福食在外。請戲人手拿定戲單有憑有據,經手人則將同一份憑據交給戲團,定戲程序就算完成。

左⑩新宛然布袋戲劇團定戲單,約1960年代.
右⑪台中玉興歌劇團定戲單,約1980年代.

左⑫台灣民俗戲曲項類之繁多,從這張官方所舉行的活動海報上便能略窺一二,惟許多表演今已罕見.1991.(來源同⑩)
下⑬傳統戲曲的保存要靠政府資助與民間推動來進行,並以開班授課、公演等方式來引起大眾的興趣,2000.(來源同⑩)

⑭豫劇在戰後隨國民政府軍隊傳入台灣,圖為名角王海玲,2000,劉振祥攝.

舞台風雲錄
從新劇到小劇場

1920年代在社會主義的思潮下，台灣一些留日學生與島內的左派青年開始組織新劇團，希望以新劇運動推展與建設新台灣文化。不同於各地由文化協會主導、以宣傳政治理念、諷刺社會現象為主題的文化戲，張維賢領導的星光劇團搬演翻譯劇，執著戲劇藝術，並信仰「藝術應使人更加團結友愛，共同迎向全新的社會秩序。」為達成理想，他曾遠赴東京築地小劇場學習演技與肢體語言。

皇民化運動開展後，新劇演出活動萎縮，只剩一些迎合皇民化政策的演出，通稱皇民劇。1941年皇民奉公會成立，積極開展青年劇運動。與此同時，由台灣文學青年組成的厚生演劇研究社，發表了多齣與皇民化政策相左的戲劇，如閹雞一劇即以台灣民謠做為幕間音樂，在當時大受歡迎。

1980年代，得力於社會環境的急速變動，小劇場在台灣蓬勃發展。此時出現的小劇場與戰後發展的反共抗俄話劇並無太大關連，而是大量吸收西方思潮下的產物。最初傾向於形式主義的劇場實驗，後來逐漸關懷社會政治方面的議題。1990年代，小劇場在失去了政治批判的著力點後，轉變成「為叛逆而叛逆」的驚世駭俗。儘管有文化評論者認為小劇場應致力於顛覆體制，並認為接受政府經費補助，形同被收編，然而，小劇場最終面對的還是生存問題。（林青萍）

上②張維賢有「台灣新劇第一人」之稱，年輕時致力台灣新劇運動，先後成立星光及民烽演劇研究會，圖約1920-30年代.
右③1926年，星光演劇研究會至宜蘭演出時，獲得極大回響，圖為開演紀念合影.

劇新烽民誌標團
①民烽新劇團標誌,1930.
（遠流資料室）

④皇民化運動影響了台灣新劇的發展,南進座與高砂劇團在皇民奉公會的強迫之下改組為演劇挺身隊,至各處演出皇民劇,圖為演劇挺身隊演出劇照,1942.

⑤中學的皇民劇演出手冊,1940.　⑥閹雞於永樂座公演海報,194.

【演戲，也要清潔】 由青年男女組成的民劇團排練後，會至各地巡迴演出。演出前，團員還須負責清潔劇院門面並貼上標語。圖為日劇團演出前的準備工作。（1943,吳金淼攝,吳榮訓提供）

早年戲劇表演總難脫離政治的干預,才脫離日本皇民劇不久,舞台劇又成了反共抗俄的傳聲筒,1958.

⑧劇作家李曼瑰主導的新世界劇運,是戰後第一個具規模的改革運動,漢宮春秋為其代表作.

影響劇場的《劇場》

劇場雜誌1965年元旦創刊,以翻譯國外著名電影、戲劇劇本及其理論為主。如:貝克特(Samuel Beckett)的等待果陀(邱剛健譯)、黑澤明論黑澤明(郭阿琨譯)。雖然前後僅出刊九期,卻為台灣戲劇創作帶入全新思想,參與其中的文藝青年後來成為1970年代末期實驗劇場的中堅。

閹雞改編自張文環小說,具濃厚鄉土意識,被喻為「台灣戰前最不朽之」,1995年重新演出.(林青萍提供)

⑫1980年,耕莘實驗劇團更名為蘭陵劇坊,採西方現代劇場肢體語言及形式,為台灣現代劇場濫觴,1982,張照堂攝.

左⑪此劇藉女演員上空演出試圖打破禁忌,1995. 下⑬1985年成立的河左岸劇團,最初全由大學生組成.

表演場地不設限

「室內舞台」不論大小,一直是戲劇的主要表演場所。在1987年國家劇院啓用之前,主要的戲劇表演場地為中山堂、國父紀念館、社教館,以及各縣市文化中心等中大型表演場所。隨著戲劇表演理論及觀念的轉變,不設限的表演場地成了前衛戲劇的一大特色。海邊、街頭、公寓、咖啡館,都可能是表演的地點和布景,觀眾因此身處「舞台」之中,成了表演的一部分。

⑭表演工作坊首齣舞台劇那一夜,我們說相聲,連演12場,獲得空前成功,1985,賴聲川攝.

金枝演社結合地方野台戲與現代劇場的形式,將舞台隨貨車移動,四處搬演,2000,林青萍攝.

⑯劉靜敏的優劇場,注重視覺氣氛,以展現東方精神著稱,圖為漢‧水鏡記,1992,潘小俠攝.

映畫·影戲·電影
電影百年發展

台灣電影發展與政治難以分割。日治時期，日本人掌控了電影製作的技術與影片的分配行銷權，有心投入電影事業的台灣人從製作、發行、放映都要倚賴日本人的參與、指導與投資。這時期的台灣電影可說是乏善可陳。太平洋戰爭爆發後，身為日本殖民地的台灣，電影市場更是完全被日片壟斷。

戰後國民黨政府大力提倡「反共文藝」，電影淪為政宣工具，內容、語言都難以吸引廣大的觀眾。一直到台語片興起，因在語言與題材上都貼近大眾，才為台灣電影掀起熱潮。可惜台語片業者並未致力水準的提升，在日片、外片，以及受官方支持的國語片夾擊之下，終於失去電影市場。當時的文化界，如一些話劇作家，曾有心力挽狂瀾，投入拍攝電影的行列，結果卻叫好不叫座，票房悽慘無比，邱罔舍便是一例。

1980年代，受西方藝術電影的思想與美學觀影響，台灣的「新電影」崛起。「新電影」以參加國際影展的策略，打響了國際知名度，並在1990年代逐漸成為政府的文化外交宣傳利器。

「新電影」著重以創作藝術性、文化自覺來揭露現象、批判現實，和俗媚的商業劇情片劃清界線，也意味著和廣大的群眾產生疏離。儘管它們在各項國際影展上大放異彩，回到台灣，卻得面對大多數觀眾「有看沒有懂」的質疑。而在大多數台灣觀眾一味追逐聲光刺激的消費行為下，難怪好萊塢式電影是最大贏家。（林青萍）

1 宣導國家政策和措施是早期電影的重要功能．

2 此片由中國女演員白光主演，中日合資拍攝．

3 水戶黃門漫遊記為日本傳統名劇，一再改編演出，亦登上大銀幕，輸入台灣上映，1938．

上 5 除日製電影外，上海電影業一直是戰前台灣主要影片來源，1939．右 6 1930年代許多台灣人自組影片公司代理影片，經營出租放映事業，1931．下 7 日本人設立，專門發行日系電影的公司，1939．（5-7 遠流資料室）

4 由台灣總督府出資的莎鴦之鐘，實為一部鼓舞從軍愛國的宣導片，前排左三為女主角李香蘭，1943．

8 1949年上海國泰電影公司派外景隊赴台拍攝阿里山風雲，因兩岸變局，人員從此留居台灣，1950．

愛情十字路·台語片的不歸路

1950年代中期至1970年，是台語片興盛消退、冷熱交雜的時代。早期的台語片以歌仔戲為主，後有愛情文藝悲劇、社會倫理以及笑鬧劇等。台語片的觀眾雖多，卻難逃年產量由每年百部減為年產十部的命運。其原因除了港片興起、政府全力扶植國語片的攝製，而台語片多由個人獨資拍攝之外，後期台語片的抄襲模仿、缺少創新以及粗糙的內容，也是台語片式微的原因。而1960年代初期主導台語片市場的台聯公司，自1957年的電影愛情十字路以來，近20年的電影事業也在1975年劃下句點，台語片從此盛況難再。

9 在1960年代電視媒體興起前，電影院也時常放映國家慶典或運動競賽等新聞影片，1955．

10 本片為日治時代新文學運動健將張深切執導的台語喜劇片，意在改革當時日漸浮濫的台語片，可惜賣座不佳，1958．

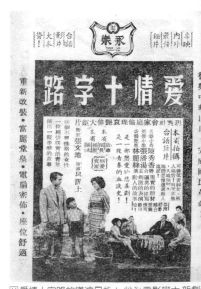

11 愛情十字路的導演呂訴上，曾為電影辯士、新劇演員，也是早年唯一記錄台灣影劇史之文化人，1957．

李行導演,唐寶雲主演的養鴨人家,是中影公司健康寫實電影的代表作之一,1964.

功夫教主——李小龍

李小龍掀起了1970年代功夫片熱潮,其中精武門一片更使他成為民族英雄,一躍成為國際影星,中國片也首度打入國際市場。螢幕上的李小龍,以精練俐落的拳腳工夫,痛懲白人的暴力畫面,紓解了華人19世紀末以來的屠弱形象,成為對現實處境的一種補償。而他所創造的功夫片,也成了華人電影特有的類型,在許多國家,「功夫」甚至和「中國人」劃上等號,對其後台港武打片的發展,影響尤其深遠,至今仍被視為難以跨越的典範。

13 猛龍過江是李小龍首部自導自演的電影,1972.

黃梅調電影梁山伯與祝英台名列中國影史百部經典.

5 1970年代武俠片金牌導演胡金銓的傑作俠女,1970.

6 瓊瑤電影是1970年代的電影主流,圖為我是一片雲,1977.

↑【光陰的故事】不用明星、也不是由當時的名導演執導,電影光陰的故事以其貼近尋常人生活的角色、場景和情節,竟在當時締造了不錯的賣座成績。從這部電影開始,台灣告別了過於浪漫的瓊瑤電影、過於暴戾的社會寫實片、過於矯情的愛國電影,轉而尋找平凡生活中的平凡題材,正式進入新電影時代。(1982,陶德辰,楊德昌,柯一正,張毅執導,中央電影公司提供)

7 愛國電影始自國際外交上的挫敗,圖為梅花劇照,1976.

左 19 解嚴後,過去無法處理的題材,成了新銳導演的嘗試,侯孝賢即以台灣史禁忌「228事件」為題,拍攝悲情城市,獲威尼斯影展金獅獎,1989.(年代影視提供)左下 20 李安的囍宴以悲喜交集的手法,描繪台灣新舊兩世代思想的隔閡,獲得柏林影展金熊獎,台灣電影在國際影壇上的新秀地位儼然形成,1993. 右 21 張作驥的黑暗之光以某年暑假發生的事件,敘述生命的黑暗與希望,獲東京影展最佳影片大賞,1999. 右下 22 蔡明亮的威尼斯影展金獅獎得獎作品愛情萬歲,1994.

8 朱延平導演的小丑,交雜了詼諧與小人物的悲苦,1980.

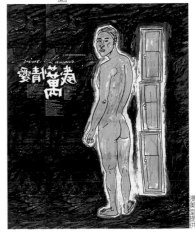

① 資訊流通不便與物資匱乏的鄉間,看電影的宣傳就由孩子來擔綱,1962,九份,翁庭華攝.

② 大而華麗的電影看板是1960-70年代電影街一大特色,取自空飄大陸傳單,1966. (莊永明提供)

⊕【盲劍客與竹竿俠】在看電視尚未成為全民娛樂之前,電影一直是民眾生活中的奢侈享受與時髦活動,也是開眼界的方式。電影同時也讓人脫離現實,跳入想像世界,帶給人們希望與補償。圖中的孩子拿起竹竿和木棒,展開一場決鬥,彷彿此刻已化身為看板上的英雄人物,成了電影中的角色。(1965,大稻埕,黃伯驥攝)

看電影好時光 電影消費時代

　　戲院是社會經濟發達後的產物,是都市的文化象徵與地標:戲院是人群聚集之處,也必定帶動附近地區的商業繁榮。

　　日治時期,電影是宣傳利器,也是營利工具,因此,當時戲院在台灣已經相當普遍,不只是大都市有,連小城鎮也有具簡單放映設備的戲院。

　　戰後初期,經濟蕭條,社會不安,然而,電影仍能吸引人們走進戲院,在漆黑的空間裡,享受片刻好時光。當時,有些戲院票價較低,設備較差,除了放映國片,有時也演出歌仔戲、布袋戲。一些規模較大、設備較好的戲院則只放映電影。只有少數戲院安裝冷氣設備,大部分戲院裡只有電風扇,一到夏天,就見人手一扇,一邊揮汗,一邊看電影。由於戲院空間密閉,空調設備又不好,往往有人因此昏倒。後來,戲院業者逐漸改善設備,提供觀眾更舒適的環境,並增加幻燈字幕,加強劇情說明。

　　早年看電影有許多今日很難想像的狀況。比如小孩子想看電影,常會尾隨「不相識」的成人進場,或在電影結束前五分鐘開放「撿戲尾」時,闖入戲院看一小片段結局。電影鼎盛時期,黃牛猖獗,想看電影就得買貴上數倍的黃牛票。另外,許多戲院因無法貫徹對號入座,甚或不分場次售票,而發生有票無位等事。

　　進入1990年代後,電影院以結合商圈的方式,來吸引因錄影帶業興起、電視頻道大量開放而流失的電影消費人口。這些大型影城提供多樣的消費及娛樂方式,匯聚起更興旺的人氣。看電影加逛街,已成為現今台灣人的重要休閒活動。(林青萍)

③ 日治時代的台灣教育會,經常至各地方學校巡迴放映電影,圖為國語教本插圖,1937.

④ 除非遠額外供應熱茶水,則露天電影通常免費,1949.

⑤-⑩ 左起芳乃館(1911創),永樂座(1924創),第一劇場(1935創),大世界館(1935創),國際館(1935創),第二世界館(1938創)。⑪ 金鵄館,1934年開幕,為南台灣當時最大、最好的戲院,1939.

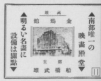

1930年代的台灣,看電影的風氣日漸蓬勃,電影院一間間開張,設備豪華的高級電影院更不在少數。(⑤-⑪遠流資料室)

台北西門町新世界館，為歡迎裕仁太子來台，特別張貼「奉迎」字樣，1923.

高雄戲院原名高雄館，屬於綜合戲院，有戲劇表演，也放映電影，1921.

電影售票口上的電視牆，播放電影預告，以吸引觀眾，1987，李文吉攝.

15台中戲院1910年由日人所設，周圍一帶曾是台中市鬧區，1970年代拆除改建為百貨公司，圖約1950年代，羅超群攝.

16 1933年新竹有樂館開幕，為台灣首座有冷氣設備的官營戲院，後改稱國民戲院，今為新竹市立影像博物館，2000.

左17 1950年代電影廣告上多標榜以新藝綜合體電影，伊士曼彩色等最新聲光特效拍攝.（遠流資料室）右18現已拆除的遠東戲院票根.（莊永明提供）

19台南永靖戲院的票根，背面印有電影本事，1959.（陳慶芳提供）

20本事即電影內容摘要，入場即可取得.

好萊塢電影

早在1900年末期，日人便組成「活動映畫株式會社」將西片引進台灣市場。戰後，美國電影工業受到電視普及與各國競相保護本國電影而提高進口電影稅率等因素衝擊，被迫尋求技術上的革新。標榜「寬螢幕、立體聲」的新科技、新享受，便成為好萊塢電影的利器，也在1950年代初期席捲台灣電影市場。此後，挾資金與技術優勢的好萊塢電影，一直是台灣電影院的放映大宗。

28亂世佳人，約1970年代.　29十誡宣傳冊，1970年代.（28 29 莊永明提供）

21 22 新世界戲院原為新世界館，1997年拆除，遠東戲院1990年代拆除.（莊永明提供）23 樂聲戲院開幕廣告，1965. 24 25 南都，金馬是1970年代的台南市戲院. 26 27 1990年代是綜合影城的天下.（23-27遠流資料室）

四方框裡的家庭演出秀──電視

從台灣電視史上的第一齣連續劇晶晶開始,電視連續劇便廣受大眾青睞。不論是武俠劇、歷史古裝劇、港劇、愛情連續劇,或鄉土劇,只要播出時間一到,觀眾的情緒便隨著劇情激盪起伏,到了第二天,前一晚的劇情還成為茶餘飯後的話題。

隨著有線電視的發展,台灣觀眾接收各國電視節目的機會增多。一些外國影集、日劇、韓劇大受歡迎之餘,也提供本地業者一個觀摩反省的機會,更刺激國產的劇本及拍攝製作,往更精緻更有深度的方向發展。

連續劇震撼人心的威力十足。早期綜藝節目,如連奪四年最佳綜藝節目金鐘獎的綜藝一百,也抵擋不住港劇的猛攻,在播出五年後黯然落幕。

過去綜藝節目以歌唱與短劇為主,尚能展現藝人才華。現在的綜藝節目則大量模仿美、日過氣的節目,型態雖然更為多元,但在包裝、內涵上卻又不及外國節目來得精緻。這些由主持人插科打諢、譁眾取寵,穿插各種整人遊戲,戲弄藝人甚或觀眾,以博得電視機前觀眾大笑的綜藝節目,也引起一些專家學者的非議。他們不僅對於台灣電視節目內容的貧乏、品質的粗糙感到憂心,也有人提出,電視台做為一項傳播的公器,應該要創造出好的電視語言和行為模式,以達到教化的社會功能。然而各家電視台在強大的商業競爭壓力下,又要面對觀眾「給我娛樂,其餘免談」的心態,台灣自製節目的未來著實堪憂。(林青萍)

①晶晶是我國電視史上第一部國語連續劇,圖為拍攝現場,1969.

②儀銘所主演的包青天創下連演350集的驚人記錄,後又多次重演,1973.

③長白山上以民初北大荒為時代場景,是民初劇的經典,1970.

勇士們報到!

如果電視剛在台灣開播的那些年有收視率調查,外國影集鐵定是排行榜上的優等生。

守著電視機看影集,是那些年生活中的重要儀式,星期一演哪齣星期二換哪部,我們背得比歷代帝王更替還爛熟。和女友男友老師老闆的約可以調時間,和「勇士們、復仇者、神仙家庭、七海游俠、霹靂嬌娃」的約絕對要準時!人物情節如數家珍、主題音樂朗朗上口,連學英文都靠它來啟蒙。那些年,我們最愛帶著「虎膽妙算」,去「打擊魔鬼」然後在「法網恢恢」之下一個都不給它漏!

左④外國電視節目廣告,1972.
上⑤台視影集打擊魔鬼,1968.

⑥著名電視劇演員常受邀剪綵,廣告上能看出當時受歡迎的節目,1972.

●【萬人空巷看保鑣】1974年秋天,武俠劇保鑣在華視開播後,每晚八點到九點半之間,街頭巷尾空無一人,民眾全擠到電視機前看保鑣,轟動一時,成為「全民運動」。(圖為保鑣劇照,左一為劇中女主角張玲,華視提供)

⑧張小燕所主持的綜藝一百開啓了歌唱節目的另一可能性,詼諧的短劇,改編時事的另類報導,加上歌唱,訪問,讓娛樂節目的内容更豐富,1981.(華視提供)

⑨我愛紅娘1983年開播,把男女婚配搬上螢幕,成了新節目形態,鍾永和攝.

千山我獨行──楚留香

三台獨霸台灣電視連續劇製作的局面,1982年被香港無線電視台的古裝武俠劇楚留香打破。緊湊浪漫的劇情,加上精緻的場景與逼真的武打動作,使得台灣電視圈頓時掀起一陣港劇熱潮,三台被迫以輪流播放的方式來分配港劇。楚劇的海報、劇照等周邊商品一時傾巢而出,錄影帶出租店成了港劇的天下,甚至連主題曲都成了喪禮的配樂。

⑩楚留香尪仔標.(遠流資料室)

星星知我心以一家人離散命運為主軸,賺人熱淚,1983,陳明仁攝.

午間劇集 祖母的話

豆趣的性格與對白,讓阿匹婆成了鄉土詼諧劇的甘草人物,約1980.

⑫1993年第四台開放,電視上多了80幾個頻道,24小時播放,台灣正式進入電視戰國時代,陳輝明翻攝自電視畫面.

偶像劇全面襲台

1990年代,台灣掀起哈日風,日劇也攻占有線電視台,收視率令台產戲劇望塵莫及。隨後,仿效日劇的韓國偶像劇也以都會男女與風花雪月的愛情故事,將年輕的觀衆群一網打盡。

FTV 民視 民間全民電視公司

民視的春天後母心掀起了八點檔台語鄉土劇的風潮,1998.

⑭拍攝手法細膩,場景考究,人間四月天為電視劇開創新機.

⑮日本偶像劇以俊男美女大卡司取勝,2000.(來源同⑫)

舞蹈展新姿
現代舞蹈的百年發展

一百年前的台灣社會，對身體有著無限禁忌。原住民的舞蹈豐富熱情，但被視爲是信仰儀式，漢人的車鼓弄、八家將等雖有步伐節奏，但並不被視爲能上台演出的節目。在這保守的風氣中，舞蹈遂成爲台灣起步最晚的現代表演藝術。

日人石井漠及朝鮮人崔承喜在台灣的舞蹈公演，改變了台灣人的想法，原來身體的律動如此優美！從而間接受到西方舞蹈的洗禮。年少的林明德、林氏好、李彩娥、蔡瑞月四人陸續赴日學習舞蹈，回台後勤於創作及教學，推動了台灣舞蹈的發展。

我們常看到的彩帶舞、鳳陽花鼓等民族舞蹈，其普遍流行歸因於國民政府來台後的倡導。民族舞蹈曾出現在許多場合：外交活動、國慶日、運動會，甚至國民小學的校慶。小朋友身著鮮豔的民族服裝，擺著腰、踏著舞步、變換隊形的天眞模樣，令人印象深刻。

在民族舞蹈之外，1960年代美國現代舞風也吹進台灣。金麗娜、黃忠良、洛依蓮等人來台授課；保羅‧泰勒舞團公演時大排長龍的隊伍，反映出「純粹跳躍、愉悅、自由與想像」的新觀念是如何刺激著台灣觀眾。

「雲門舞集」的創立，代表了學習西方理論的舞者，開始回頭尋找本土根脈，「創塑一種嶄新的中國舞蹈」（林懷民語）如一記轟雷，影響深遠。今天的舞蹈界雖已是百家齊鳴的局面，但台灣本味、東方風格卻是各舞團共同的元素，也在國際上獲得熱烈回響。（林千鈺）

1 日本舞團來台公演，海報上以年度最盛大的表演節目，跳躍的曲線美腿等字眼，招攬觀眾。

2 1936年崔承喜來台公演，引起當時台灣文藝界熱烈回響，也促使林明德等台灣前輩舞蹈家至日本留學習舞，1936。

3 林明德的原住民舞蹈水社夢，1943年首演於東京日比谷公會堂，為台籍人士首次在日公演。

4 台北文物封面人物李彩娥，與德、林氏好，蔡瑞月同為日本石井舞蹈體育專科學校畢業生，曾獲得全國舞踊大競賽冠軍，1955。

上 5 右 6 白雪溜冰團以精湛的技巧將舞蹈表演通俗化，娛樂化，圖為來台公演廣告及紀念明信片。（遠流資料室）

冰上舞姿

早在1950年代，美國白雪溜冰團便已來台演出。因當時民眾娛樂有限，這個結合舞蹈與溜冰的表演團體，便以其華麗衣裝和浩蕩聲勢，風靡了全台灣，也帶動了台灣溜冰運動的流行。到冰宮溜冰，一時成了青少年時髦的活動。其後幾年，此團體仍不定期來台公演，一直持續到1980年代。

左 7 姚明麗芭蕾舞蹈團，於台北市音樂季公演天鵝湖一劇，當時芭蕾舞蹈在台灣相當盛行，1979。（莊永明提供）

8 民族舞蹈在政策推動下，成為各項盛會中的表演節目。

9 1967年，保羅‧泰勒舞團應美國國務院推薦來台公演，帶來現代舞表演形式與觀念，造成一股熱潮，許多外國舞團隨後也相繼受邀來台演出，1967。

10 現代舞者黃忠良，曾任教於加州大學舞蹈系，1966年回國短期授課，影響多台灣1970年代現代舞蹈的新生代舞者，如林懷民，林絲緞，1967，柯錫杰攝。

❶【雲門舞集】1972年林懷民從美國學習了瑪莎·葛蘭姆的舞蹈表現技巧，隔年創立雲門舞集，刺激了民族舞蹈的轉型。30年後的今天，雲門舞集幾乎與台灣現代舞劃上等號，是台灣最成功、最具國際知名度的現代舞團之一。（「名牌與換裝」謝幕，1992，劉振祥攝）

由原住民組成的原舞者舞團，以台灣各地原住民的祭典儀式與身體美學為創作元素，1993，潘小俠攝．

②新古典舞團由劉鳳學創立於1976年，至今依舊十分活躍，1977，陳田稻攝．

③台北民族舞團重新詮釋傳統舞蹈．

④舞蹈空間為現代舞團，集結多位傑出編舞人，舞者，1994，劉振祥攝．

⑤老中青三代學生同台演出蔡瑞月(左五)舞作，圖為謝幕情景，2000，劉振祥攝．

表演「獎」不完
各類獎項與藝術節

年紀略長的讀者想必還記得金馬獎、金鐘獎頒獎典禮播出時，坐在電視機前等待公布得獎者的緊張心情，「幾家歡樂幾家愁」不僅形容入圍者，同時也是各家影迷的寫照。亞太影展的影后影帝或最佳導演更是受到歡迎，也讓台灣在國際影壇上揚眉吐氣。在娛樂活動不多的舊年代，這可是和廟會野台戲一樣熱鬧的大事。

相對於電影，為挽救沒落中的傳統民間藝術所設立的獎項，如薪傳獎，直至1980年代才開辦，卻僅維持十年即停辦。

早期台灣民間表演藝術活動，原本多是宗教性質的廟會或是私人舉辦的小型欣賞會。1980年代初期，文建會、各縣市文化中心本著「提昇國民精神水準」，開始辦起熱鬧的藝文活動，加上鄉土文化熱潮，各型文藝季在台灣各地迅速蔓延。這些活動雖主題不一，但標榜本土、為期多天，並結合展覽、表演、座談會等多類型呈現的特點則大致相同。此時，也開始出現私人藝術經紀公司，邀請國外藝術家來台公演，開拓了國際視野，也造福了愛看表演的觀眾。

近年來，藝術節、影展愈辦愈多，規模也更大。然而，政府採購法通過之後，這些活動年年易手主辦，藝術節多淪為一時的表演大拜拜，且品質參差不齊。缺乏規劃執行的常設單位，不僅無法累積文化資源，也使得台灣的藝術節始終無法躍升為國際性的文化活動。如何整合並有效地運用藝術資源，應是我們思考與努力的方向。（林千鈺）

歷年獎項及藝術節　■電影、電視類項目　■藝術節　■表演藝術獎項　■影展

青年劇展 (中國青年反共救國團, 中國話劇欣賞演出委員會)	優良實驗電影金穗獎 (新聞局,中華民國電影事業發展基金會)	台北金馬國際影展
地方戲劇比賽 (台灣省地方戲劇協進會)	台語片影展 (徵信新聞報)	金鐘獎 (新聞局,2000年轉由財團法人廣播電視事業發展基金會舉辦)	國家文藝獎 (教育部)	台北市戲劇季 (台北市政府)	新象國際藝術節 (新象活動推廣中心)
	亞洲影展金禾獎 (亞洲製片人協會)	國軍文藝金像獎 (國軍新文藝運動輔導委員會)	文藝季 (教育部文化局)		台北市音樂舞蹈季 (台北市政府,1981改名為台北)
	民族舞蹈大競賽 (民族舞蹈推行委員會)	金馬獎 (新聞局,現由台北金馬獎執委會主辦)	世界劇展 (中國話劇欣賞演出委員會)	吳三連獎 (吳三連獎基金會)	實驗劇展 (中國話劇欣賞演出委員會)

1952　1954　1958　1962　1965　1967　1971　1975　1978　1979　1980

表上年代為首屆舉辦時間,括弧內主辦單位.

上①台語片興盛時期,由徵信新聞報(中國時報前身)所舉辦的金馬獎,僅舉辦一屆,1958.
左②金馬獎座,行政院新聞局為獎勵優良國片,1962年於台北國光戲院(今國軍文藝活動中心)舉行第一屆金馬獎,延續至今.(同①)

③亞洲影展首辦於1954年,原名為東南亞電影節展覽會,第4屆更名亞洲影展,1982年擴大為亞太影展,圖為第10屆海報,1963.

⑤白蘭以李行執導之電影玉觀音獲第15屆亞洲影展金禾獎,此為亞洲製片人協會頒發的最高榮譽評審委員獎,1969.

⑥第37屆亞太影展標誌,199
(劉開工作室提供)

④第17屆亞洲影展於台北舉行頒獎典禮,甄珍,李湘分獲最佳女主角及最佳女配角,1971,羅超群攝.(羅廣仁提供)

⑦1978年新聞局為獎勵國內創作影片及錄影帶,設立金穗獎,共分劇實驗,動畫,記錄四大類,圖為第2金穗獎海報,2000.

1990年代末期,外片影展成了台灣電影欣賞的一大特色,以國際著名影人為主題的電影週,以出品國來區分的電影節,以短片,動畫,紀錄片或某一主題為主軸的影展等等,提供給民眾多面向的電影欣賞機會,成為台灣在好萊塢電影霸權之外的另一潮流.

⑧台北電影節標誌,1998.(劉開工作室提供) ⑨中華民國電影年貼紙,1993.(祖永明提供) ⑩荷蘭電影節宣傳品,1999.(元素集合提供) ⑪坎城·柏林電影雙週紀事展節目單,2000.(于嘉雲提供) ⑫世界短片觀摩展節目單,2000.(于嘉雲提供) ⑬第33屆金馬影展節目表,1996.(同⑪) ⑭第5屆女性影展海報,1998.(舞陽美術提供) ⑮絕色影展海報,1997.(遠流資料室提供)

82	1985	1986	1988	1989	1990	1992	1993	1995	1996	1997	1998	1999

國文藝季（建會）

金帶獎（新聞局）　台北國際舞蹈季（文建會）

台北世界戲劇展（文建會）　皇冠藝術節（皇冠藝文中心）　國家文化藝術基金會文藝獎（國家文化藝術基金會）　台北電影節（台北市政府）

民族藝術薪傳獎（教育部）　重要民族藝師（教育部）　牛耳國際兒童藝術節（牛耳藝術經紀公司）　國際偶戲節（文建會）　台灣國際紀錄片雙年展（文建會）

亞太地區偶戲觀摩展（文建會）　鹿耳門天后宮文化季（鹿耳門天后宮）　全球中華文化藝術薪傳獎（中華民國資深青商總會）　烏山頭影展（台南藝術學院）　新港國際社區兒童藝術節（新港文教基金會）

台北傳統藝術季（台北市政府）　台北縣宗教藝術節（台北縣政府）　女性影展（女性影像協會）　關渡藝術節（國立藝術學院）　絕色影展（春暉影業）　台北藝術節（台北市政府）　嘉義縣文化節（嘉義縣政府）

首屆文藝季由當時的教育部文化局所舉辦,主題為大陸各地方戲劇表演,1971,取自台灣畫刊.(遠流資料室)

⑰新象活動推廣中心成立於1978年,為一民間機構,以舉辦各類型的藝術節為主,在國際文化交流,以及推展台灣表演藝術等方面,均扮演了相當重要的角色.(新象文教基金會提供)

上⑱國際偶戲節首辦於1995年,圖為活動專輯.(遠流資料室)左⑲1998年首屆台北藝術節登場,初期以常設性機構來運作,圖為節目單.(遠流資料室)

獎勵國軍文藝創作所設立軍文藝金像獎,1986.

第三屆吳三連文藝獎得獎人
林懷民 評定書

㉑吳三連文藝獎創立於1978年,初期設文學獎與藝術獎,1989年擴增人文科學等多類獎項,同時更名為吳三連獎,為台灣民間所創設的獎項中,歷史最悠久的,圖為頒發給雲門舞集創辦人林懷民的評定書,1980.(吳三連基金會提供)

南管音樂與戲劇

左㉒上㉓全國文藝季以全國或特定鄉鎮為展演舞台,時間長達數月.右上㉔台北市藝術季以傳統表演藝為主.右㉕台北市早在1970年代末便有大型藝術活動.(㉒-㉕遠流資料室)

●【當宗教碰上藝術】 1992年台北縣首度舉辦宗教藝術節活動,將醒獅隊、八家將、宋江陣、神將踩街等與宗教相關的儀式活動搬上表演舞台,成為藝術節節目單上的表演項目。(1996,蘆洲淡水河堤,劉振祥攝)

中華民國八十二年
民族藝術
薪傳獎

遠流資料室

民族藝術薪傳獎表揚對台灣文化期貢獻者,於1995年停辦.

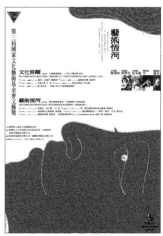

㉗1996年國家藝術文化基金會為鼓勵持續創作的傑出文藝工作者,提昇藝文水準,而設立國家文藝獎,獎勵類別包括文學,美術,音樂,舞蹈,戲劇等五類,圖為第3屆國家文藝獎海報.(劉開工作室提供)

明星大觀園

【圖片說明】日治時代，新的映演空間出現：②1940年第一劇場賀年卡。(簡義雄提供) 1960-70年代電視布袋戲熱潮下的商品：①史獻文抽獎牌。④中國強抽獎牌。⑤史獻文玩具鈔。⑫兩齒尪仔標。(⑤莊永明提供)(⑤張先正提供)(⑫大稻埕偶戲館提供) 電視布袋戲配樂也發行唱片：⑬⑭1970年代黃俊雄布袋戲唱片。(陳輝明提供) 歌仔戲也是風靡一時的本土劇種：③1960年代海報。(遠流資料室)⑤1991年海報。(遠流資料室) 電視武俠劇也製造出一批江湖英雄：⑯⑰武俠劇尪仔標。(同④) 郵票也是戲劇的舞台：如民俗表演的⑧老嬉少。⑨跑旱船。京戲的⑩關羽臉譜。⑪廉頗臉譜。(⑧-⑪同④) ⑲卡通也在電視上發光。(同④) 電視發燒前，電影已風光許久，⑯-⑱為各年代電影雜誌。(⑯1930年代末, 同④;⑰⑱林錦宏提供) ⑳火柴盒曾是電影「活」廣告。(張容玲提供) 大小螢幕都是明星製造機，圖為1950-70年代眾星相：㉑白蘭。㉒林翠。㉓林黛。(㉑-㉓同④) ㉔張美瑤。㉕柯俊雄。㉖歐威。(㉔㉕㉖國家電影資料館提供) ㉗甄珍。㉘湯蘭花。(㉗㉘同④) ㉙童星張小燕。(同④) ㉚楊麗花與王金櫻。(蔡高明攝) ㉛凌嘉莉。(陳秀芳提供) ㉜林青霞與秦漢。(同④)

新辭彙·舊時語

【辯士】默片時代放映電影時，在旁說明劇情的人。口才好的辯士，還會適時加入生動的評註，來吸引觀眾的注意力，加強影片的精采與可看性，甚至帶動票房，儼然成為一種深具個人魅力的演說藝術形式。

【內台】相對於「野台」戶外，內台指的是「室內」的表演。約在1923年時，本在廟埕街口演出的傳統曲，如歌仔戲、布袋戲開始轉入城市戲館演出，使當時的劇院不只放映電影，有時也有戲劇表演。

週年「台灣歌仔學術研討會及系列活動

歌仔戲曲聯合公演

指導單位：行政院文化建設委員會　教育部
主辦單位：中華民國台灣歌仔學會
協辦單位：台灣大學當中劇團　台灣大學台語文社

集合全省藝人
新生代大演出！

南管：恨冤家　遊西湖
廖瓊枝薪傳歌仔戲

陳三五娘
保安宮長壽會康樂組

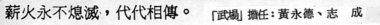

薪火永不熄滅，代代相傳。　「武場」擔任：黃永德、志成

【插片】在電影分級制度施前的年代，暴力、色情片非禁演，就是挨剪。小戲偷偷將挨剪的畫面插接回公開放映，稱之為「插」。插片插入了刪不去的生，也插入了1970年代少子們刪不去的異色記憶！

【二林二秦】林青霞、林鳳嬌、秦祥林、秦漢是1970年代瓊瑤浪漫愛情片中的金童玉女，他們不但是當時的首席演員、家喻戶曉的人物，同時也塑造了俊男美女的標準形貌。雙生雙旦的明星照，更是影迷收藏的最愛。

【三廳電影】指的是以「客廳、舞廳、咖啡廳」為主要故事場景的電影。1970年代的愛情文藝片，其內容無外乎浪漫的男歡女愛、賺人熱淚的家庭悲喜劇，布景場面當然也就難脫此三廳的格局，遂有此稱。

【牛肉場】牛肉源自台語的「有肉」，指的是有肉、養眼、有穿幫秀的表演，後誤稱為牛肉場。牛肉場是早期歌廳秀場為了招徠觀眾而使出的花招，1984年牛肉場進入興盛期，除歌廳外，在工地秀、喜宴上也都見得到。

【洗澡時間】八點檔連續劇播放前後，就是所謂的洗澡時間。有的人不愛看新聞，有的不喜歡社教宣導短片，趁這半小時洗好澡，準備收看八點檔大戲，或之後九點半的劇場。等到節目一結束，便能直接上床就寢。

歌謠傳唱一百年

　　漢人在這塊土地彈唱「渡海悲歌」之前，原住民已在山川原野傳唱自己的歌。閩、粵移民帶來的「中原音樂」與在地戲曲所結合的歌樂以及代代相傳的民謠，成了庶民生活的一部分。先民以歌謠抒發心曲，因此有「唸歌唱曲解心悶，無歌無曲枉青春」的俗諺。1930年代的「台灣新音樂」，雖受西化的影響，但流行歌曲的曲調仍具台灣風，例如「望春風」、「雨夜花」等，因此人人傳唱不輟。日治皇民化時期所推廣的「新台灣音樂」則只是「泡沫」歌聲。戰後國語歌曲雖曾獨占鰲頭，但現今多元社會裡，多樣的歌聲此起彼落，各族群的母語歌曲紛紛揚聲，台灣的歌異口眾聲，好不熱鬧！

底圖：在傳統社會，每逢迎神賽會或喜慶壽宴，常僱請戲班前來助興，農業時代的牛車是戲班的主要交通工具，圖為牛車上的戲班樂手。(約1910年代,莊永明提供,相關主題見p74-75)

右頁小圖：政治解嚴後，台語歌曲風行一時。圖為台語搖滾歌手伍佰在民進黨成立十周年晚會與聽眾狂歌共舞的場面。(1996,薛繼光攝,相關主題見p84-85)

唸歌唱曲解心悶

台語歌謠的百年傳唱心聲

莊永明 本書總策劃

台灣各族群百年來以何種歌聲傳訴悲歡離合的心情？
唱歌是一種歡愉，還是爲某種政治目的去高歌？
且讓我們以歌來敍懷，用歌來吶喊，縱情表達自己的心聲。

土地之歌

台灣的民謠源遠流長，各族群各有其以母語表達的傳統歌謠。原住民的祭祖、頌天、狩獵、豐收、談情等歌謠，不僅令今人驚爲天籟，也被民族音樂學者視爲研究的奇珍。客家民謠有平板、山歌子、老山歌等「九腔十八調」，亦被視爲「聲樂的絕響」。至於閩南人因爲是台灣最大族群，閩南語系遂成本土「強勢語言」，常被擴大引申爲「台灣話」，閩南歌謠因而被多數人泛稱爲「台灣歌謠」或「台灣歌曲」。

台灣傳統民謠有民間小調、本土戲曲和源於中原的歌樂。傳統民謠因口口相唱、代代相傳，一首歌曲經過長期流傳，已經不是一人之作或一時一地之作，而且不乏「族群融合」共同創作的現象。比如客家山歌與閩南採茶歌同調、「桃花過渡」、「病子歌」閩客同歌；恆春民謠「思想起」、「草暝弄雞公」，曲調源於平埔族，是漢化的歌謠。另外，蘭陽地區的「丟丟銅仔」、嘉南平原的「六月田水」、「一隻鳥仔哮救救」、「牛犂歌」，是島嶼的民眾心聲，每一段旋律、每一個音符，都是鄉土不朽的頌歌！

從民謠到台語創作歌曲

日本殖民統治之後，校園裡開始教唱「國語歌曲」，台灣學童紛紛唱起「君之代」、「六氏先生歌」和日本童謠。1920年代，非武裝抗日民族運動勃興，幾首代表「愛台反帝」的社會運動台語歌曲，成爲「台灣文化協會」成員巡迴各地時鼓吹民族意識的有力「伴唱」。例如以「咱是開拓者，不是憨奴才」爲訴求的「台灣自治歌」、歌頌美麗島山川秀麗的「咱台灣」，還有「美台團團歌」等，皆爲反抗殖民霸權留下見證，這些歌曲不僅是民族詩篇，也是1930年代台語創作歌謠的先聲。

台語流行歌曲雖已在1920年代出現，但因唱機在當時不普及，因此未能成爲氣候造成流行。直到1932年一首配合上海電影「桃花泣血記」在台上演時所創作的台語同名歌曲，才造成風潮。這首收錄於78轉唱片，由古倫美亞公司發行的流行歌曲，轟動全台，被譽爲「台灣第一首流行歌曲」。這種爲「影戲」（電影）製作廣告歌，再灌錄「曲盤」（唱片）發行，是台語流行歌曲初期的現象，其他的「中國電影‧台灣歌曲」還有「懺悔」、「人道」、「倡門賢母」、「一個紅蛋」等。而「桃花泣血記」的流行，也促使古倫美亞公司萌生商機，在以往製作南管、北管、歌仔戲、京戲等傳統戲曲唱片外，另開發流行歌曲系列的唱片。

古倫美亞公司禮聘台灣新文學運動作家陳君玉主持文藝部，在其籌策下，羅致人才，乃有1933年的「望春風」、「月夜愁」等作品發行，作詞者分別是李臨秋與周添旺，作曲者均爲客籍的鄧雨賢。之後，鄧雨賢又有「雨夜花」、「碎心花」、「春宵吟」、「四季紅」等佳構，作曲家郭芝苑曾評論鄧雨賢的作品是「根源來自台灣民謠傳統曲調，可以說是台灣的演歌。」

流行歌壇有商機，唱片品牌便如雨後春筍般冒出，博友樂、泰平、利家等相繼上市。1935年，勝利唱片加入競爭，歌壇聲浪更爲澎湃。其中，加入勝利唱片專職作詞的陳達儒創作質佳量多，比如「白牡丹」、「農村曲」、「心酸酸」、「青春嶺」等，搭配的作曲家有陳秋霖、蘇桐、姚讚福、林禮涵等人。

變調的歌聲

1937年，中日戰爭爆發，台灣總督府下令箝制漢文，以「漢字」創作的台語流行歌曲面臨「山雨欲來」的威脅，「望春風」的曲調被填上「大地在召喚」日文歌詞，歌頌大日本帝國英勇的「南進」。1938年，陳秋霖成立東亞唱片，但僅維持了二年餘，就在形熾熱的戰爭氣氛下關門大吉。在這期間東亞唱片製作了吳成家作曲、陳達儒作詞「阮不知啦」、「心茫茫」、「港邊惜別」，爲日治時代台灣流行歌曲的尾聲之作。

隨著皇民化運動的緊鑼密鼓，「雨夜花」、「月夜愁」被擅改成日語的「榮譽軍夫」、「軍夫之妻」，悲愴的曲調，變成激昂的軍歌，驅策台灣青年爲大東亞戰爭獻犧牲。終於，台語流行歌曲被迫畫上了止符！

1943年，日本東洋音樂學校畢業的呂泉生返台，採集了「丟丟銅仔」、「六月田水」「一隻鳥仔哮救救」等民謠，編寫成合曲。1945年，他創作「搖嬰仔歌」，是他三個月大的兒子所作的搖籃曲，時值盟軍機激烈轟炸台灣，它不僅代表了「台灣父母的心曲」，也象徵了從日本帝國過渡到國民政府的時代興替。

從離亂之歌到噤聲的年代

1945年8月，日本投降，戰火餘燼下的台灣百廢待舉，唱片製作業無法即時恢復，台語流行歌曲在國民政府體制下只能藉著廣播發聲。當時的台灣廣播電台（「中廣」前身）是唯一的廣播機構，但畢竟它是黨營事業，加以行政機構爲消滅日本「文化遺毒」，下令收繳、焚毀日治時代的唱片，使得原想「重獲生機」的台語流行歌壇難再高揚。不過民間的活力仍讓台語歌歌聲不輟，其中走唱藝人扮演了傳唱的角色。那卡諾（黃仲鑫）作詞、楊三郎作曲的二人處女作、也是成名曲的「望你早歸」，雖是描述失戀心碎之作，但在當年的社會氣氛下，卻成爲戰後餘生、家人離散的民眾心聲。

1948年，李臨秋發表「補破網」，詞意

「破網補情天」，但因「漁網」與「希望」台語諧音，有期待復元、希望「從今免補網」之意，暗喻了台灣人渴望揮別戰爭陰、憧憬未來的心情。張邱東松感時憂民的曲作品有1946年的「收酒矸」和1949年「燒肉粽」，雖是販賣「市聲」，但曲中自打動人心的深意。為生活拼搏最後一分力的市井小人物，為填補家計、穿街走巷叫肉粽的失學少年，他們無奈淒涼但又艱辛門的處境，都藉由歌曲為那個苦難年代的灣人，留下深刻的展痕。

1949年，國民政府遷台，一批一批的「外人」隨之前來，台灣社會一片兵荒馬亂。時，呂泉生因曾經目睹1947年228事件的烈，認為不應再有族群衝突的事情發生，寫下「杯底不可飼金魚」，以「好漢剖腹相見、情投意合上歡喜、朋友弟兄無議」等詞句，呼籲社會大眾能夠不分地域，平共存，不再發生猜忌、傾軋、爭鬥的事。至於走過日治末期陰影的流行歌壇從業，如周添旺、陳達儒、蘇桐、姚讚福、林涵、李臨秋等人雖然仍有創作，但因整個治、社會環境的變化，多呈意興闌珊之。不過，戰後的新秀如楊三郎、許石，反在此惡劣環境下，表現出「打死無退」的神。「黃昏再會」、「安平追想曲」、「鑼若響」、「港都夜雨」等都是這個台語歌創作「青黃不接」時代的佳作。而後吳晉、洪一峰也創作了「蝶戀花」、「關仔嶺戀」、「舊情綿綿」、「淡水暮色」（後二為葉俊麟作詞）等受歡迎的作品。

國民政府「一語獨大」的國語政策，壓縮台語歌曲的空間。1949年以前的上海國流行歌曲，先移位香港發展，後轉進台灣根，台語歌曲因被定位為方言歌曲，使原主流之聲的地位頓失。此後，國語流行歌不僅是懷鄉的「外省人」最愛，也是校園

學子從小學開始牙牙學歌的唯一選擇。

日語翻唱歌、校園民歌

1950到60年代，台灣雖是開發中的國家，但經濟已逐漸起飛，此時，農村人口開始外移到都市謀生。王昶雄作詞、呂泉生譜曲的「阮若打開心內的門窗」，即是獻給從鄉下到都市打拼的遊子們的「安慰曲」。

台灣經濟在穩定中求成長，產品仿冒舉世聞名，流行歌壇的「仿冒」現象亦然。1950年代以後，引用日本流行歌曲曲調的台語歌大量湧現，「黃昏的故鄉」、「溫泉鄉的吉他」、「孤女的願望」、「可憐戀花再會吧！」等改編曲，風靡大眾，年輕學子則沉迷於西洋搖滾樂，凡此種種，台語歌謠創作風氣更趨低沉。直到1971年中視播出「金曲獎」歌唱節目，才有「送君珠淚滴」、「心內事無人知」、「西北雨」等新曲出現。在這段時期，郭金發、劉福助各有新作，如「為什麼」、「安童哥賣菜」；郭大誠的詼諧歌「糊塗總鋪師」、「糊塗裁縫師」也深受歡迎。同年，台灣喪失聯合國席位，國際地位逐漸孤立，橫逆中民族自信心反而高昂，淨化歌曲成為文工單位消滅「靡靡之音」所揭櫫的標誌。

與此同時，鄉土文學的提倡和「現代民歌」的高歌，應運而生。曾被稱為「校園歌曲」的現代民歌，深受年輕學子歡迎，但因年輕一代對台語的疏離，除了「正月調」等少數作品外，鮮有「台語校園民歌」。清新的校園民歌雖風行一時，後來卻因為商業運作的加深而式微。

重新發聲

1980年代初，世界石油危機波及台灣經濟，物價高漲、人心苦悶。1982年，台語歌曲「心事誰人知」紅遍全台。1985年，「舞女」

從南部夜市流行到台北都會，這首原為加工區女工喜好的歌曲，黨外人士也愛唱，他們的解釋竟然是「舞女換舞伴，正如台灣換政權」。1989年，「愛拚才會贏」在解嚴後的台灣往前邁進的民主化腳步聲中，成為一唱再唱的歌、喊了又喊的大眾口語。在那台語歌當道的年頭，唱台語歌曲，不再令人自卑，也不再讓人屈辱，連寫下「最後一夜」國語流行歌曲的作詞者慎芝，也寫了「情字這條路」台語歌，風潮所及，年輕學子也紛紛投入台語歌壇。不過，當台灣從1950年代以來的慘澹奮發，一路奔向以經濟奇蹟傲視國際之時，社會風氣也逐漸奢侈靡爛，台語歌曲的「酒氣」隨之濃厚起來，「酒後的心聲」高居排行榜，可見一斑。

當歐美熱門音樂與港日偶像歌手席捲年輕人市場，台語流行歌壇再度陷入低迷之際，一些年輕的創作者則有諷刺時政之作。針對「萬年國會」和「一黨專政」等戒嚴餘毒，他們以「牽亡與抓(夯)狂齊唱」來要求民主改革。邱晨的「牽亡歌」，向垂垂老去的萬年國代吶喊「過橋囉！」；黑名單工作室也以反諷時局的「抓狂歌」，表達對政治、社會亂象的控訴。羅大佑、林強也有反映社會真象的創作，「向前行」這類的台語搖滾，成為患了「台語失語症」年輕人的最愛！

1990年代，本土意識抬頭，族群文化開始受重視，原住民和客家音樂工作者，急欲揚「音」，不讓自己的母語在台灣流行歌壇「失聲」，也陸續交出亮麗的成績單。原住民歌手陳建年、北原山貓，和客家歌手吳盛智、涂敏恆、交工樂團及阿淘等是較為人知者。

台語歌謠長久以來給人「放悲聲，唱到老」的印象，雖然在20世紀末，聲調有所變、有所不變，但台語優雅語彙的流失，以及過分吸收外來音樂的養分，實為傳唱「土地之歌」的憾事。

在地的聲音
原住民、平埔族與漢人傳統歌謠

南島語系的原住民歌謠和漢語系的閩、客民謠，是最初歌詠台灣「大合唱」的歌聲。

原住民的語言和單音節的漢語不同，歌謠的差異性自然很大；原住民所使用的簡拙自製樂器，也與漢族傳統樂器殊異。泰雅族的口簧琴、布農族的弓琴、排灣族的祭歌、布農族的祈禱小米豐收歌、邵族的杵音等「山靈的頌歌」，民族音樂學者皆視為音樂瑰寶。

被稱為「熟番」的平埔族，其歌謠一般稱為「平埔仔調」，儘管平埔族在漢化後，語言幾成「死語」，但歌調卻留存於部分閩南民謠。例如1950年代以來國小音樂課本上所收錄的「恆春耕農歌」，即是根據「平埔仔調」改編而成，它原為歌詠式的台東調，後來經過「改裝」進入流行歌壇，成了「三聲無奈」、「生蚵仔嫂」。至於1920、30年代基督教的「台語聖歌」，也可以找出多首採編自平埔民謠。

台灣的閩、客漢族傳統的音樂除了源於中原，也有出於本土，或向傳統戲曲擷取養分，像南北管的「百家春」、歌仔戲調的「都馬調」及陣頭戲的「桃花過渡」、「牛犁歌」等。但因島內居民流動的頻速和外來文化的衝擊，使民謠產生質變和流失的現象，審視宜蘭民謠「丟丟銅仔」、嘉南民謠「六月田水」、「一隻鳥仔哮救救」以及恆春民謠「思想起」、「五空小調」，等地域性的民謠分布圖，豈不表示台灣仍有不少地方「無聲」？

1945年以後各省大陸人來台，南腔北調傳唱的家鄉民歌，成為他們流落異鄉的思鄉曲，「家在山的那一邊」之類的反共愛國歌曲，也都匯成在地聲音的一部分。（莊永明）

⑥台灣各地原住民祭歌形式複雜多樣,布農族祈禱小米豐收歌以八部音合唱曲舉世聞名,圖為布農族人祭舞場面,1938.(莊永明提供)

由上至下③排灣族人吹奏嘴琴與弓琴. ④鄒族人演奏弓琴,嘴琴與鼻笛. ⑤吹奏嘴琴的太魯閣地區原住民少女.③遠流資料室④⑤莊永明提供

⑦台灣第一位民族音樂家呂炳川(右一背對鏡頭者)在1950年代上山下海,訪了110個原住民部落採集音樂,圖為他在蘭嶼錄下達悟族歌聲.(許碧月提供)

⑧在農業社會,戲班常「逐」各地廟會喜慶而演,圖為牛車上的戲班人員一路彈唱的情景,約1920年代.(莊永明提供)

①歌仔戲調是台語歌謠的來源之一,圖為1920年代野台戲班演出的情景.

②傳統藝旦須具備唸唱歌唱曲的本事,她們也是歌謠傳播者之一,1910年代.

⑨相傳恆春調「思想起」的節奏與唱法來自平埔族,圖為手持月琴的平埔族歌手,1930年代.(莊永明提供)

四句聯‧七字仔

　　每首四句，每句七字的歌詞是台灣歌謠的雛形。山歌調的歌詞添加襯字，如囉、噫、啊、咿、耶，只是加強演唱的韻味。1920、30年代民間故事、歷史小說編成的「國姓開台歌」、「周成過台灣」等敘事長詩，以多首七字仔連串而成的歌仔簿，薄薄的十來頁單光紙印刷，定價低廉，一般民眾便透過「七字讀濟(多)加識字，增加知識道理。」

三伯英台歌集
光華雜誌社提供

光華雜誌社提供　莊永明提供　三金

⑩遊台新歌,1914. ⑪中部地震勸世歌的歌詞,1935. ⑫逗趣的蒼蠅蚊子大戰歌,1960年代後期. ⑬由傳統民間故事「梁祝傳奇」再加新編情節的三伯英台歌集,1950年代.

從「陣頭」來的歌

　　台灣迎神賽會陣頭戲的音樂，也是傳統歌謠重要部份。包括閩南的車鼓陣、牛犁陣，和客家的採茶戲等文陣所唱的曲調，如桃花過渡、五更鼓、駛犁歌等。這種由數人表演的小戲，且歌且舞生動逗趣，從前多為業餘演出。

⑭落地掃是指沒有搭設舞台,在空地或迎神賽會的行列沿街表演的形式,圖為仕學界與文化工作者策辦的「民間劇場」活動中演出的宜蘭落地掃,1984,楊雅棠攝.

⑮在絃仔的伴奏下,賣貨郎和車鼓旦進退演唱,敷演出迷人的小戲風情,1963,美濃,劉安明攝.

　　❶【老歌手的黃昏】1967年，67歲的恆春人陳達被學界「發現」，這位「民間音樂最後一位孝子」在1978年應邀於雲門舞集「薪傳」演出中彈唱訴說「唐山過台灣」故事的「思想起」。陳達後來因車禍喪生，從此他那隻殘破的月琴也就無人彈唱了。(1977,台北關渡,張照堂攝)

傳唱不息‧薪傳不斷

　　抱一支老月琴，三兩聲不成調，老歌手音猶在，獨不見恆春的傳奇……
　　這首「月琴」令人傷感的何止於陳達的逝去，老樂手的凋零像絃仔斷線，民族音樂的傳承面臨中斷。有鑒於此，乃有民族薪傳獎的設置和傳統文化藝術傳習計畫的實施，但這僅是救急，更重要的是能有更多人愛惜、尊敬民俗曲藝，使之再成為生活的一部分，與我們共呼吸、同吟詠。

⑯民族藝師陳冠華在民間劇場的演出. ⑰彰化梨春園是北管重鎮之一. (⑯⑰來源同⑭)

台語金曲年華
台語流行歌與時局歌

流行歌曲，又有通俗歌曲、城市歌曲之稱，背後的商業運作是必然的。不過，日治下的「台灣歌」，不只是唱片公司策畫下的商品，可以說是「民心向背」的指標，因為它的聲浪壓制了日本演歌。1930年代的台語流行歌曲，能在殖民政府推行配合皇民化運動的「新台灣音樂」之前匯成聲勢，殊為難能可貴。難怪有人形容台語歌和台灣人血脈之流「同其節拍、同其旋律」。

戰後，國語歌曲和西洋歌曲壓縮了台語歌曲的伸展空間，甚至有人認為沒水準的人才唱台語歌。然而，唱自己的歌，大有人在。令人驚奇的是，1950到60年代大量翻唱日本演歌的歌曲湧現，那是以日本歌的旋律填上閩南語歌詞，這種現象應不只是日治50年聽覺趣味受到感染的緣故，也因當時唱片業界為快速取得「曲」，或填詞或譯詞，讓歌手快速出片的做法。

1980年代台語歌曲的傳承，因母語發生斷層而有了危機，但只要懷舊之情存在，那曾繞樑不絕的台語金曲年華是永遠令人懷念的。（莊永明）

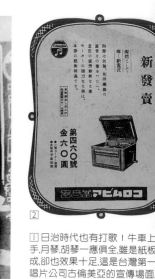

1 日治時代也有打歌！牛車上手，月琴，胡琴一應俱全，雖是紙板成，卻也效果十足，這是台灣第一家唱片公司古倫美亞的宣傳場面，1930年代全盛期，古倫美亞旗下擁有許多台語歌創作人才，創造了台語流行歌曲的黃金時代. 2 1930年代的進口唱機廣告.（1、2遠流資料室）

3 「咱台灣」由1920年代台灣民族運動人士蔡培火作詞作曲，是傳唱一時的社會運動歌，也是1930年代台語創作歌謠的先聲.

4 「橋上美人」的詞，曲作者及演唱者都是一時之選，1930年代.

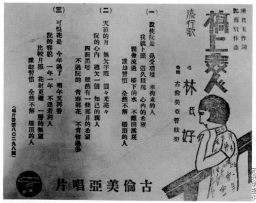

6 日治時代台灣並沒有灌製唱片的錄音設備，歌手和演奏者須先在台灣排練，再赴日錄音，圖為歌手及演奏者遠赴日本錄音前的紀念照，1935.（莊永明提供）

7 純純（右一）與愛愛（左二）是1930年代的第一代台灣流行歌手，「桃花泣血記」，「夜花」等都是純純演唱的名曲.（莊永明提供）

8 陳君玉在1933年主持古倫美亞文藝部後，積極網羅鄧雨賢，李臨秋等台語歌謠大將，帶動1930年代台語歌壇的興盛，並組織台灣歌人協會及推動漢樂器改良運動，也是戰後在台推行北京話的先驅.9 為其作詞的唱片.（8、9莊永明提供）

5 歌唱家，舞蹈家林氏好（右一）曾受外籍女傳教士（左一）的西洋音樂啟蒙教育，1930年代.（莊永明提供）

「望春風」一曲風靡全台後，才有電影望春風的開拍，圖為電影演職員合影，二排左一為作詞者李臨秋，1937.（莊永明提供）

民族音，喚民心

「台灣新音樂」源於西洋傳教士的撒種；南部教會創設的台南神學院、長榮中學、長榮女中和北部教會設置的牛津學堂、淡水女學堂、淡水中學都重視音樂課程，培養了不少台灣第一代音樂家。日治後，在師範學校的培育下，亦養成了張福興、柯子丑及李金土等音樂家，後來他們均前往日本深造，與戰後大陸來台的音樂學者，成為台灣音樂教育的薪傳者。

17 1934年台灣民族運動人士楊肇嘉（前排右二）號召留日研習音樂的學生組成鄉土音樂訪問團，在台灣西部大城市散播台灣新音樂的種籽，1935年台灣發生台中州大地震後，則又舉辦巡迴全台的賑災音樂會。（莊永明提供）

18 江文也是台灣第一位揚名國際樂壇的音樂家，他在參加鄉土音樂訪問團活動後所作的「台灣舞曲」（右 19）獲1936年隨同柏林奧運所舉辦之第一屆奧林匹克國際音樂大賽特別獎。（18莊永明提供 19胡文雄提供）

11 鄧雨賢受正統西洋古典音樂教育，後來投身台語流行歌曲創作，代表作有「望春風」、「月夜愁」、「雨夜花」等，1930年代.（莊永明提供）12「望春風」電影廣告，取自《台灣日日新報》，1938.（遠流資料室）13 李臨秋在1975年親手寫下的中日文對照「望春風」歌詞.（莊永明提供）

◎【李香蘭高歌一曲】日治時期台灣大城市的電影院也提供歌手現場演唱的娛樂節目，新竹的有樂館（後改名國民戲院，今為新竹市立影像博物館）是其中之一。圖為1940年代風靡台灣的電影紅星李香蘭在有樂館登台演唱的情景，後台樂隊陣容整齊，不輸今日餐廳秀。（陳正雄提供）

14 太平洋戰爭如火如荼的1940年代，全台大唱忠君愛國歌曲，圖為在台北公會堂舉行的海軍紀念節300人大合唱。15 時局歌就是日語的愛國歌曲，歌聲遍布1940年代初期的台灣，許多台語歌曲如「望春風」也被改編成頌揚皇國軍威的進行曲。（15莊永明提供 16鄭世璠提供）

從黑貓到
愛拚才會贏
1945-80年代台語歌

1945年，台灣走出被殖民的陰影，「國語」從日語變成北京話。戰後初年能說「國府國語」者僅是少數知識分子，但是大家最高興的是可再高唱日治後期皇民化運動時所禁唱的台語歌。但「國語運動」的推行，踐踏了台灣本土歌謠，廣播電台雖仍播放台語歌，卻常被指為墮落、頹廢、懦弱的音樂，也因此台語歌只好靠著在民間「走唱」尋找存活空間。

戰後初期，作詞家陳達儒以製作歌仔冊謀生，作曲家蘇桐以彈揚琴賣藥糊口，寫「春花望露」的江中清做職業流浪歌手。戰後以「望你早歸」揚名的楊三郎，也兼任舞廳的「伴樂士」賺外快。1950年代，楊三郎組黑貓歌舞團巡迴全台演出，代表作「苦戀花」、「港都夜曲」、「秋風夜雨」因之各地風行。許石投資唱片公司，讓自己的創作「安平追想曲」、「鑼聲若響」、「夜半路燈」得以流傳。隨著台語片的風行，電影主題曲的市場需求也帶動了吳晉淮、洪一峰、葉俊麟、文夏、郭大誠、劉福助等人在台語歌壇的創作生機。

1970年代初，鄉土文學受到重視，本土歌謠的老歌、新曲也因之一起揚聲。電視台雖依新聞局規定以「一天只准播兩首方言歌曲」來設限，但郭金發、鳳飛飛、江蕙、陳小雲的唱片熱賣，「舞女」、「心事啥人知」等新歌更在1980年代紅極一時，可說是以歌聲來代替「吐大氣」（抒發悶氣）的名曲！（莊永明）

①昭和戰敗新歌是日本戰敗投降後出現的七字歌簿。(光華雜誌社提供)

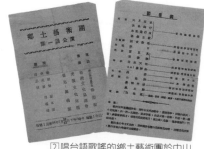

②唱台語歌謠的鄉土藝術團於中山堂公演的節目單，1949。(杜詩綿提供)

左起③麗歌唱片公司曾是台語歌發行大宗，1969。(林皎宏提供)④台灣流行歌集收入戰後初期台語流行歌，1950。(鄭世璠提供)⑤台灣鄉土民謠全集唱片。(莊永明提供)

⑥許石不僅創作歌曲同時採集民謠，發行唱片，培養歌手劉福助、長青等人，散佚的台灣民謠得以留傳下來，1950-60年代。(莊永明提供)

收酒矸・燒肉粽

台語歌詞曲創作者張邱東松（圖⑦）是日治時期的名「辯士」，戰後擔任教職，他為貧窮破敗的戰後台灣社會，創作了「收酒矸」(1947)和「燒肉粽」(1949)，為那個苦難年代留下悲涼記憶，至今傳唱不歇，成為台灣人記憶中的「市聲」。

⑧黑貓歌舞團印行的歌本封面上「娛樂不忘救國」的文案，反映了當時的時代氣氛。(鄭恒隆提供)

⑨台語歌作曲老將楊三郎(右)在1952年組黑貓歌舞團，在全台各地巡迴演出，直到1965年因經營不易而解散，圖為楊三郎與學生練習的情形。(莊永明提供)

【舊情綿綿洪一峰】1950年代中期在一片翻唱日本歌聲中，山頂的黑狗兄洪一峰本著對台語歌曲的舊情綿綿徘徊淡水暮色、跳起寶島曼波、想著思慕的人。過了放浪人生，唱著男兒哀歌，霧夜的路燈照在愛河夜，啊！咱何時再相逢呢？(1960年代，洪一峰(左二)主演主唱的「何時再相逢」電影劇照，洪一峰提供，文中所引歌名均為洪一峰的名曲)

⑩⑪搖鼓記和桃花鄉都是風靡1950年代的台語歌唱影片,電影與歌曲相得益彰.(莊永明提供)　⑫洪德成是1950-60年代知名的台語歌謠電台主持人,圖為電台點歌精選集.(莊永明提供)

台語歌曲研究者及創作者簡上仁在「民間劇場」演唱「台灣囝仔歌」,1984,楊雅棠攝.

⑭陳芬蘭在少女時期即以一首「孤女的願望」紅遍全台,該曲也象徵台灣由農業社會走向工商時代的變遷,1960年代.(莊永明提供)　右上⑮文夏是1950年代以唱日本調,台語歌詞的「混血」歌謠成名的歌手.(羅斌提供)　右下⑯劉福助以本土的唸歌形式做基調,如「祖母的話」唱活了台灣人的生活語彙,1970.(陳慶芳提供)

鄭金發雄渾的歌聲唱出市井小民的心聲.圖郭金發於「民間劇場」演唱,1984,楊雅棠攝.

江湖走唱出身的台語歌手江蕙,1999,楊約翰攝.　⑲以「媽媽請妳也保重」、「愛拚才會贏」走紅的寶島歌王葉啓田,在從政後常舉辦卡拉OK歌唱會與民眾同樂,2000.(葉憲修提供)

群星在閃耀
1950-80年代國語歌

「國語歌曲」在1945年隨著國府接收進入台灣，1949年國府遷台則是大舉「入侵」的開始。周璇、白光、吳鶯音的歌聲，成了大陸來台人士的懷鄉曲。在推行國語政策下，上海灘和香港的流行歌，順理成章成為「反共復國」時期的主流歌曲。

1950年代末，台灣本土創作的國語歌曲逐漸成為強勢歌聲，「高山青」、「綠島小夜曲」、「昨夜你對我一笑」、「願嫁漢家郎」等透過廣播流行全台，聲浪蓋過被官方定位為方言歌曲的台語歌。

1963年，香港邵氏的電影「梁山伯與祝英台」來台造成大轟動，梁祝插曲的黃梅調人人朗朗上口，「江山美人」、「七仙女」等黃梅調電影隨之大行其道。當國語流行歌曲漫溢音樂市場，作品趨於流俗、低劣，遂引起倡導「戰鬥歌曲」的行政當局關注，加上學院人士也大力抨擊其為傷風敗俗的靡靡之音，於是查禁歌曲和推行淨化歌曲成為「文工」單位的職責。但歌曲審檢制度終抵不住社會的開放：「生命如花籃」、「月兒像檸檬」及瓊瑤的電影主題曲，隨著電視、電影等商業機制散播，所謂的「藝術歌曲通俗化、通俗歌曲藝術化」只是政治口號。不過當局仍努力讓全民大合唱「梅花」、「中華民國頌」等愛國歌曲。更有甚者，連「我的未來不是夢」、「明天會更好」此類被譽為有抱負、有理想的創作，也給予政治包裝。綜觀國語流行歌曲在台灣的歌聲歲月，雖有官方語言的優勢，但發展軌跡也有其曲折。（莊永明）

[1]老上海「情調美人」白光演出的歌唱影片「雨夜歌聲」廣告，1950. (遠流資料室)

[2]黃梅調電影「江山美人」女主角林黛，取自《今日世界》，1959. (李火龍提供)

[3]電影「梁山伯與祝英台」捲起全台黃梅調熱潮，電影長期賣歌曲人人上口，圖為電影主題曲唱片，1963. (莊永明提供)

[4]翁倩玉曾經唱紅「祈禱」、「海鷗」等名曲，1960年代末. (莊永明提供)
[5]姚蘇蓉演唱的阿哥哥歌曲，算是台灣早期的舞曲音樂，1960年代末. (陳慶芳提供)
[7]歌廳也是流行歌曲的散播地，圖為台北日新歌廳紀念章，1960年代. (莊永明提供)

[6]隨著電視頻道的出現，連續劇紅，主題曲也跟著流行，電視成為歌星打歌最佳管道，圖為鄧麗君主唱電視連續劇「晶晶」的唱片，1969. (陳慶芳提供)

[7]

[12]「時光一去永不回，往事只能回味」，尤雅的歌聲至今仍讓走過那個時代的人回味不已，1971. (陳慶芳提供)

[13]1970年代還瓊瑤電影席捲全台，劉家昌製作的系列主題曲也當紅，為由蕭薔珠主唱的電影「一簾幽夢」主題曲廣告，1975. (遠流資料室)

[10]「我恨月長圓」是歌唱影片，女主角是歌仔戲小生楊麗花和港星關山，1969. (遠流資料室)

於歌廳駐唱是1960至70年代歌手嶄露頭角的最佳方式，上圖[8]台北七重天歌廳廣告，1969. 下圖[9]高雄藍寶石歌廳廣告，1970. ([8][9]遠流資料室)

[11]上歌廳聽歌是娛樂種類及設施未多元化年代的著侈享受，圖為台北樂聲大歌廳廣告，1966. (遠流資料室)

愛國歌曲曾經人人必唱，從學校朝會、軍訓課到大小集會都要高歌一曲，成為解嚴之前台灣青年學子的□記憶，圖為台北市中學生參加國慶晚會「四海都有中國人」大合唱現場，1984.（新生報資料片，國史館提供）

上⑮下⑯從「梅花」到「全民的心聲」，解嚴前的台灣，有唱不完的愛國歌曲。（⑮莊永明提供⑯陳慶芳提供）⑰鄧麗君的歌曲雖不盡是愛國歌曲，但她是十足的愛國藝人。（鄧麗君文教基金會提供）

「群星會」是台灣最早的電視純歌唱節目，為作曲家慎芝□夫婦將正聲廣播電台的現場歌唱節目「空中歌廳」□螢光幕，此節目培育了青山、婉曲、謝雷、張琪等知名歌□其中謝雷以從日語歌「悲戀的酒杯」改詞的「苦酒滿□轟動歌壇，在南部唱片發貨時還用牛車來運送，1960年□莊永明提供）⑲由台視紅歌星白嘉莉主持的歌唱節目□卡獎」廣告，1976.⑳歌唱才藝競賽節目田邊俱樂部（後□為「五燈獎」）播出時間長達34年，是流行歌手的搖籃，□梅桂，張惠妹都是從此節目發跡，1971.（⑲⑳遠流資料室）

㉑廣播界名嘴李季準（左）主持電視歌唱節目「蓬萊仙島」，圖右為藝人龍君兒，1985.（李季準提供）㉒綜藝皇后張小燕主持的「綜藝一百」包含流行音樂排行榜，1981.（華視提供）㉓豪華綜藝節目「一道彩虹」主持人鳳飛飛以歌藝與帽子造型取勝，1978.（趙林秋霞提供）

◑【熱門流行音樂大賽】 玩音樂的孩子不會變壞，於是組Band你歌我唱，墨鏡浪子頭比酷，貝斯鍵盤齊響，用搖滾展現生命的主張。圖為由救國團結合其他企業團體舉辦的音樂大賽，點燃青春烈火，知名的歌手趙傳和已故的張雨生都曾拿到比賽冠軍。（1988, YAMAHA公司提供）

熱門音樂「瘋」

美國在推銷美式民主的同時，也輸出美式文化。在美軍協防台灣的1950至70年代，牛仔褲和熱門音樂即已成為年輕人生活的一部分。貓王、披頭四的歌是學生的最愛；直到1980、90年代，瑪丹娜、麥可傑克遜等流行歌手的狂歌勁舞，仍然緊緊抓住青年學子熱情奔放的心。

㉔披頭四合唱團廣告，1964.（遠流資料室）㉕余光主持廣播，辦雜誌，極力推廣西洋流行音樂，1986.（丘光提供）

唱自己的歌
1970-80年代民歌風

為「唱自己的歌」溯源，1952年創刊，共出版99期的《新選歌謠》應居首功。其中的創作歌曲，後來多被選入國小音樂課本，至今大家耳熟能詳。

1975年夏，楊弦辦「現代民謠創作演唱會」；1976年冬，淡江文理學院（今淡江大學）舉辦一場民謠演唱會，演出曲目全是西洋熱門歌曲。其中有一個人很不以為然，便彈唱起「西風的話」、「補破網」，並對聽眾說：「為什麼不唱自己的歌？我們是沒有歌的民族嗎？」當場噓聲和掌聲交錯。此人即李雙澤，他曾有「美麗島」、「少年中國」等十幾首創作。於是，兩椿原本沒有交集的事件，後來被認為共同催生了現代民歌。

這股1970年代中期興起的「新民謠運動」，由大專院校流行到大眾社會，而有「校園歌曲」之稱。楊弦譜自余光中《白玉苦瓜》詩集的八首歌，獲得當時文藝界的肯定和推介，洪建全文教基金會也予以支持，為「新民謠」推波助瀾。此外，當時台灣文化界的「回歸鄉土」風潮，也強化了青年歌手「唱自己的歌」的意識。

1977年，新格唱片公司創辦「金韻獎」，以「這一代年輕人的心聲」為訴求，徵求歌曲、甄選歌手、發行唱片，並在校園舉辦巡迴演唱會，一時之間蔚為風潮。不過，校園歌曲在1980年代漸與商業性的通俗歌曲合流，清新之聲漸息。此時，「黑旋風」羅大佑以「鹿港小鎮」、「亞細亞的孤兒」等高亢激昂的歌聲，為1990年代反映社會的創作歌手開先鋒。（莊永明）

①洪小喬的清新樂風，吹起校園民歌的前奏.

楊弦的歌結合了詩與音樂，左②為歌本，右③楊弦(左)演唱會現場，1977，台北中山堂.②黃秀慧提供③楊弦提供

④李雙澤為民歌創作先鋒，惜因救溺而早逝.

在淡江大學舉辦的「中國民俗歌謠之夜」現場盛況，民謠歌手陳達也應邀到場演唱，1977.(雄獅美術提供)

⑥李雙澤手書「我們的歌」，為那個熱血青春，高歌鄉土的年代，下了一個極佳的註腳.

⑦陶曉清策畫主持的演唱會海報，1977，國父紀念館演出.

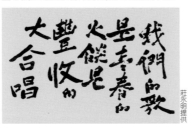

⑧廣播界大將陶曉清在1970年代中期以後投入現代民歌運動，並成立「民風樂府」，為民歌運動有力的推手，左起陶曉清，任祥，鍾少蘭練唱情景，1979.(陶曉清提供)

⑩1977年起，新格唱片籌辦「金韻獎」，圖為歷年的專輯.(滾石唱片提供)

⑨民歌演唱會節目單，左上起順時鐘方向為韓正皓，王夢麟，任祥，吳楚楚，李蝶菲，胡德夫，陳屏，陶曉清，楊光榮，楊弦，趙樹海，鍾少蘭，1979.(陶曉清提供)

唱片工業民謠風

新格唱片公司發行的首張民歌唱片是李泰祥編曲的「鄉土‧民謠」（圖④）。1977年起開辦「金韻獎」蔚為風潮後，唱片市場一片校園之聲，海山、環球、麗歌、光美等唱片公司紛紛進場搶攻；1980年代，又有滾石、飛碟加入戰場。此波民謠風塑造出一批手持吉他、自彈自唱的民歌手，成為校園民歌年代的象徵。

⬆【讓歌聲傳向遠方】本著青年的熱血理想，楊祖珺與胡德夫等民歌手除了在台灣各地演唱，也希望能把歌聲帶到軍方控管的綠島。經過多方交涉，終於在綠島王爺廟前開唱。唱著唱著，突然燈光全熄，一片漆黑，原來情治人員（右後方身著中山裝者）在場監聽，一時聽不順耳，就把電源拔掉了。（1983,梁正居攝）

從「偶然」到「捉泥鰍」，從「再別康橋」到「外婆的澎湖灣」，民歌在校園風靡一時,圖[11][12]為歌本,1980.（陳輝明提供）[13]抱把吉他彈首歌,曾是校園中的時髦,圖為民歌手韓正皓所編寫的吉他歌本,1978.（陶曉清提供）

[15]「龍的傳人」帶有濃厚的大中國意識,反映了當時的政治氛圍,1979.[16]齊豫的「橄欖樹」唱出青年學子的夢幻天堂,1979.[17]張艾嘉的「童年」,1981.[18]民歌手邱晨自組丘丘合唱團,曲風轉向搖滾,1982.（均為滾石唱片提供）

民歌旗手李泰祥

1941年出生的李泰祥是台東阿美族人,國立藝專音樂科管弦組畢業,曾擔任台北市交響樂團小提琴手。1980年代開始,他為校園歌曲、中國民歌、台灣民謠重新編曲,注入新的生命力,同時也創作「橄欖樹」等膾炙人口的民歌,訓練出齊豫、潘越雲等知名女歌手。李泰祥從學院走向民間,讓流行歌壇更精緻、更有活力的作為,至今深獲好評。

[14]李泰祥的「鄉土・民謠」唱片收入他改編後的「天黑黑」,「青春舞曲」等民謠,1977.（滾石唱片提供）

[19]從「鹿港小鎮」開始,羅大佑揉雜了鄉愁與叛逆的台式搖滾觸動動人心,圖為「青春舞曲」專輯封面,1985.（滾石唱片提供）

[20]陶曉清率領「民風樂府」赴美巡迴演唱會前在台灣公演的節目單,1988.（陶曉清提供）

百家爭鳴
1980年代後的歌壇

1980年代後期，新科技音響革命，爲人們的聽覺帶來前所未有的便捷。家電音響設備和有聲出版，強力分食消費市場；消費刺激生產，有「夢工場」之稱的唱片公司便開始爲各階層人士之所好圓夢。於是上至教授作家，下至青年學子，各路人馬紛紛投身歌壇。同時，因威權體制逐漸崩解，淨化歌曲不再「一聲獨響」，「梅花」之類的愛國歌曲人們也唱膩了，唱片市場需求空間加大。這些因素都讓20世紀末期的台灣歌壇，多音交鳴、眾聲齊響。

在社會議題創作路線方面，受到西方反戰、反社會的抗議歌曲的影響，抗議歌手也加入1980年代末期以後「民主化運動」的陣容。黑名單工作室陳明章的「抓狂歌」、「台北帝國」和林強的「向前走」、「春風少年兄」，吶喊出年輕人的心聲。1990年代的本土化風潮，也帶動了在地族群音樂的高昂揚聲。「台語搖滾」成功進占市場，客語和原住民歌曲，也在唱片行上架。

不過，音樂市場最爲強勢的仍是流行音樂歌手。當「經濟奇蹟」把台灣帶入資本主義消費時代，唱片公司開始針對青少年的偶像崇拜心理，進行商品包裝。一方面引進歐美、港、日、韓偶像歌手，一方面也在台灣複製同類型歌手，搶占市場大餅。

綜觀當今唱片工業的商業導向，要形塑台灣的「土地之歌」，讓「福爾摩沙頌」、「母親的名叫台灣」等飽含著土地和人民生命情感的歌謠，廣爲流傳，還有一段長路要走。（莊永明）

1980年代以後有多位文藝工作者投入歌詞創作，如 ① 卓以玉的「天天天藍」。② 李壽全的「未來的未來」，1990.（①②滾石唱片提供）

⑥歌手陳明章唱出帶有社會批判色彩的新台語歌曲風，1990.（滾石唱片提供）

左起 ③ ④ 百家爭鳴的年代也是聽Live年代，不論本土歌手或國際天王巨星，歌迷都可親炙偶像風采（③新象文教基金會提供④陳輝明提供）

流行歌壇青春派

長得好、才藝多、人氣猛，青春偶像是流行歌壇江湖的另一路主流門派。從金瑞瑤、林慧萍、小虎隊、紅孩兒，到林志穎、金城武，他們引領風騷的時間未必久長，但在我們的記憶裡，卻都已經占據一個個足壇回味的位置。

⑤小虎隊，1989.（鄭隊琛提供）

⑦不管歌壇吹什麼風，1980-90年代的餐廳秀仍在大眾通俗歌曲市場占有一定分量，像哥亮（右）餐廳秀的現場錄影帶，就曾紅遍台灣各夜市，1988,台北太陽城西餐廳,潘小俠……

🔽【天王跳槽？】「四大天王」原是佛教裡的護法金剛，1991年被香港媒體用同樣的稱號加封給張學友、黎明、劉德華、郭富城（由左至右）。之後「天王」變身成爲歌壇超級至尊的稱號，直到20世紀結束，眾天王依舊呼風喚雨。（1990年代,楊約翰攝）

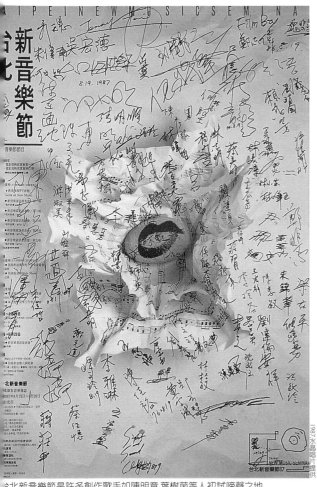

台北新音樂節是許多創作歌手如陳明章、葉樹茵等人初試啼聲之地.

9 林強的歌聲反映了1990年代台灣青年的心聲,1990.

10 此專輯收錄第一代客家創作歌手吳盛智的作品.

11 新寶島康樂隊多語並用,從國語客語閩南話到原住民吟唱都有

16 交工樂隊是走社會批判路線的客家樂團,圖為美濃反水庫議題專輯.

17 金門王(左三)李炳輝(右三)以那卡西曲風聞名,1997,潘小俠攝.

18 校園民歌老將胡德夫(右)在1990年代繼續投入部落音樂的整理與創作,圖為他與原住民歌手錄製「最最遙遠的路」,1997.(部落工作隊提供)

政治解嚴後,台語歌得到較大的發展空間,圖為台語搖滾歌手伍佰在民進黨成立十周年晚會現場的表演,1996,薛繼光攝.

《搖滾客》雜誌以非主流音樂為主內容,圖為復刊第一號封面.

14 1990年代中期以後,流行音樂體制外的「地下音樂」開始發聲,從工業噪音到嘲弄社會的歌曲都有,圖為另類歌手,樂團在台北西門町舉辦街頭演唱會的宣傳單,2000.(莊永明提供)

15 本土化風潮所及,各原住民族群文化工作者開始整理部落傳統音樂,圖為因郭英男吟唱而揚名世界的台東馬蘭地區阿美族人的音樂專輯,1999.(部落工作隊提供)

19 歌壇天后張惠妹以其卑南族身分,受邀在2000年總統就職典禮上唱國歌,卻引來原住民文化自主性等泛政治化問題的爭議,2000,黃華生攝.

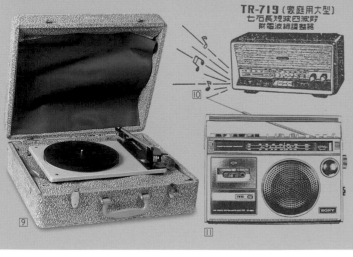

懷念的歌聲・禁唱的歌曲

【圖片說明】1960-70年代是33⅓轉唱片風行的年代：①紀露霞演唱，外銷版，1969.(林敏宏提供) ②陳芬蘭演唱，1978.(莊永明提供) ③令真演唱，1970年代. ④原野三重唱的台灣民謠，搭配電影發行，1972.(同前) ⑤劉家昌演唱，搭配電影發行，1972.(同) ⑥藝霞歌舞團，1981.(陳素芳提供) 除了唱片，歌本也保存了懷念的曲調：⑧1971年發行的台語歌本，當時電視布袋戲插曲正風行.(同) 聽音樂先要有播放設備：⑦大同唱機隨機贈送的唱片，1970年代.(同) ⑨1960年代電唱機(張素娥提供) ⑩收音機廣告，1961 (遠流資料室) ⑪收錄音機的問世，標示著卡帶時代的來臨，1976.(同) ⑫歌星陳蘭麗(張先生提供) ⑬1980年代卡拉OK開始盛行，圖為卡拉OK伴唱帶.(同) ⑭台語歌壇唱將洪榮宏，1995.(洪榮宏提供) ⑮雙燕姊妹演唱瓊瑤電影主題曲的宣傳卡片，1975.(同) ⑯⑰⑲⑳淨化歌曲、禁歌剪報.(同) ⑳唱片公司向新聞局申請公開播放、演唱的文件，1984.(同) ⑱楊祖珺民歌演唱會海報，1978.(楊祖珺提供) ㉒中國現代民歌歌本，1970.(同) ㉓世界名歌集由呂泉生主編，收錄許多著名的世界民謠，1950年代.(同)

新辭彙・舊時語

【禁歌】台灣第一首禁歌是1934年的「失業兄弟」；到了日治末期皇民化運動期間，台語流行歌曲全部成了禁歌。國府時代，查禁歌曲單位有保安局、警備總部和新聞局，審核的標準有「意識左傾，為匪宣傳；歌詞頹

喪、影響民心士氣；內容荒謬怪誕，妨害青年身心；語調狂蕩，危害社教」等，凡違反規定者即「嚴禁錄音、製片、播唱、演奏及轉載」。
【淨化歌曲】有關單位「導正」流行歌曲，消除靡靡之音，由新聞局、文建

歌壇彗星 双燕姐妹 二重唱
新出品 双燕之歌　PM.1　波音唱片 BOEING RECORD
電影……月滿西樓

15

一五一首流行歌曲
雲縣府籲民眾禁唱
唱片業詞簽訂自律公約

16

臺視今發表
淨化新歌曲

17

青草地歌謠慈善演唱會

■時間──67年8月16日晚上7:00
■地點──台北市青年公園
■票價──60元（含門票）

全部收入 捐作
廣慈婦職所基金

■演出者──吳楚楚・楊祖珺・吳至青
毛桂倫・沈嘉祥・張伯仁
楊耀東・李文心・潘麗莉
梁淑峰・微風合唱團
風雲合唱團・迦音四重唱
■主持人──卜大中

請穿著可以坐在地上的衣服
請帶著願意大聲歌唱的喉嚨
並請帶著您的愛心和熱情

來唱中國人自己的歌！

18

歌唱演員
請具領登記證
須具指定曲演唱能力
北市教育局修訂音樂團體登記須知

19

行政院新聞局歌曲輔導審查表
現代夢文

20

滾石 ROCK
你的歌
陶曉清編撰　韓正皓校正
收錄15位民歌運動健將的40首精華作品
中國現代民歌〈第一輯〉

22

九十一首流行歌曲
決禁唱播放及出版

21

101世界名歌集（中文歌詞）
The One Hundred and One Best Songs　台灣省教育會編印

23

推行的歌詞內容純良的歌，另有「優良歌曲」、「好大家唱」等名稱。

【金曲獎】每年一度的「歌大拜拜」，也是產生年度歌王、歌后的頒獎典禮。此詞原為1971年甄選創作歌的電視歌唱節目名稱，後來新聞局循金馬獎（電影）、金鐘獎（電視、廣播）、金鼎獎（出版）模式，而設有聲出版品的獎項「金曲獎」。

【打歌】唱片公司為歌星造勢、歌曲宣傳，在電視、電台等媒體讓歌星大量曝光，以提高銷售量的商業手法。

【黑膠唱片】早期的「曲盤」（唱片），1930年代的台語流行歌曲，就是用這種硬質的黑膠材質所收錄。因為唱機轉動速度較慢，每張唱片正、反面僅能錄一首歌曲，例如1933年發行的「望春風」唱片，正面就只有這首曲子，反面則是「單相思」。

【那卡西】流行於餐廳、旅館的「走唱」。以前的走唱以江湖藝人為主，他們表演的場地是廟埕或市集，一鄉一鎮巡迴走唱，以賣藥或販售歌本為生。那卡西的走唱方式為二、三人搭檔，有主唱和伴奏，在室內演出，純以「歌藝」博取賞金。

【秀場】秀源自英文show，秀場指表演場所，因此歌廳、露天茶座、西餐廳甚至「工地秀」、「紅包場」都可涵蓋；也是歌星用以打知名度和「做秀」賺錢的地方。

百年樹人

教科書隨著時代在翻新；不同的政權所頒布的教科書，養成人民不同的見識和視野。

傳統書房教育的讀本是「三、百、千、千」（三字經、百家姓、千字文、千家詩）和進階後的四書五經。日治之後，台灣有了「近代學校」，日本殖民教育除了養成「皇國意識」也提供了西洋新知，台灣人得以開始「放眼世界」。二戰後，國民政府的教育政策則以「大中國意識」為依歸。

到了20世紀末，因本土意識的抬頭，鄉土教育逐漸成為教育政策的新方向。如何讓語言、歷史、地理的知識範疇突破「國族主義」的藩籬，讓本土觀與世界觀接軌，應是未來教育的重點。

底圖：為鍛鍊台灣殖民地人民成為強健而又服從的帝國子民，體操課是日治時期教育的重點項目，體操課內容分為普通體操與兵式體操，內容多樣。(約1930年代,莊永明提供,相關主題見p102-103)
右頁小圖：思想起，那個人人赤腳大仙的年代，大光頭、西瓜皮，男男女女齊步向前走！(約1950年代,傳民團攝,常民文化學會提供)

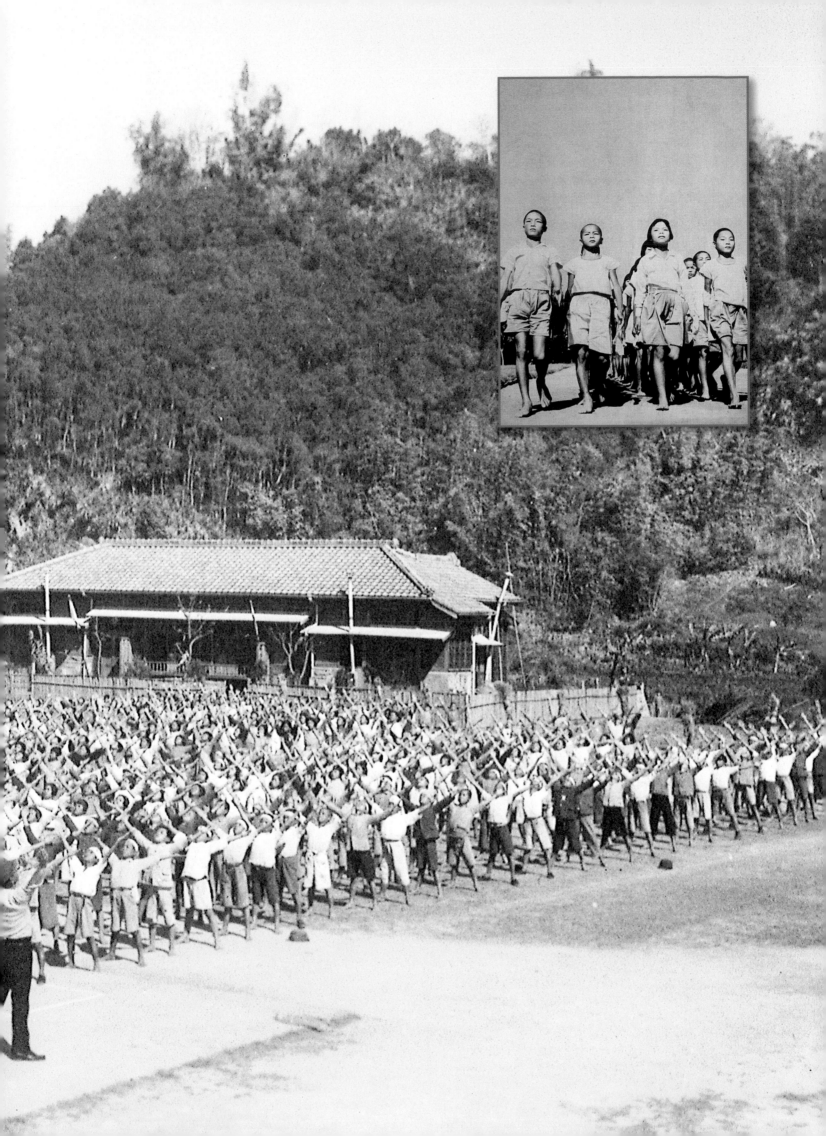

清早上學去，走路六

國家機器對教育的統整與操控

許佩賢 新竹師院社會科教育系助理教授

現今我們習以爲常的學校形態，是一百年前日本人引進台灣的「近代學校」。
日本時代台灣子弟就讀的公學校，目標在於涵養國民性、練習國語及訓練實用技能；
戰後國民政府的國民小學教育方針則著重於民族精神教育、生產勞動教育與文武合一教育。
以教育做爲國民統合的主要手段，兩者如出一轍。

走進任何一所小學或中學，我們都可以看到類似的「風景」。首先，有個圍牆把屬於學校的範圍圈起來；進了校門，映入眼簾的是共同校訓「禮義廉恥」四個大字；穿堂上用某種方式公告著孝順、友愛、勇敢、愛國之類的「本週中心德目」；一間間的教室裡面有整齊的課桌椅，前頭有講桌、講台及黑板，一群年齡相仿的學生坐在底下聽台上的老師講課。教室外面掛著「X年X班」的牌子以及功課表，走廊的盡頭多半是廁所；功課表上面記著星期一到星期六的課程安排，幾點到幾點上什麼課，一節課40或50分鐘，中間休息十分鐘。此外，學校裡面不可少的設施是升旗台、操場、禮堂和政治人物的銅像。每天早上八點鐘升旗，聽司令台上的校長訓話，在操場上舉行運動會，在禮堂中舉行開學典禮、畢業典禮。

四書五經古私塾

一百年前，台灣人可不是用這樣的方式學習。中國自古就有「學校」這個名詞，不過中國古代的學校並不是老師教書的地方，而是指祭拜孔子的孔子廟，也就是所謂的「儒學」。眞正從事教育的地方是遍布各地的私塾，台灣多稱之爲「書房」。書房通常設在地方廟宇或教書先生家中一角，並沒有像現在的學校有特別規畫出來的校園和教室。書房沒有時鐘，當然也就沒有按鐘點分配時間的功課表，頂多以學生回家吃午飯爲分界，分成上午和下午，從事不同的學習。在同一個書房學習的學生，從四、五歲啓蒙期背誦三字經、千字文的，到已經讀過四書五經各種程度的都有。學生年齡、程度都不同，老師當然也就沒辦法像現今的老師一樣，站在

教室前方的講台上，一個人講給所有學生聽，只好把學生一個一個叫到老師跟前來背書、講書。

另外，書房裡面學的東西以儒家經典爲主，基本上是爲了知書達禮或準備科舉考試用。不但沒有國語、歷史、地理、自然、算術這樣的科目，對學生來說，更重要的是，沒有可以到操場上玩耍的體育課，或可以唱歌跳舞的唱遊課。書房沒有上下課，一整天坐在陰暗的空間中讀書，一整年中也沒有任何區隔，沒有星期六、星期日，沒有寒暑假，也沒有升級、留級的問題。也就是說，一百年前的台灣人，是在完全不同的學習環境、用完全不同的學習方式、基於完全不同的學習觀學習。

國語史地新學校

現在我們習以爲常的學校形態，是一百年前日本人引進台灣的「近代學校」。日本自明治維新以後，深感教育是創建新國家、從事國民統合的利器，因此很快地便引進西方的近代學校制度，建立了自小學到大學的學校體系。1895年領有台灣以後，日本認爲對新領土台灣也有進行國民統合的必要，因此決定也將這套明治以來在日本本國試驗成功的學校體系引進殖民地台灣。

這種近代式的學校，是18世紀西方的產物。西方之所以在18世紀出現這種學校的原因，其一是當時新興民族國家希望從教會手中奪回對民眾的教育權，藉由掌控教育內容進行國民統合。因此，在學校中要教授國家的標準語（國語科）、國家過去的歷史（歷史科）與現在版圖的地理（地理科）。其二是由於要求受教育的人越來越多，國家也

希望這種國民教育能更有效的普及所有民，因此發展出「一對多」的「集眾教育方式。在這樣的背景下，我們可以說任何個國家或政府都在不同的程度上，藉由學教育體系，傳達該政權所認可的意識型態以利其統治。學校做爲一個有組織、有計的教育場所，藉由在學校中舉行各種儀式以及對教育內容的掌控，最能有效且集中傳達統治者的意圖。引進近代學校體系的本殖民政府，當然也在台灣利用公教育系，灌輸其意識型態，而戰後接收日本殖體制的國民政府，也充分利用了這套體系

編史，造神，塑造好國民

日本時代，台灣子弟所就讀的「公學校教育目標，明白揭舉「涵養國民性、練習語及訓練實用技能」；戰後，國民政府的民小學教育方針，則特別著重民族精神育、生產勞動教育與文武合一教育，以教做爲國民統合的主要手段，兩者如出一轍

公學校使用的教科書，由台灣總督府統編纂發行，內容充滿所謂的「皇國意識態」，頌揚天皇的神聖性及其對台灣民眾恩德。戰後長期使用國立編譯館編纂發行統編本教科書，同樣頌揚忠君愛國，只是了主角，「皇國」換成古老中國，天皇換歷代皇帝及統治者。

戰前，在「日本國史」的框架中，台灣幾乎沒有出現在正規的歷史課程中。即使到台灣，也是經過特別挑選的教材，例「濱田彌兵衛在16世紀就經營台灣」、「臣秀吉賜書高砂國」，用以說明日本與台的歷史淵源，以便將日本統治台灣的現況當化、合理化。戰後的歷史教育，則是以

失序

五千年歷史爲主軸，僅在適當的地方加入
三國時代孫權派人征夷州、「隋煬帝派人
流求」，做爲台灣自古即與中國密不可分
證明。於是，我們的阿公阿媽唱著「千島
日本領土最北）之濱，南至台灣」，我們則
著「山川壯麗，物產豐隆」。

教科書爲了統治的需要，造出了一個個的
神」。這是因爲國民的國家意識，對於國家
同體的形成與穩定，有極大的作用。因
，國家統治者莫不致力於將國家發展至今
歷史及地理現狀，加以整理並予以正當
，甚至神聖化。爲了達到此一目的，往往
須「創造」或「設計」出一些神話、理論
說辭，然後利用教育體系對其國民傳播這
套理論或概念，以便形成共同的國家概念
情感。此外，學校中也舉行各種儀式，不
地重複、加強這些意象。戰前對天皇照片
天皇敕語的崇拜方式，到戰後幾乎原封不
的移植到蔣中正總統身上。

當國家遇到對外危機時，統治者必然更急
的想透過學校教育，達成改造（或強化）
民意識的效果。1930年代後期，日本開
發動對外侵略戰爭，國內的思想統制也開
加強。爲了更有效的透過學校教育，培養
對日本皇國效忠的「未來國民（當時稱爲
國民，意即年少的國民）」，日本便於1941
將全國所有初等學校（包括台灣的公學校）
部改爲「國民學校」，所有的教材全面改
，加入了更多與戰爭有關或對天皇效忠的
教材，學校裡面的各種朝會、學藝會、運動
也都開始爲戰爭動員而設計。

戰爭結束之後，國民政府繼承了「國民學
校」之「名」與「實」。日本本國在戰後初
期的盟軍占領期間，即進行一連串「自由化」

與「民主化」的改革，「國民學校」立刻被
重新改爲「小學校」。然而，台灣曾經做爲
「塑造少國民工廠」的「國民學校」卻仍然
延續至今，繼續塑造另一年代的「少國
民」。只是這個「少國民」，不再是爲日本天
皇、爲大東亞戰爭的聖戰而生存，而是爲另
一場偉大的聖戰——反攻大陸——而生存。

戰後50年來，包括教科書在內的所有媒
體、資訊，都明示或暗示地告訴我們，台灣
同胞在日本殖民統治的50年中，受的是愚
民教育、奴化教育，過的是牛馬不如、被剝
削的生活。教科書提到日本，沒有一個善意
的字眼。可是，在日常生活中，我們可以非
常清楚地感受到，受過日本教育、活過日本
時代的長輩們，對於日本時代有一種極其複
雜的感情，似乎在眷戀、懷念、感謝中摻雜
著些許怨懟。我們總是在象徵眞理與權威的
教科書與實際生活中不斷地掙扎、困惑，卻
從來不明白爲什麼。「信仰」教科書的孩
子，就像電影「多桑」中操著標準國語的小
女孩，對她父親的日本情懷嚴厲的指責「你
漢奸、走狗、你汪精衛！」戰後的教育爲了
配合政治需要，抹殺、扭曲台灣人的集體記
憶，造成了二代間的情感斷裂，這樣的「教
育」，不用說，是非常「反教育」的。

教科書一言堂的效應

也許，我們可以不太悲觀地換個角度來
看。有人認爲近代「國民」（nation）的形成
有兩個因素。一是單一中心的行政圈之成
立，一群人以這個地方爲中心，形成一個
「朝聖圈」；另一是對應此「朝聖圈」範圍
的「出版資本主義」（print capitalism），藉
此，人們可以透過小說或報紙，與不認識的

人產生共同的感情、共同的認識，建立起與
不相識的人們之間的「想像的共同體」。

日本統治對於台灣所形成的一個很重要的
意義即在於，它透過近代式學校教育的普
及，造就出一批能夠同時使用日文、漢文的
新世代。1920年代以後，台灣第一代接受
新教育的知識分子，像蔣渭水、蔡培火等
人，開始興辦《台灣青年》、《台灣》、《台
灣民報》等報刊雜誌，一方面對殖民政府提
出改善待遇的要求，一方面也對台灣大眾進
行文化啓蒙的工作。透過這些近代媒體，形
成台灣的「出版資本主義」，使得台灣「想
像的共同體」得以形成。

在台灣這個共同體形成的過程中，我們一
直太過忽略教科書這種媒介的重要性。在日
本統治下的台灣兒童，都讀一樣的教科書，
這使他們產生一種連帶感。這種連帶感就好
比1980年代末期電視上出現的一個廣告，
有一個小孩說：「我就是喝這個雀巢奶粉長
大的。」廣告播出後，「我也是」「我也是」
之聲此起彼落，一幅和樂融融的景象，這其
實就是基於共同記憶而產生的連帶感。我相
信，在日本時代受教育而成長的台灣人所擁
有的這種連帶感，也可以是一種「想像的共
同體」的基礎，對於台灣島內住民一體感的
形成有正面作用。同樣的，在國民政府控制
下的教育，由於政府高度的掌控教育內容及
師資培訓管道，使得整個教育界相對於其他
各界是屬於較保守的一群。這種「一言堂」
式的高度貫徹，使得「雀巢奶粉」的效應再
度出現。我們也可以說，兩個不同時代不同
政府的學校教育，對於台灣住民一體感的形
成，作出了意外的貢獻。

學校第一章
日治時期教育體制

日本領有台灣以後，即在台灣導入近代式的學校體系。台灣新教育的構想來自第一任學務部長伊澤修二，他認為教化新領土的前提，是語言思想的溝通，因而提供語言學習的設施，讓台灣人與日本人互相學習彼此的語言，是當時的首要工作。同時，為了將台灣人同化為日本人，也須考慮長遠的教育事業。因此，最初日本在台灣設置了公費的國語傳習所及國語學校。前者以培養通曉日語人才為主，以便協助行政業務，後來發展為一般初等教育的公學校；後者以培養師資為主，即後來的師範學校。

雖然有教化台灣人的需要，但台灣總督府也非常清楚殖民地教育的推行很可能使被殖民者覺醒，從而造成統治上的困擾。所以在1910年代前，總督府並未在公學校之上設置更高級的普通教育機關。台灣人於公學校畢業後，僅能就讀少數的職業學校或師範學校及醫學校。

1910年代以後，中部士紳發起「私立台中中學校設立運動」，終於促使統治者正視台灣人的教育需求，開始規畫規範台灣教育的法令。1915年台中中學校設立，為第一所供台灣人就讀的普通中學。1922年公布「台灣教育令」，在台灣形成以台北帝國大學（1928年創）為頂點、可以與日本國內教育機關銜接的教育體制。

日本在台灣引進近代式學校，透過學校教育進行殖民地的國民統合及教育工作。台灣人從這套新教育中，吸收西方的近代文明，成為台灣現代化的文化基礎。（許佩賢）

① 國語學校為培訓教員而設，圖為附屬技藝室上課情景，因日治初期一般學校尚未強制實施剪髮制，男女學生仍蓄留辮髮，身著清服，圖約1896-1900年代. (莊永明提供)

② 因校舍興建不及，日治初期各地學校建校之初多利用民間的公共空間——廟埕，幼稚園也不例外，不過各地公立幼稚園的設置並不普遍，圖約1900-20年代. (簡義雄提供)

③ 男教師的禮帽、肩飾和配劍是日治時期文官的標準穿著，後排的男學生都已剃髮，約1920年代的公學校畢業照. (莊永明提供)

左 ④ 公學校教師的帽徽. (林漢章提供)
右 ⑤ 中學歷史課本, 1941. (張素娥提供)

● 【蕃童教育所】 1902年起，日本殖民政府在原住民地區設置警察官吏派出所，警察大人「理蕃」兼作「先生」，在公務之餘招集原住民兒童教授國語及禮儀，並負醫療之責，此為蕃童教育所的由來。後來，也有正式老師來教導學童「上自皇國之道、下至刷牙小事」等基本教育內容。（莊永明提供）

因台灣人的要求，公學校設有漢文科，教授傳統文（非日文中的漢字），但在1937年推動皇民化教育後被廢除，左 ⑥ 1932年的漢文讀本. (鄭世璠提供)
上 ⑦ 公學校歷史課本中關於日本明治維新後勢擴張的內容. (台北228紀念館提供)

(臺灣) 角板山蕃童教育所
The School for Young Savages, Kappanzan, Formosa.

總督府高等女學校(今北一女),1922年台日共學前只收日籍學生.(簡義雄提供)

台北高等學校(今師大)的畢業生可直接保送台北帝大.(莊永明提供)

左一⑩台灣商工學校(今台北開南商工)設於1917年,是為了培養日籍的商工人才而設置的私立學校,圖為紀念章,1936.左二⑪為國民中學校第一屆畢業紀念章,1941.(⑩⑪林漢章提供)

馬偕之子偕叡廉創立的淡水中學校是台灣第一所五年制中學,圖為紀念章.(林漢章提供)

上⑬台北第二師範學校(今國北師)創於1927年,圖為1936年畢業證書.(鄭世璠提供)
左⑭國語學校(今市北師)創於1896年,1919年改制為台北師範學校,是台灣歷史最久的師範學校,圖為30周年紀念明信片.(中研院社科所提供)

⑯嘉義農林學校(1919年創,今嘉義大學)是台灣第一所農校,圖為農業實習課的耕牛比賽情景,1935.(蔡武璋提供)

⑰台北帝國大學(今台大)創於1928年,同時在日本和台灣招生,日籍學生占三分之二強,因當時日本帝國的大東亞擴張路線,台北帝大成為中國華南地區與南洋研究中心,設備既新且全,是當時台灣最高學府,今日亦然.(莊永明提供)

⑱1891年,英國長老教會甘為霖牧師在台南地區開設「訓瞽堂」,日治時成為盲啞學校,甘為霖不僅倡導台灣盲人教育,而且發明了「台語點字」(瞽者文字)符號.(莊永明提供)

THE TAIWAN MINPAO
臺灣民報

⑲因全台初等,中等教育未見有效落實與普及,台北帝大籌備建校之初,許多民族運動人士皆表反對,認為這種「金字塔上的教育」並非國民教育的第一要務.圖為民族運動家蔣渭水在1924年9月21日《台灣民報》發表的「反對建設臺灣大學」社論.(莊永明提供)

眾神來到──教會學校系統

清末台灣開港以後,到台灣傳教、辦學校的西方傳教士,主要來自兩個系統。一是來自英國的長老教會,宣教範圍主要在南部,1876年,於台南創辦長老教神學校,開始神職教育,現在台南的長榮中學、長榮女中都屬於這個系統。另一個系統是以馬偕為代表的加拿大長老教會,主要在台灣北部傳道,現在的淡江中學、真理大學、台灣神學院等都傳承了馬偕的精神。

⑮馬偕創於1880年代的淡水牛津女學堂,是台灣第一所女學校.(莊永明提供)

修身・勞動新生活
百年國民精神教育

要透過學校教育塑造國家未來的主人翁，有兩個最有效的辦法：一是把各種忠君愛國教材編入課本讓小朋友反覆記誦，二是利用各種儀式性活動，讓兒童用「身體」親身體會國家的偉大。這兩套辦法相輔相成，戰前戰後一百年中台灣兒童充分領教。

日本時代的「修身」科教導兒童「忠君愛國」，並有天皇陛下、明治天皇等皇室人物之豐功偉績或憂國憂民的教材。戰後則有「偉大的總統蔣公」、「親民愛民的蔣總統」等教材。在日本時代，歷史課本翻開來第一頁是神武天皇以來一百多位天皇的名號，這種歷史的戰後版即是自堯舜禹湯文武周公以來到國父革命、蔣公北伐成功的「道統」。日治時地理科所呈現的是美化了的日本國土形象，在戰後則是一葉秋海棠。戰前音樂課不可少的是「君之代」（日本國歌）、「富士山」，戰後的音樂課本前幾頁一定是國歌、國旗歌、國父紀念歌、蔣公紀念歌。

除了課堂教學之外，學校中也舉行各種儀式，不斷地重複、加強這些意象。例如，在學校集會中禮拜天皇照片（御真影）、奉讀天皇頒布的敕語；收藏「御真影」及「教育敕語」的地方，是學校中的「聖地」，兒童經過時必須肅靜虔誠。至於戰後，幾乎所有學校一進門就會看到國父或蔣公銅像，學生進出學校時必須向銅像敬禮，在任何地方聽到蔣公名字要肅立。

一百年來兩種國民教育，箇中滋味誰知曉？（許佩賢）

❶【太陽旗至上】升旗是朝會必備儀式，也是校園一天的第一件大事。日治時期的升旗典禮往往有如軍事操練精準，圖為學生人數眾多的台北大橋公學校（今大橋國小）的升旗典禮。校長、教師、學童筆直列隊，全神貫注向日本太陽旗致敬，場面壯觀肅穆，富法西斯美學效果。（台北228紀念館提供）

③背負柴薪仍勤讀不倦的二宮金次郎，是日本江戶後期的農政家，家貧但孝順好學，是修身科課本上的模範人物，也是校園內常見的塑像。（徐仁修提供）

④東勢公學校（今東勢國小）全勤章。（林漢章提供）

①皇運扶翼即「扶皇運之翼」，意指全民一心為皇國奉獻，是1940年代的經典精神標語。（莊永明提供）

⑤新竹第一公學校（今新竹國小）公益獎狀，1927.

⑥北埔公學校全勤章，雪與螢火蟲是「囊螢映雪」勤學象徵。（林漢章提供）

②學校行事曆上有許多尊神追、敬天皇、愛軍人的節日，圖為公學校國語教本上的四月行事曆，插圖所繪之向日本皇居二重橋敬禮，是全民生活守則之一，行事曆中的天長節為天皇誕辰紀念日，1939.（遠流資料室）

⑦日治時期公學校校長室的陳設，左上掛著北白川宮肖像，屏風後面為奉安室，放天皇照片（御真影）及教育敕語謄本，是學校中最神聖的地方，1937.（蔡大島提供）

莊永明提供

以整理校園等勞務活動來訓練學生的服從與愛群精神,是日治時期學校精神教育的延伸.

莊永明提供

孩童頭繫太陽旗布條,手持竹掃帚,這是皇民化教育時期勞動報國的經典畫面,約1930-40年代.

換湯不換藥的全民精神教育總動員

不論戰前的日本政府或戰後的國民政府,都充分利用學校教育和社會教育來達成國民教化的目標,特別是在國家有特殊狀況的時候,這種教化顯得特別重要。日本統治台灣的後期,由於日本發動對外戰爭,在戰爭狀態下,包括台灣在內,整個日本國內都被動員加入這場戰爭。因此1930年代後的台灣便開始出現各種教化運動。1934年,設立台灣教化團體聯合會,教化的要點包括培養日本皇國國民意識、訓練公民精神、培育知識技能及改善生活習俗。戰後的國民政府在隨時準備反攻復國的備戰狀態中,也要動員國民精神。1967年,蔣中正總統指示成立「中華文化復興運動委員會」,推行國民生活須知、頒布國民禮儀範例,並進行古籍之整理與註釋,以做為反共復國的精神武裝。此會於1991年改名為「中華文化復興運動總會」,變身為簡稱「文化總會」的文藝團體,由現任總統擔任理事長。直到21世紀的現在,「推行中華文化復興運動」,仍是許多中小學的訓育目標。

⒁國民精神總動員演講集,1937.(遠流資料室)

⒂中華文化復興運動紀念標籤.(莊永明提供)

⒃以國民生活規範為圖案的愛國獎券,1970.(莊永明提供)

新港國民學校學生會社務服協助環境衛生 44.12.31

戰後國民政府的學校教育也強調勞動服務,圖為新港國民學校學生在奉天宮前打掃街道,作社服務的情景,1955.

⒄蔣經國總統親民愛民嘉言真錄高掛牆上,在這種教育氛圍裡,書法比賽比的不只是書法藝術美感表達的高下,也是如何把精心「調理」過的「本國」歷史準確無誤的覆述,1980年代,梁正居攝.

⒀國府時代不論是教室內的肖像,或者校園裡的銅像,總少不了蔣中正總統的身影,1982.(李火龍攝)

楠木正成(大楠公)日本南北朝(13-14世紀)武將,響應南朝後醍醐天皇的號召聲討幕府將軍,後戰敗而死,明治之後以南朝為歷史正統,遂成忠君典範,日治時期學校紛紛立他的銅像,圖為末廣學校(今台南進學國小)大楠公塑像,1940.(秦城提供)

⒀國民精神教育所及,政治領袖用來鍛鍊愛國精神,國土疆域用來塑造民族版圖觀念,傅良圃攝.

1950年代常民文化學會提供

⒅從台灣頭到台灣尾,最具國家精神象徵的升旗典禮無遠弗屆,在光影明亮的深山朝晨,也有青天白日旗冉冉上升的蹤影,圖為南投縣泰雅族聚落區內的親愛國小升旗典禮,1986,蔡明德攝.

我不說方言!?
百年語言教育

　　台灣第一次有國語，是在一個世紀之前，那時候的國語是日本話。日本取得台灣統治權的第二年（1896年），便成立了國語學校、國語傳習所等教育機關。教台灣人講日本話的理由很簡單，是為了讓台灣人懂得日本的政令。不過，除了溝通之外，還有一個比較複雜的原因，就是當時的日本統治者認為要了解日本這個國家的偉大奧妙，非得由日本話來了解不可。因此，在台灣設置學校的主要目的之一即在於「教授國語」，學校好比國語補習班，一半以上的課都與國語科有關，彷彿國語學好了，便自然具備日本精神。

　　1920年代以後，台灣接受新教育的知識分子開始習慣使用「國語」閱讀、創作，他們的國語能力甚至超過漢文能力。進入太平洋戰爭時期，官方開始強烈要求在學校及所有公領域都必須使用國語，以表現同為日本人、共赴聖戰的決心。在學校中不小心使用母語的學生，會被掛上「我不說方言」或「我愛說國語」的牌子。幾年後，同一場景在戰爭結束「重歸祖國」後的台灣再度上演。事隔50年，台灣人再度經歷一次「國語運動」。

　　國府時代的國語運動，其內涵是另一次國族建設工程。台灣人被要求透過學習中國話、說中國話，來學習做中國人。

　　每一次的「國語」制定，以及由一種國語變成另一種國語時，當然就有許多人「失聲」。一百年內兩次失聲的台灣人，要去哪裡找回失去的聲音？（許佩賢）

○【說國語，從小做起】基於同化政策，日語是治時期初等教育的重頭戲。1937年皇民化教育開展後，「國語教育」遍及各級社教機構，從全島國語演習會、語推進隊、國語常用者、國語家庭、國語模範部落等五八門的名稱，可以想見國語運動如火如荼推行的程度，幼稚園也要冠上「國語」的名號。(1941，陳琦顯提供)

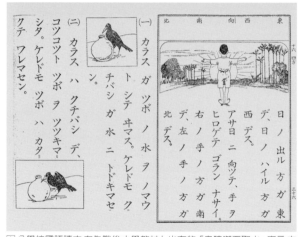

1公學校國語讀本，左為戰後小學教材上也有的「烏鴉啣石取水」寓言，右為方向課課文，教導學生清早起來朝東方做早操，健身又報國。(鄭世璠提供)

左3國語獎狀上特別獎勵學生一個月內說國語的優良表現，1928。(鄭世璠提供)
右4彰化員林國語家庭標誌。(洪聰益提供)

5台中州聯盟紀念(林漢章提供)

羅馬拼音台灣話

　　1870年代，西方傳教人士為教導民眾研讀聖經而有台語羅馬拼音字。日治時期民族運動人士蔡培火在1923年間首倡台語羅馬字普及運動，藉以促進台灣社會教育。蔡氏曾作羅馬字宣傳歌，漢譯如下：「漢文離咱已經久，和文大家尚未有，汝我若愛出頭天，白話字會著緊赴。」但因有違官方國語政策立場，隔年就告中斷。1929年蔡氏再倡台灣白話字，惜未持續。現今仍有老一輩的人使用台語羅馬字。

2蔡培火推動的台灣白話字第一屆研習會紀念照，台南，1929。(莊永明提供)

日治初期的國語教育包括讀書，寫字，說話，作文等內容，計有讀本，習字帖及寫法範本（方手本）等不同的教材，另外一般漢人兒童使用的課本和原住民兒童使用的課本也不同，因此有第一種及第二種的課本。上左6公學校國語讀本「第□種」，1924-35。左7強調日本本位的《日本語寶鑑》，1□□□。上中8上右9分別為190□與1934年版本的國民習字帖。（6-9遠流資料室）

從日本話到北京話——唸不完的「國語」補習班

1945年日本戰敗，國民政府接收台灣，「國語」又來了！只是這國語已從日本話改為「祖國語言」。行政長官公署發行的民眾國語讀本，國音符號交雜著客語、福佬話發音，從頭到導台灣人對於「祖國」的全套概念。但台灣人要如何來學這20世紀的第二種國語呢？最初，一些來台的大陸人或者去過大陸的台灣人自行開補習班教國語，只不過大陸各地鄉音不同，所

發出的國語音調也不同，學生學到的當然也就不同，造成了多種腔調的國語。此外，當局也在各大城開辦教師國語補習班，初期多安排在每日下午，教師學了幾個發音，隔天就在課堂上現學現賣起來。或在台北開辦國語補習班，讓各地人士北上取「經」，學好了再回鄉里開班授徒，台灣人的國語便這樣一點一滴的說了起來！

左⑩上⑪1945年12月行政長官公署編印的《民眾國語讀本》第一冊封面及內容，左上「中國人」文字右邊為現行通用版注音符號，左為用閩南話發音的注音符號。(張素娥提供)

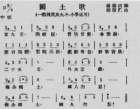

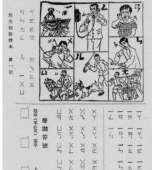

⑬注音版國語教材，1960.(莊永明提供)

⑭戰後初期的小學注音掛圖，1951.(莊永明提供)

要學生隨時隨地警惕在「口」的「我不說方言」或愛說國語」訓示戰前戰後都有，1980.梁正居攝.

⑮校園國語運動有獎有罰，罰是指「一不小心」說方言就要舉著「我不說方言」的牌子罰站一節課，獎是國語比賽說得好就可以抱獎品回家，圖為1950年代的校園說國語比賽，小學生打著赤腳上台的情景。(台中縣清水國小提供)

還我母語

1980年代後期興起的本土化風潮中，客家及原住民各族群，也在以閩南為多數的「台灣化」中發聲。1988年，客家風雲雜誌社發起「還我母語」運動，號召數起街頭遊行。提出開放廣電客語節目、實施雙語教育、語言平等政策、修改廣電法中限制方言之條款，改為保障方言等訴求。目前教育部已在最新的九年一貫課程中加入「鄉土語言」課程。

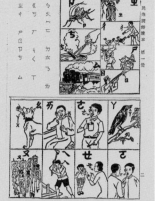

⑥客家風雲雜誌於1987年創刊後積極推動還我母語運動。(莊永明提供)

客家人 請同小孩講客家話

⑦客語運動鼓勵客家人應重視母語的傳承，圖為宣傳貼紙。(莊永明提供)

⑱原住民母語教學，可以讓長期以來被「消音」的族群語言文化有再生的機會，圖為母語教學的情景，1996.梁正居攝.

讀書不忘救國
戰備下的非常教育

　　1937年，中日戰爭爆發，日本開始加強對台灣的思想統制，「皇民化運動」於此時登場，學校開始加強皇民化教育。皇民化教育宣稱人人都是天皇陛下的赤子、神國日本的「皇民」，不論人在戰場或身處後方，都得體現皇民的任務，否則便是「非國民」。至於年紀尚小、還不能立刻被動員到戰場或投入生產行列的兒童，就是做為「皇民」預備軍的「少國民」。

　　1941年，日本將全國的小學校以及台灣的公學校全部改稱「國民學校」，使其名符其實地成為培養皇民的學校，負責塑造國家需要的未來國民之身體與精神。教科書的內容也配合時勢而有所改變，更加強化皇國意識型態，鼓吹戰爭並鼓舞戰意。學校生活充分感染戰爭氣氛，教室中掛有大東亞共榮圈的地圖，老師上課講述皇軍的赫赫戰果，並且要求學生在地圖上，隨著皇軍的進展，在占領地貼上日本國旗。甚至連學藝會等學校活動也被動員，為貫徹皇國聖戰效勞。

　　國民政府來台以後，學校精神教育的主要目標在於發揚中華民族精神；軍訓教育仍是學校課程的重頭戲。1953年起，高中以上的學校開始全面實施軍訓教育，學校中設置軍訓教官，除了負責軍事訓練外，也管理學生的生活與思想。國中以下階段，則以童子軍訓練取代軍訓教育。這種「非常教育」直到1987年台灣解嚴後，隨著各項威權體制的鬆動才有所轉變，目前，曾是大學必修的軍訓課已改為選修。（許佩賢）

1太平洋戰爭時，學校特別強化忠君愛國思想，圖為運動會上學童手持太陽旗的場面，1940年代，楊梅，吳金淼攝．

2學藝會是學生最愛之一，因為可以接觸到課堂上沒教的睡美人、白雪公主等西洋童話，但在戰爭時期，所有學校活動都被動員為軍國主義服務，圖為學童前往醫院慰問傷兵，稱為慰問學藝會．(1940,張素娥提供)
上右3校園裡慶祝日軍攻克中國武漢地區的表演．(1938,徐仁修提供)

由上至下456學生軍事操練三部曲，持槍分列式到大街上遊行，再到野外行軍，日治後期的中學軍訓課有如正規軍事訓練般嚴格，圖約1930年代中期至○年代初期．4簡義雄提供 5蘇文魁提供 6台南市藏，台南市文化基金會提供

7第一屆童軍大會臂章，1950.
(莊永明提供)

忠孝誠實，仁愛助人是台灣的童軍教育重點，上圖8為日行一善手冊，左圖9童子軍智仁勇標誌．(8⑨莊永明提供)

10童軍歌詞「中國童子軍，童子軍，我們是三民主義的少年兵」點出了初期童軍教育的政治性，圖為街頭宣傳，1952，吳金淼攝

11小學生的外交任務之一：迎接遊覽日月潭的伊朗國王巴勒維，1958，陳永魁攝．

121953年，全台高中開始實施軍訓教育，打靶課是軍訓課中最刺激有趣

13 自強活動是許多1960-70年代學生的美好記憶,圖為學員簽名紀念旗.(陳秀芳提供)

14 救國團寒訓郵票.(鄭麗卿提供)

15 寒訓圖案,1982.(陳輝明提供)

16 農村服務隊和山地服務隊是救國團校園組織的延伸,圖為學員標章.(張先正提供)

↑【到救國團去!】 1952年,蔣中正總統指示成立救國團,全台高中以上學生都「當然」宣誓入團,1961年才改為自由參加。救國團透過辦活動來吸引青年,上山下海、進出戰地等寒暑戰鬥營,曾是無數學子的難忘回憶。(1953,台北,鄭錦輝攝,中央社提供)

成功嶺上好男兒!

　　許多男生的第一次,都是在成功嶺發生的。第一次離家這麼久、第一次拆一把真槍、第一次接受不合理的磨練、第一次在眾目睽睽下赤條條地洗戰鬥澡、第一次穿上遮得住前面就蓋不了屁股的紅色游泳褲、第一次……進來時還是大男生,出去時已經變成了準男人。

　　成功嶺也收一般新兵,但常駐人們心田、挑逗大家回味的,卻總是聚焦在大專學生的暑訓與寒訓上。

18 大專生成功嶺集訓是學校軍訓教育的延伸,圖為成功嶺臂章.(張先正提供)

蔣經國曾任救國團主任,當時號稱是「青年的大家長」,圖為蔣經國與中橫健行隊學員合影留念,1966.(王榮文提供)

反共抗俄年代的武裝競走比賽,1954,鄧秀璧攝.(中央社提供)

20 在十月國慶期間,帶傘帽排「中華民國萬歲」等字型隊伍,是數十年來台北市高中生在秋老虎艷陽下必作的功課,1991,劉振祥攝.

①中學樂隊裝扮,1933.(台南一中收藏,台南市文化基金會提供)

②學生互相理光頭,1937.(沈吳足收藏,來源同①)

當我們同在一起

百年校園生活風景

一百年來,校園風景有許多「變」,也有許多「不變」。變的是從泥濘的操場變成PU跑道,操場前方司令台上的太陽旗換上青天白日滿地紅旗;不變的是振奮人心、「逃」離課堂的學藝會、郊遊等重頭戲依舊年年上演。

近代學校的特徵之一便是讓學生在限定的空間範圍內、按照固定的時間上下課。而能夠名正言順的讓學生從日復一日、年復一年固定模式的學校生活中解放出來的,便是運動會及校外教學(遠足)、學藝會(遊藝會),它們是日本時代以來學校的三大活動,每個學校的行事曆上都少不了它。從教育設計者的觀點來看,要讓兒童習得新語言、新知識與新規範,並且融入生活成為習慣,光靠課堂上的講授是不夠的,必須讓兒童用身體來感受「忠君愛國」的教育目標,因此這些學校活動都被賦予多重的教育意義。例如日本時代,北部學校的校外教學必然會去參拜台灣神社,就像1980年代以後,去大溪謁陵吃豆干是北部許多小學校外教學的必要行程。

不過,對小朋友來說,能在台上表演桃太郎或白雪公主,或是到平時不可能去的地方旅行,從一成不變的學校生活中解放出來,才是最重要的吧。(許佩賢)

③老師端坐在講台上監督學生用餐的情景,1925-40,台中一中.(簡義雄提供)

④日治教育特別強調生活規範,圖為老師親自示範用餐禮儀.(梁志忠提供)

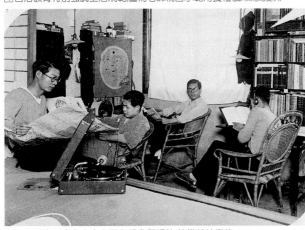

⑤台北醫專學生在宿舍內閒坐看書,聽唱片,彷彿精神貴族,1935.(簡義雄提供)

⑥日本歌舞劇常見於校園表演節目,圖為台北高等學校學生合照.(莊永明提供)

⑦到奉祀北白川宮能久親王(1895年率軍接收台灣)的台灣神社參拜,學生忠君愛國的思想,是日治時期公學校校外教學或畢業旅行常見的「神社朝聖之旅」,圖為台南末廣公學校學童參拜後紀念照,1940.(張素娥提供)

上⑧自從1912年阿里山森林鐵路後,坐著小火車一路蜿蜒上山看神木、看日出,不知是多少學生最期待也最難忘的回憶,圖為1934年台北永樂公學校(今國小)旅行紀念照,即使擠在貨車廂裡,學童們仍然興奮的探出頭來,留下美好的見證.(意象工作室提供) 左⑨台北國民學校聯合大露營會紀念章,1940.(林漢章提供)

⑪1960年中橫通車後,便常出現學生自行車隊的蹤影,為了便於清點人數,學生還穿上號碼衣.(台南二中收藏,來源同⑪)

左⑩重大公共建設往往是校外教學的重點,戰前戰後皆然,圖為草屯地區的學生自行車旅行到烏溪吊橋(人車皆可行)的紀念照,既能鍛鍊身體,又可親身體會政府建設的成果,充分顯現教育的「政治正確」面,1937.(梁志忠提供)

⑬放學後席地而坐寫功課的孩子,1956,吳冰雲攝. ⑭值日生中午抬便當,也是校園一景,1980,台北,梁正居攝.

主「中國強」布鞋大行其道的遙遠年代裡,穿著它去遠足,其快樂無比,在田裡吃便當,其回味也無窮,約1950-60年代,澎湖.(陳橋木提供)

○【青春樂隊派】 每個年代的中學生各有叛逆的一套,貼身的卡其上衣、繃緊的卡其褲,就曾是1960-80年代中學男生最酷的裝扮,也是訓導主任和教官努力要「糾正」的對象。(1980,恆春高中樂隊,梁正居攝)

低頭思便當

舉頭望黑板,低頭思便當,「等待午餐」的心情百年不變。在以前,吃冷便當、回家吃午飯或由家長送飯的方式都有。有趣的是,1950年代的某些鄉下學校學生,必須每月帶柴薪一捆到校,做為蒸便當的燃料。帶著綁上號碼牌的鋁製或不銹鋼製便當盒上學,再由值日生抬著沈甸甸的便當籠,每日奔波於教室與蒸飯室之間的景象,是1960至70年代學生的共同回憶。1980年代以後,許多學校在教室內設置小蒸飯箱或開辦營養午餐,抬便當就逐漸走入歷史了。

⑮在物資匱乏的年代,便當是學生書包裡的「珍寶」,每學期繳了蒸飯費之後,便會領到一張蒸飯牌,繫在便當上,以免拿錯便當,圖為中壢省中56學年度下學期蒸飯牌.(蔡進昌提供)

中壢省 56下飯 1255

劍道・體操・運動會
百年體育課程的健身強國訴求

一百年前日本人把西方的近代學校制度引進台灣時，最讓當時的台灣人感到不能接受的是，學校裡竟然教授體操及唱歌。因為台灣人認為體操課的目的是為了把台灣人抓去當兵，至於唱歌則是倡優之技，不應在學校教授。日本時代的體育課就叫做「體操」，即使確定不用去當兵，很多民眾還是覺得體育運動沒有必要，甚至有害身體。而因為漢文明傳統的「讀書人」沒有勞動身體的習慣，因此，最初公學校的體育課，多在訓練學生的身體動作，讓他們習慣活動身體，在號令下一致行動，主要包括整隊、行進的練習，以養成勤勞持久、增進體力的基本鍛鍊。通常，低年級輔以競技遊戲，中高年級則教授普通體操。此外，按規定所有學校都必須設置運動場。

隨著學校的普及，民眾開始慢慢接受體育訓練的觀念。在學校運動場舉行的包含了各種競賽與表演項目的運動會，也成為地方人士的新娛樂之一，形成地方居民與學校互動網絡的一環。

1930年代以後，日本開始強化「軍國民教育」，鍛鍊身體不只是國民個人的事，也成為國家對國民的要求。體操課的課名到了太平洋戰爭時期便改為體鍊科，擺明了要鍛鍊國民身體。這種「健身強國」的邏輯，貫穿戰前戰後並沒有改變。1950年代初期的「小學課程標準」就明白揭示體育課的目標在於「鍛鍊強健體魄，抵禦外侮能力，加強民族精神。」從此，做一個「活活潑潑的好學生」，就成為「堂堂正正的中國人」的前提。

雖然百年來學校內的體能訓練，搞不清楚到底是體育還是德育，不過「運動家精神」還是在運動場上被培育出來。（許佩賢）

□1 台北高等學校（今師大）的冬季武道班全勤章，約1930年代。（林漢章提供）

④ 體操是日治時期初，中等學校體育課的主角，以鍛鍊身心的發展，養成剛毅規律的「國民性」為目標。（莊永明提供）

⑦ 台中州公學校運動會優勝紀念章，約1930至40年代。（林漢章提供）

⑧ 台北州中等學校水上運動會優勝紀念章。（年代、來源同⑦）

⑤ 朝會體操從日治時代持續至今，百年未改，約1930年代。（莊永明提供）

⑥ 軍國主義體育訓練模式下，中學女生也上武道課，1930年代。（蘇文魁提供）

⑨ 跳水台上的中學生，游泳背心或左右忿，有的還穿丁字褲，畫面滑稽有趣，1930年代。（長榮中學收藏，台南市文化基金會提供）

1934年，圖工作室提供
② 台北第二中學校（今成功中學）學生在台北市區路跑的情景。

1941年，莊永明提供
③ 淡水中學網球賽優勝紀念照，前排右一為前總統李登輝。

⑩ 日治時期武道課程包含劍道、弓箭和柔道，圖為台南一中劍道比賽情景，劍拔弩張，旗幟飄揚，張力與美感十足。（台南二中收藏，來源同⑨）

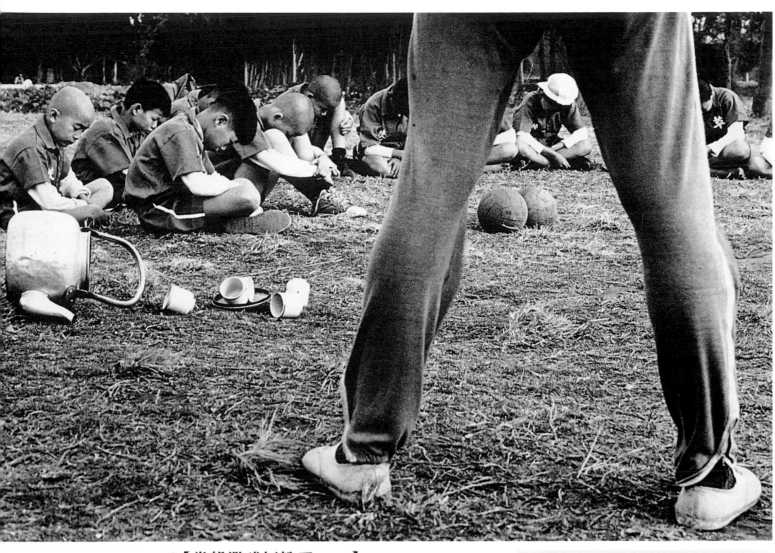

⓵【當躲避球打輸了……】自從1913年日本人引進躲避球以來，這項球類便成為最風行的小學體育競賽活動，歷久不衰。躲避球玩法簡單，二隊分成內外圈，外圈用力「殺」，內圈努力「躲」。圖為一隊小學生躲避球輸了，大夥兒垂頭喪氣的聽著怒氣沖天的教練訓話，一旁的茶壺茶杯也跟著東倒西歪，不知是不是被生氣的教練踢翻的呢！（1966,鹿港,黃季瀛攝）

⑭小學教學掛圖上的各種體育及戶外活動,1951.(莊永明提供)

⑮台北市中山小學運動會請柬.(莊永明提供)

⑯做個活活潑潑的好學生,是國民政府時代學校體育的訴求.圖為空飄大陸傳單教育篇上的「理想」畫面,1966.(莊永明提供)

⑪中學生體能表,1942.(張素娥提供)

⑫小學生健康考察記錄上的運動能力分析表(右下),1969.(林皎宏提供)

⑬刺標靶上的「毛匪」像未必和強身有關,卻是反共抗俄時代運動會上常玩的政治性餘興節目,1978,梁正居攝.

⑰運動會是校園裡的重要活動,也是地方大事,能夠參加儀隊,在觀禮的師長鄉親前精神抖擻的行進,更是學生引以為傲的事,1991,埔里國小,梁正居攝.

日治時期中等以上學校不多，且又台日二地學生都收，各校考試競爭相當激烈，各種試題參考書相繼出現，左起圖①以學生為主要閱讀對象的學友雜誌的中學入學考試特刊，1919。圖②③為1932及1939年度的中學入學試題參考書. 圖④國語(日語)試題參考書，1942。(①-④遠流資料室)

參考書 vs 試題大補帖

參考書歷史悠久，日治時代就有了。做為「學習良友」，參考書本意應是課餘補充教材，但到了1960至70年代考試主導學習的大環境下，參考書卻淪為考試大補帖，以條列式內容和試題為主要內容。於是，當督學視察時，師生合力把按規定不准帶到學校的參考書收齊，藏到講台底下的情景時常上演，成為台灣教育的奇觀。

考生歲月長 升學考試煎熬錄

時空拉回九年國民義務教育尚未實施的年代，小學生到了五、六年級就要開始為考初中奮戰。那時沒有像現在有這麼多掛牌的補習班，大多是到老師家中補習。1968年，九年國教開始實施，免除了考初中的惡夢。但隨著教育的普及，升學競爭還是越來越激烈。國中畢業考高中，考完高中考五專，考完五專考高職；高中生則是考完日大考夜大；高職生忙著考四技、二專。如果什麼都考不上，就只好淪為補習班裡的「國四英雄」或「高四英雄」。

台灣學生在20歲前，真不知要歷經多少次大大小小的考試！「朝七晚十」，從早自習就開始考，一天考個五、六科是家常便飯，到了國三、高三，更是全家、全校總動員。為了聯考，音樂、體育、美術等科目一一被「徵召」，上課時間奉獻給聯考考試科目。家有考生，爸媽看電視不敢開大聲，弟妹吵鬧會挨罵。偏偏聯考又選在酷熱的七月天，考季、烤季一起來，50年來不知烤焦多少人？

不過，這種考試綿綿無絕期的生涯，也不是這一代才有的現象。早在阿公阿媽的日本時代，要念書升學，不但要和台灣人競爭，還得和日本人競爭。能在這些競爭中順利通過各種升學考試，讀到中學、高等女學校或師範學校、醫學校的人，還真的是菁英中的菁英。

2001年七月，近50年歷史的大學聯考終於宣告結束。曾經有人高呼「聯考不廢，教育無望」，現在聯考廢了，我們的教育希望是不是已經發芽？(許佩賢)

⑤大考小考古今有，圖為台北第二中學校學生課堂上習題演練的情景，令人不可思議的是，教室裡竟然有三塊黑板！1934。(意圖工作室提供)

日治時期各校採獨立招生方式，下左圖⑥為國語學校1919年度入學試驗問題，取自學友雜誌。(遠流資料室)下右⑦為1919年度的淡水中學招生廣告，考試項目含體能測驗，戰後九年國教實施前的初中考試，也包含仰臥起坐等體育項目。(來源同⑥)

獨立招生／聯考／多元入學

本來學校應該要有自己的特色，要招什麼樣的學生，由各校決定。但長久以來的聯考制度，讓許多人誤以為考試招生是政府的責任。大學聯考始於1954年，當時台灣的高等學府只有台灣大學、省立師範大學(今台灣師範大學)、省立農學院(今中興大學)、省立工學院(今成功大學)四校，各校輪流舉辦聯合招生。1976年起，教育部設「大學入學考試委員會」，自此聯考成為政府重責，直到1993年廢止該委員會，招生工作才重回大學辦理。

⑧從1950年台大第一次獨立招生的作文「從台灣看大陸」，可知時勢是歷久不衰的考試重點。(吳興文提供)

⑨獨立招生年代的台灣大學新生錄取通知書，1951。(張先正提供)

考試要考好,靠實力,也要看運氣,許多考試護身符因而出現,每年一入考季,天下父母齊心求神問卜拜文昌,在神明前上准考證影印本,或者如上圖到孔廟拔牛身上的「智慧毛」,各式花招,無奇不有,約1960年代,羅超群攝。(羅廣仁提供)

補習王國在台灣

「不要讓你的孩子輸在起跑點上!」儘管小學階段沒有升學考,大部分父母仍相信從小打好基礎有助於日後的競爭。因此,台灣的小學生放學後也參加各種補習,除學校功課外,英文、鋼琴、小提琴、美術、繪畫無所不能補。國中以後則是「朝七晚十」的趕場,一、四補數學,二、五補英文,三、六補理化,是許多考生的共同經驗。除了為高中及大學聯考落榜生量身訂作的重考班,留學美國的托福、GRE和國內研究所的補習班也都人氣旺盛,還有專為社會人士開辦的EMBA補習班,現在連台商補習班也出現了。台灣真不愧為補習班王國!

上圖 13 高中聯考大學聯考外加留學考,國四英雄、高四英雄以及各種職校專科的落榜生,讓補習街成為台灣的特有景觀,打得最兇,管理最嚴的補習班收費最貴,卻最有人氣,圖為1960至70年代的補習班及模擬試題廣告。左圖 14 學生報為1970年代定期出刊的模擬試題大全。(1314 遠流資料室)

早年小學多半二人同坐一桌,考試時常見把書包界牆以防作弊的趣味畫面,1983,許伯鑫攝。

左圖 12 拒絕聯考的小子是1975年轟動校園的暢銷小說,在「苟延殘喘為文憑」的莘莘學子間流傳甚廣,作者批判了大學聯考制度以及文憑至上的社會價值觀,圖為由該書改編的電影宣傳卡片及其背面的功課表。(陳輝明提供)

🔻【考場風光】每年七月,台灣人口密度最高的地方就是考場。考生來應考,老師來監考,部長省長、市長校長來巡考,爸媽兄姊、男友女友來陪考;不僅如此,攤販也要來多賣幾杯涼水、補習班要來多撈幾碗油水,還有氣急敗壞趕著送准考證來的消防隊員和搶新聞的記者老爺,大家擠成一團,世界人口組織與教育考察小組看了,怕不也要驚呼一聲「我拷!」(1970,陳田稻攝)

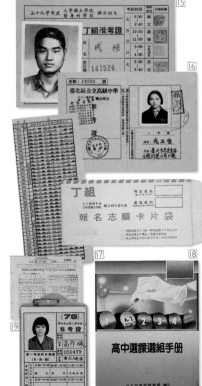

為了擠進明星高中,招牌五專,名門師校,名牌大學等各式各樣的窄門,台灣學生一路考了十幾年,圖 15 甲乙丙丁分組年代的准考證,1970. 16 北市高中聯招准考證,1972. 17 18 採電腦作業的大學志願填選表及封套,1970年代. 19 20 大學聯考成績單與准考證,1989. 21 從甲乙丙丁到1,2,3,4類組,大學聯考採不同組考不同科目的方式,因此高二即選組選課。(15-18 張先正提供 19 20 高作珮提供 21 莊永明提供)

民主多元新氣象
學生運動與校園改造

教育的民主化是當前教育改革的一大課題。民主教育旨在讓所有人不分性別、階級都有接受教育的機會。台灣戰後長期在國民黨的黨化教育下，教育體制與內容都和民主教育背道而馳。唯有教育的普及面，因在日本殖民政府所建立的基礎上更進一步發展，頗具績效。根據官方統計資料，1945年台灣學齡兒童就學率為70%，1950年達80%，至1975年已超過99%。在此成長速度中，為了緩和國小學生的升學壓力，1968年起，政府將國民義務教育延長為九年。

教育固然普及了，但威權體制下的教育，卻讓所有國民必得接受一言堂式的國家教育，由此而衍生出來的國民教育權、人權教育、人本教育等問題，遂成為1980年代以後民間教改運動的課題。

1980年代以後，校園吹起民主化的風潮。1984年八名台大學生向教育部陳情，抗議校園政治化，並提出大學獨立自主、教授會自治、學生參加校務等訴求。1986年，以台大「自由之愛」學生組織為首，各大學陸續成立推動校園民主化的組織。學生一面要求校園民主化，一面也開始參與社會運動。

1986年，台大學生社團參加鹿港居民反對杜邦設廠的運動；1987年，台大學生向立法院提出「大學改革方案」，要求廢止校內出版物檢閱制度、所有政治團體退出校園。之後，下鄉調查與支援社運，成為各校學運團體寒暑假的必修課。

1990年三月，全台超過五千名的學生聚集台北中正紀念堂廣場，向當局提出「解散國民大會、廢除臨時條款、召集國是會議、訂定政經改革時間表」等四大訴求，寫下「野百合」學運的動人篇章。（許佩賢）

校園怪獸 —— 黨、政、軍、特

1980年代後期開始的校園民主化運動訴求包括：修改大學法、大學自治、教授治校、課程自主、人事自主、軍訓教官退出校園、廢除國父思想必修、校長直選等；黨（知青黨部）、政（官派校長）、軍（軍訓教官）、特（監控思想的人二室安全秘書）被點名要求退出校園。1992年，立法院通過政風機構人員設置條例，遍布各機關單位的人二室由政風室取代。1994年大學法實施，確立校長直選、教授治教的原則。1998年經大法官釋憲，教育部規定校園內是否設教官室由各校自行決定。校園民主化的要求，到1990年代漸見成果。

① 解嚴後，社會運動風起雲湧，校園裡也不平靜，圖為1991年「獨台會」事件後，學生走上街頭抗議，成為新新聞周刊封面專題，1991.（遠流資料室）

自由，改革，反叛 —— 校園民主之聲

1986年，台大學運刊物《自由之愛》創刊詞指出他們對於「百分之百的自由與沒有仿冒的愛！」的追求，這種青年學生特有的堅持，激盪出一股校園改革力量。

② 強調反威權、反主流的大學社團刊物.（《誠品好讀》提供）

③ 啟動學運風潮的台大學生團體「自由之愛」專書，1987.（遠流資料室）

④ 1968年開始實施的九年國教然表面上緩和了當時升學競爭激烈的問題，不過，因為決定實施的過程太過匆促，導致師資質量不足等諸多教育問題，圖為九年國教實施年紀念郵票，1969.（遠流資料室）

⑤ 台大學生發起的「審判世界偉人」行動劇現場，學生為蔣中正總統塑像戴高帽子，以反諷威權，1989，蔡明德攝.

⑥ 基於反威權的基本主張，台灣青年學子聲援大陸「六四學運」，圖為學生出示萬人簽名布條，1989，黃華生攝.

410教育改造

還我錢‼

927行動

上圖 ⑦ 1994年的410教改遊行提出了「推動教育現代化,落實小班小校,廣設高中大學,制訂教育基本法」等四項訴求,圖為宣傳布條(莊永明提供)

下圖 ⑧ 根據憲法規定,中央政府的教育科學文化經費不得少於其預算總額的15%,但1997年7月的修憲會議中國民大會卻逕行通過刪除15%的下限規定,導致許多民間教改團體與社會各界的嚴重抗議,發起「還我錢」遊行。(黃義鏵提供)

🔥**【焚燒三大主義!】** 進入1990年代以後,教育改革逐漸成為全民的要求。1994年4月10日,各民間教育改革團體聯合發起410教育改造大遊行,後來組成「410教改聯盟」,成為民間教育改革的重要推手。圖為針對長期以來惡質化的教育發展,遊行單位特別以行動劇表達訴求。(台北,謝三泰攝)

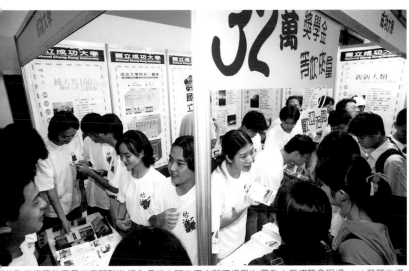

⑨教改後高等教育已從窄門難進,變為各校大開方便之門廣招學生,圖為大學博覽會現場,1998,黃華生攝。

⑩解嚴後的本土化風潮,讓中小學生的課本內容開始注重認識自己的生活周遭,強調台灣人文歷史認知的鄉土教材,逐漸增多,1999-2000。(鄭麗卿提供)

⑪初等教育的多元化政策,也體現在各縣市文化單位所舉辦的活動上,圖為嘉義國際兒童藝術節的宣傳圖案,2000。(嘉義縣文化局提供)

左圖 ⑫ 多元互動的校外教學是現今初、中等教育的訴求之一,圖為台北市政府發行的校外教學手冊「兒童護照」封面及內頁,1997。(鄭麗卿提供)

右圖 ⑬ 教育改造,也讓教學內容與方式更多樣,圖為台北市中學生在紙博物館的校外教學活動現場,1999,劉振祥攝。

課本、文具盒與學生服

【圖片說明】 ①⑥傳統漢文教育的讀本.(莊永明提供)②-④日治時期教科書與參考書.(②鄭世璠提供 遠流資料室提供)⑤日治時期以學生書籍為出版大宗的新高堂書店廣告.(遠流資料室提供)⑦生物課掛圖,1952.(莊永明提供)⑧新英文法是1970年代通用至今的長銷參考書.(遠流資料室提供)⑨⑭1930-40年代及⑩⑮1960-70年代的學生成績通知單及體格表.(⑨李景暘提供⑭張素娥提供⑮林宏益提供)⑪-⑬1950,60年代及現今的學生獎狀.(⑨莊永明提供⑫林鐘雄提供⑬鄭劉嬌提供)畢業前夕的簽名留念歷代都有,只是方式不同.(⑯1940年代嘉義農校簽名紀念冊蔡武璋提供⑰王松中提供⑱鄭林鐘提供)從鉛筆、鋼筆到原子筆到電腦鍵盤,從刻鋼版、寫複寫紙到影印,百年書寫工具演變龐大,圖為各年代文具用品廣告.(⑲⑳⑳遠流資料室⑳莊永明提供)⑳北市圖第三屆圖書館週卡片,1972.(莊永明提供)從木屐日式高校制服到太子龍與百褶裙,再到今日各校自行設計的校服,百年學生制服面貌多變.(⑳⑳遠流資料室⑳⑳莊永明提供)⑳⑳針繡、塑膠製、手寫等各種令人難忘的學籍牌.(⑳⑳張先正提供⑳鄭林鐘提供)

【髮禁】 一百年前,台灣男性還留著辮子。日本殖民政府雖覺不妥,倒也沒有立即公布「髮禁」,十幾年後台灣人才流行剪辮,中小學校男學生也開始理光頭。戰後很長一段時間,男性留長髮被認為是危害社會風俗,街頭常見警察強迫剪髮的情形。校園中則一律男生三分頭,女生西瓜皮(後腦勺剃高至耳上一公分)。1987年,教育部終於廢除髮禁,但各校仍有服裝儀容相關規定,到最近都還有中學生的「護髮運動」。

【中心德目】 中小學新學期開始前，校方必須擬定的大為方針之一便是每週中心德目。忠勇、愛國、孝順、仁愛、禮節、服從、勤儉等中心德目，數十年來沒有多大改變，現今各校校門口的跑馬燈上還可以看得到。

【青年守則】 1938年，南京的國府教育部規定各級學校應以「忠孝仁愛信義和平」為共同校訓，並製成匾額懸掛於學校禮堂；教育部另頒發青年守則12條，專科以上學校須要求學生熟讀背誦。國府遷台後，共同校訓改為

「禮義廉恥」，但青年守則仍繼續推行。「忠勇為愛國之本、孝順為齊家之本」等七字詞不但人人朗朗上口，也常是各種考試的作文題目。

【放牛班】 又稱「牛頭班」，此名稱歷史悠久。戰後初期的小學多針對初中升學考進

行分班，家貧無法升學或功課不好的非升學班學生，遂被稱為放牛班，意指書讀不好將來只能去放牛，或放牛吃草任學生「自生自滅」。1968年九年國教實施後，升學競爭更形激烈，為因應高中聯考，國中也採分班施

教，放牛班之稱更加普及。

【營養學分】 大學新鮮人一入「窄門」之後，大概都會忙著打聽哪一個老師比較「營養」，這可不是要拿老師來進補，而是看看什麼科目的老師不點名、作業少、考試可以輕鬆拿高分。

更高更遠更快

運動，就是把追趕跑跳碰、上沖下搓揉等本能化為力與美的一套套動作組合。近代體育運動發軔於歐美，19世紀後期逐漸向世界各地推廣，台灣全面、系統地接受近代體育運動，已是日治以後的事。

雖然台灣的體育運動，對比於政治、經濟方面的成就，總讓人引以為憾；但百年來普及的國民教育，倒也讓近代運動項目如田徑、球類、體操等根植於斯土。尋繹百年足跡，台灣的體育運動也不是一路幽黯無光。同時，迎接消費時代與全球化的新世紀，休閒體育運動將更為普及。為此，編織運動系譜，既可讓我們有發展全民運動的信心，也不致讓前賢蒙塵。畢竟，四體不勤已經趕不上時代的腳步！

底圖：台灣孩子愛打棒球。日治時期奠下的基礎，在1960年代末期開始大放光芒，打棒球成為學童的課餘最愛。學校運動場、公園草地可以打，巷道空地、曬穀場也可以打，如此的熱衷和風靡，造就了一代又一代的球迷和棒球明星。（1968,台中公園,梁正居攝,相關主題見p116-117）

右頁小圖：基於強身，我們運動；基於娛樂，我們更要運動。保齡球、撞球、溜冰、直排輪，是青春年少的最佳選擇，太極拳、韻律舞、外丹功則是中老年人專屬的「公園號」運動。圖為練習溜直排輪的小朋友。（2000,台北,陳輝明攝）

猛虎蛟龍，場上生屈

晏山農 自由作家

雖然有清一代，台灣有著「三年一小反，五年一大反」的慓悍標籤，
顯示島上的武風頗盛，像「西螺七崁」的拳術就名聞全台。
但包括宋江陣、舞獅舞龍之類的民俗體育，既得不到縉紳階級的青睞，
也無法藉著強大組織拓展到全台各地，
所以它和我們今日習知的體育運動有別。
台灣正式接受源於歐美的體育運動，已是日治以後的事情。

同化作用的發酵

日本自明治維新以後致力西化，尤其是受到普魯士－德意志軍國主義的影響，對於學校教育的體能課程相當重視，台灣在1895年被納為殖民地，也一體適用它的體能訓練課程和活動。只不過，日治初期的學校體育活動只適用於日本子弟，廣大的台灣人並未受惠，所以即使體操、射箭、騎馬、相撲、柔道、棒球、田徑、軟網、游泳等項目很快就引入台灣，但多數台灣人是以疏離、被動，甚至是畏懼（譬如認為棒球會打死人）的心態看待這些外來事物。

直到一次大戰前後，殖民統治進入相對穩定期，同時，接受「現代化」的第一代本土菁英終於成形，日方認為讓台灣人參與體育競技，一方面可以轉移被殖民者政經地位被剝削的不平感，其後還發現運動所激發的榮譽感，可以形塑新的國族認同。於是台灣人慢慢得以接觸上述體育項目，而且也逐漸嶄露頭角。甚至，1920年代成立的反帝反殖民民族運動社團「台灣文化協會」，還以「提倡體育」求「俾益同胞文化向上」。

最讓人津津樂道的，莫過於嘉義農林學校棒球隊四度進軍日本甲子園高校野球賽的光榮史。尤其是鶯啼初試的1931年，雖然在最後一場比賽因敗給日本的中京商隊，以致和冠軍獎盃擦身而過，但亞軍榮銜已震驚全日，也讓台灣人建立了信心，「天下的嘉農」名號因而成為早期台灣人的集體記憶。而除了野球，橄欖球、軟網、柔道、體操也在此時奠下極好的基礎，從各級學校、社會團體、州郡乃至台灣代表隊都有不錯的表現。

運動不止是運動

日治時期的體育發展，有個根本特色：運動不是單純的體能活動而已，它是日本現代化總體目標的一環，既有著身分、階級象徵，更被賦予強身報國的意涵，所以集體主義的精神很濃烈。須知日本殖民當局是在對全島進行徹底的「慣習」（台灣傳統的生活習慣、宗教信仰、典章制度等）調查，以及公共衛生條件獲得改善的情況下發展體育，所以根柢是很扎實的。1916年，「台灣勸業共進會」展出台灣在人文、教育、風俗各方面的成績，其中，「體育及學校衛生」單獨標列，具體顯示出運動競技和國力提昇有共生關連。爾後1935年台灣總督府為了紀念始政40周年而在台北市舉辦「台灣博覽會」，其間搭配了體育、藝文、美術、音樂、電影等活動，讓力與美的精神挹注其間，殖民統治者對體育的認知和努力，已經和歐美列強同步。

然而，日治時代的體育競技絕大多數只是統治者由上而下的意旨貫徹，欠缺民間的多元力量來共襄盛舉。加上太平洋戰爭的爆發，體育的宗旨更縮小成戰力的後勤支援而已。所以基礎即使已經奠定，卻很難花開並蒂，這就是軍國主義殖民統治的必然局限！

籃球：政壇新貴的寵愛

等到國民政府遷移至台灣以後，兵馬倥傯之際要全面推展體育自然是不可能，因此體育選項主要就集中在籃球、足球等項目，其中尤以籃球最受關愛。因為是舉黨國之力加以推動，所以早年台灣的籃球還打出不錯的戰績：1954年馬尼拉亞運、1958年東京亞運皆得到銀牌；亞洲盃方面，也在1960、1963年奪銀。到了經濟起飛以後的1970年代，由於威廉瓊斯盃在台北市中華體育館開打，1980年代中期以前的籃球可說是熱力四射。然而1990年代以後，雖說中華職籃CBA在1994年11月開打，卻無能挽回籃球命運的衰頹。這和國際籃壇的現實（台灣員的體形、爆發力不如人）以及中國的強吸力有關，籃球命運頗似島內的政治流向。

足球：江山再起是何年？

早年，台灣足球的主力是粵籍華僑，在代球王李惠堂的帶領之下，連續在1954、1958年的亞運奪金，這是台灣足球史上眼的一頁。然而此後台灣足球如江河日下在世紀末時的世界排名早已落在170名外。然而，足球是當今舉世最熱門的球類也是最符合全球化的運動項目。當日、韓國共同主辦了2002年世界盃足球賽，把球熱加到沸點，當中國首度打入世界盃而國歡騰，台灣雖然也將2002年定為足年，但各界對足球的漠視，仍難以讓我們台灣足運的未來抱持多大的信心。

棒球的陽光與風雨

日治時期曾經顯赫一時的棒球風潮，戰初期卻只能靠著北合庫、南台電和三軍球（最後只剩陸光）等公家部門的球隊勉力撐。1968年紅葉小將擊敗來訪的日本和山少棒隊，雖然紅葉隊曾被檢舉有超齡球之嫌，但台灣棒球的新黃金歲月確實因此度光彩揭幕。在「少棒之父」謝國城的極催生下，次年起台灣少棒開始走向遠東區世界少棒冠軍之路，其後青少棒、青棒也一登上國際舞台。在1970年代初期，球、布袋戲蔚為最熱門、最扣人心絃的兩神奇寶貝。無獨有偶的，當時東瀛職棒上，讀賣巨人隊正處於V9連勝巔峰期，中的要角「世界全壘打王」王貞治正是擁華裔血統的超級能手。王貞治激越了台灣棒球視野和向心力，同時數十年來他對台棒球的關注，也使得台灣棒球和王貞治早

成共同體。

時序到了1980年代，由於「成棒之父」謝國城向上提昇的努力，台灣成棒得以在國際舞台和美、日、韓、古巴等強棒爭勝，博得世界業餘成棒五強的美名。然而，遇強則強、遇弱則弱的不穩定戰績，卻也顯示由三棒球榮光所栽培出來的這批好手，必須有安身立命的窩。於是在「職棒之父」洪騰勝摩頂放踵的奔走下，中華職棒聯盟於1989年10月23日成立，次年3月17日正式進入職棒紀元。職棒的成立喚回不少球迷美好歲月的記憶，連新生代也快樂融入職棒營造的夢幻氛圍。然而1996年8月以後爆發黑道勢力涉賭的醜聞，該年11月，「那魯灣台灣大聯盟」另立門戶，此後台灣職棒人氣下滑，陷入空前危機。所幸江山代有才人出，新的好手逐一在新世紀探頭，2001年世界盃終讓我們可以一吐悶氣。不過，此後台灣棒運也未必就能走向坦途，摸著石頭過河是較可能的模式。

田徑戰場，風雲多變

除了球類項目，田徑更是體育運動的主流。早在日治時期，就有「全島陸上競技選手權大會」（1920-1932）的大型運動會，熱絡了島內的運動風氣。

1946年開始，則誕生了台灣省運動會（省運），1974年改為台灣區運動會（區運）。從省運到區運，經歷了半個世紀，中央的「中正體育獎章」的獎勵辦法於1981年實施，與地方都投注鉅額款項，然而對於提昇選手成績的功能並不彰顯，主因有：各縣市的資金挖角、選手向錢看齊、重硬體的競建而忽視軟體（觀念、記錄）的跟進……等。終於在1999年改為兩年一度的全國運動會（全運）。至於政府主管體育的單位，由早期

的教育部國民體育委員會（1945-1973）、教育部體育司（1973-1998），直到1998年成立了行政院體育委員會，逐步接收中華體育運動總會的事項後，專責機構才算底定下來。但權與錢極其微薄，且政治考量重於專才延攬，遠景未必樂觀。而在對外的窗口方面，主要是「中華奧林匹克委員會」（Chinese Taipei Olympic Committee）。至於1949年之後，以中華民國國籍出任地位尊崇的國際奧委會委員者，先後為徐亨（任期1970-1987）、吳經國（任期1988-）兩位。

出外征戰，幾人勝歸？

國內運動會的整軍經武，為的就是要在國際舞台揚眉吐氣。然而我國八次參與亞運的成績，以1958年東京亞運最佳（第三名），1998年曼谷亞運的獎牌數最多（19金17銀41銅），卻只有第六名。話說運動殿堂的奧運賽，自從國共分立的1949年以後就波折不斷，台灣直到1956年的墨爾本奧運才再派員與會。其後，1976年因中國的阻撓而被排除在外；1980年，又追隨美國抵制莫斯科奧運，所以其間兩屆奧運未能與會。1981年，台灣被迫以「中華台北奧林匹克委員會」的名義再出發，此後所有的國際正式體育競技，都必須以「中華台北」的名義才能參加，如此的「奧會模式」其後更延伸到其他參與國際事務的領域，我們除了苦笑別無它法。

更可歎的是，迄今台灣的奧運金牌獎數仍掛零。截至2000年雪梨奧運為止，只獲得10面獎牌（4銀6銅）：楊傳廣十項運動銀牌（1960）、紀政80公尺低欄銅牌（1968）、蔡溫義舉重羽量級銅牌（1984）、成棒代表隊銀牌（1992）、陳靜桌球女子單打銀牌（1996）、黎鋒英女子舉重53公斤級銀牌（2000）、郭羿

含女子舉重75公斤級銅牌（2000）、紀淑如跆拳道49公斤以下銅牌（2000）、黃志雄舉重58公斤以下銅牌（2000）、陳靜桌球女子單打銅牌（2000）。總之，由於「志在參加，不在得獎」的阿Q精神瀰漫不散，使得田徑、游泳等項目每況愈下，成為國人心中的最痛。

培植體育，發揮國力

檢視從日治時代迄今各單項運動的發展，我們會發現原住民在運動場上的表現遠比平地漢人來得優越。像羅道厚、陳耕元、拓弘山、郭光也、羅保農、東公文（藍德明）、葉天送、胡武漢、余宏開、郭源治、陽介仁、陳義信、王光輝、黃忠義、陳致遠（以上為棒球員）；鄭志龍、朱志清、黃春雄、錢薇娟（以上為籃球員）；楊傳廣、吳阿民、古金水（以上為田徑選手）等皆有原住民血統。若謂「無湘不成軍」，那麼台灣若少了原住民的賣力演出，體育成績可能更不堪聞問，特別是原住民運動員和台灣棒球的興衰，更是休戚與共。2002年，美國CNN來台製作棒球專題，就以原住民為主角。因此，台灣體壇要想有大作為，除了政府得真正重視體育、重訂重點項目之外，就是集中心力發掘、栽培原住民的體育人才。

1970年代初期，中國以「乒乓外交」打入國際社會，如今更已爭得2008年奧會主辦權，毋庸置疑，體育發揮了他們彰顯國力的作用。反觀台灣，從那時起就一直處於國際逆境，還是靠著「棒球外交」才爭得一點呼吸空間。因此與其花大錢「買」外交、挖空心思企圖重返聯合國，實不如把心力放在體育競技上。因為唯有體育才能發揮「一點突破，全面跟進」的實質外交功能。

棒球遠征軍
日治時期棒球種籽的萌芽與成長

台灣棒球發燒人盡皆知。不過有不少人以為台灣棒運興起於距今30多年前的紅葉少棒，這當然是一個嚴重的誤會。其實早在日治初期，日本殖民統治者就把棒球（日文為「野球」）引進到台灣這塊殖民地，但最初只在日本人之間流傳，直到1925年由東部原住民組成的「能高野球團」（前身為高砂野球團）遠征東瀛，並打出好成績後，台灣人才開始展露精湛的球技。

足為後代台灣人驕傲的是，1931年在近藤兵太郎的嚴格訓練下，嘉義農林學校棒球隊（以下簡稱「嘉農隊」）遠征日本甲子園，並一舉拿到亞軍。此後嘉農又在1933、35、36年進軍甲子園，儘管成績不如1931年那麼耀眼，但「天下的嘉農」早已轟動東瀛：出身嘉農的好手像吳波（後改名吳昌征）、吳新亨、今久留主淳、今久留主功（日本人）日後也都在日本職棒界一展身手。其中有「人間機關車」美譽的吳昌征，在1995年被選入日本野球殿堂（棒球名人堂），這不僅是嘉農之光，也是台灣人棒球實力獲得日本人肯定的具體實例。（晏山農）

①台東地區原住民學校曾用上學就可以穿野球裝打球來提昇就學率，圖為山區球場，1933.（莊永明提供）

由上至下③南部中等學校棒球賽紀念章，19
④全島中等學校棒球選拔賽紀念章，1936.⑤三屆台中州棒球賽紀念章，1934.（均為林漢章提供）

②日治時期各地常有棒球賽，規模不一，圖為埔里地區學校與埔里專賣局隊在埔里北公學校舉行棒球比賽紀念照。（莊正夫提供）

⑥台南第一中學校（今台南二中）和鹽糖團（鹽水港製糖會社）比賽情景，1917.

⑦棒球熱從日本一路燒來台灣，圖為名醫韓石泉留日時的揮棒情景，1930.

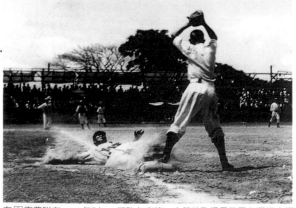
左⑧嘉農隊在1933年以9：1打敗台南第一中學校取得甲子園台灣代表權，圖為嘉農隊封殺鏡頭，台北圓山球場。（蔡武璋提供）下南族的游擊手陣耕元，二戰後他返鄉工作，和其他在地嘉農校友訓練出首開戰後少棒光輝史的紅葉少棒隊，1931.（陳建年提供）中⑨嘉農隊包含原住民、漢人、日本人，人稱「三族共和」，左一為來自台東卑右⑩投手吳明捷（左）和捕手藍德和（右）是1931年嘉農隊的主將。（蔡武璋提供）

1931年甲子園台灣區預賽現場,嘉農隊擊敗台北商業學校,首度取得台灣區代表權,台北圓山球場。(陳建年提供)

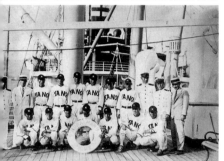

日治時期也有現場轉播!圖為1931年甲子園預賽盛大舉行時,看台上正在報導球賽的朝日新聞社記者。(蔡武璋提供)

生平第一次坐大船看海,就是從基隆搭乘高千穗丸遠征日本甲子園,是嘉農隊員永難忘懷的記憶,1931。(蔡武璋提供)

⑭嘉農隊在甲子園入場時,現場五萬多球迷報以熱烈掌聲,歡迎這支台灣勁旅,1931。(蔡武璋提供)

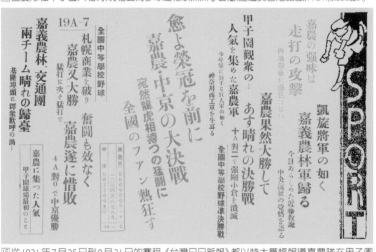

⑮從1931年7月25日到8月31日的賽程,《台灣日日新報》都以特大篇幅報導嘉農隊在甲子園一路過關斬將的風光,和最後未能奪回冠軍旗的遺憾。(遠流資料室)

【嘉義街頭的榮光】

嘉義農林棒球隊是台灣棒運的第一支明星球隊,曾經四次取得甲子園台灣區代表權;1931年第一次出賽就得到亞軍,鼓舞了台灣人球隊的信心。圖為隊員在嘉義街頭遊行,接受民眾熱情的致意。(蔡武璋提供)

壘上風雲 戰後的棒球與壘球

戰後台灣，晶鑽般的棒球鋒芒竟致蟄伏黯然，爾後歷經20多年的潛流慢行。1968年，來自東台灣的紅葉原住民小將力克日本關西和歌山少棒隊，台灣人心因之起飛添色。往後歲月裡，金龍、巨人、北市、立德、朴子等少棒隊伍紛紛在美國威廉波特揚威，確立了台灣少棒王國的地位。然後南美和、北華興、東榮工的青少棒、青棒對抗，也一路由國內燒到美國。觀看電視機上的越洋棒球比賽，早已成為那一代台灣人永誌難忘的集體記憶。三冠王之名不但讓台灣的棒球實力獲得肯定，而且在台灣的國際地位風雨飄搖的時

刻，「二好三壞、再見全壘打」也成為國民政府宣揚「莊敬自強，處變不驚」的最佳範例。

進入1980年代，台灣再度投入國際成棒行列，由於投打好手眾多，台灣成棒打出「世界五強」的盛名。憑藉著實力和狂熱球迷的支持，台灣終於在1989年底成立職棒，並成為1992年巴塞隆納奧運獲得成棒銀牌最有力的支柱。雖然職棒十餘年來歷盡榮盛興衰，其中存在著諸多問題，但台灣人熱愛棒球的赤忱終獲回報——2001年世界盃在台舉辦，國家代表隊並榮獲季軍，證明了棒球仍在新世紀繼續發光發亮。（晏山農）

① 石頭當棒球，木棒作球棒，捕手空手接來球，這個紅葉少棒的「傳奇」畫面，據傳是後來刻意營造出來的「克難照」

③ 1968年，台東紅葉隊擊敗嘉義垂楊隊與訪台的日本和歌山隊而聲名大噪，圖為紅葉隊封殺鏡頭，馮國鏘攝。（中央社提供）

歸譽載日自隊球棒年少虎七

② 嘉義七虎少棒隊擊敗日本隊取得遠東區代表權，取自《台北畫刊》，1970.

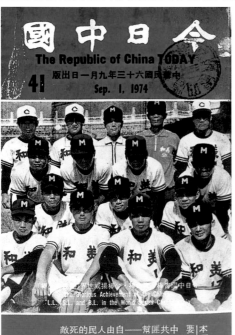

④ 1974年，屏東美和青少棒青棒摘下世界冠軍，立德少棒隊也獲冠軍，是第一個三冠王，取自《今日中國》（遠流資料室）

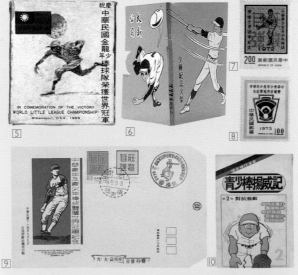

⑤ 1969年，金龍少棒隊為台灣拿下第一座美國威廉波特棒球賽的冠軍獎盃，台北國際觀光飯店特別製作紀念火柴盒，訴說著數不盡的棒球風光。（陳芳怜提供）⑥ 小小的火柴盒⑦⑧ 第一、第二個雙冠王紀念郵票，1972-73.（鄭麗榕提供）⑨ 第三個雙冠王紀念郵封，1975.（莊永明提供）⑩ 一套18本的日本漫畫《青少棒揚威記》，鋪陳日本中學球隊爭奪冠軍的緊張情節，不知陪伴多少台灣球迷走過童年歲月，1977.（遠流資料室）

棒球瘋狂，壘球也沾光！

台灣棒球了得，對於壘球的普及與實力自然有幫助。1982年，台灣獲得第五屆世界女子壘球錦標賽的主辦權，雖然因為是否應允中國大陸派隊參加，國內外擾嚷不已，最後由於中國的缺席，兩岸的體育交流又遲緩了數年；但以北市商為班底的台灣代表隊力奪亞軍，總算不負國人所託。只是近年來中國隊實力大增，反而台灣隊仍在原地踏步，並無傑出表現。

⑪ 第5屆世女壘賽紀念郵封，1982.（莊永明提供）

⑬第一個三冠王紀念圖案。(莊永明提供)

↑【三冠王萬歲！】從1969年金龍少棒稱霸世界少棒聯盟開始，台灣全民齊心祝禱三冠王美夢成真。半夜一、兩點的電視越洋轉播，讓多少人興奮不能成眠！一旦奪標歸來，威風凜凜的總統府大門，也暫時讓位給這些「民族的小救星，國家的新希望」，大家齊呼三冠王萬歲！ (1977，馮國鏘攝，中央社提供)

民眾在北市中華路前擠著攀著掛著爭睹榮歸國門的球員風采，1969，陳永魁攝。(中央社提供)

1992年的巴塞隆納奧運首度將棒球列入正式項目，中華隊獲銀牌，圖為中華隊與古巴隊的亞軍爭霸戰，江泰權盜向二壘，古巴游擊手躍身接球，觸殺不及，江泰權盜壘成功，何淑娟攝。

⑮職棒元年由全壘打王王貞治開球的場面，1990，林明源攝。

⑯由上至下為職棒元年各隊吉祥動物：獅龍虎象。(張明義收藏)

1990年3月17日，台灣職棒紀元開始。元年龍、象、獅、虎四隊的篳路藍縷，隨著職棒賽事的精采可期和球迷人口的大幅成長，職棒隊伍一度增至七隊。然而1996年卻先後爆發職棒簽賭醜聞，以及那魯灣台灣大聯盟的另立門戶，職棒盛況如江河狂瀉，中華職棒先後走了鷹、虎、龍三隊，如今各方尚在苦撐，兩聯盟的合作或合併成為眾人所期，也是職棒擺脫困局的必要路徑。

動手動腳好風光 足球橄欖球與籃球

若說棒球是我們的國球，相信沒人會反對；但論起運動參與人口與普及率，那就非籃球莫屬。戰後國民政府來台，舉國家機器和外省企業之力，並以軍公教的龐大人口為基底，大力發展籃球，蔚為唯一的主流運動。從三軍球場、公賣局球場、國際學舍球場到中華體育館，都是老球迷心中的籃球聖地。從七虎、大鵬到飛駝、裕隆、六福村、宏國等男籃，以及國泰、亞東、南亞、華航等女籃的添翼助陣，再加上1977年威廉瓊斯盃的展開，更讓台灣籃運臻於巔峰。

然因中國籃球的崛起，以及各國的不斷挹注心力，台灣籃球難有施展空間。雖然中華職籃於1994年開打，卻因策略失當與球團的短視近利，而在2000年結束。事實上，台灣人的體形也很難在歐美長人林下討生活，所以籃球做為普及運動，可；但企圖在國際籃壇上出頭，就可能是南柯一夢了。

除了棒球，橄欖球在台灣也有悠久的歷史傳承。「台灣橄欖球之父」陳清忠於1923年創立淡水中學橄欖球隊，1926年前後，台北一中（今建中）也成立橄欖球隊，兩隊的年度交鋒數十年來蔚為美談，建中黑衫軍甚至創下台灣區橄欖球賽19連霸的光采記錄。淡中、建中的「百年名校橄欖球對抗賽」，猶如日本的早、慶野球對壘，和英國劍橋、牛津的划船賽，勢必留名。

足球也在日治時代風行一時，戰後在旅居香港的球王李惠堂帶領下屢獲佳績，可惜後繼乏力。目前台灣足球的世界排名已在170名外，只有銘傳的木蘭女足隊表現尚可。當全球化呼聲響徹雲霄之際，漠視舉世盛行的足球，將是我們的損失。（晏山農）

③淡水中學足球隊據傳是台灣第一支足球隊，1916.（蘇文魁提供）

在④日治時期足球風氣頗為風行，常舉辦全台中學足球賽，圖為1934年台北二中參賽畫面。（意圖工作室提供）

右⑥在沒有電視轉播的年代，要看緊張刺激的世界盃足球賽得到電影院去。取自《中央日報》，1970.（遠流資料室）

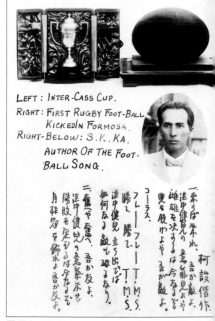
⑦陳清忠在1923年組織淡水橄欖球隊，帶動台灣的橄欖球運動風氣，後人稱其為「台灣橄欖球之父」，此外，他還調教出1950年代名聞遐邇的純德女中籃球隊。（莊永明提供）

⑧日治時期淡水中學的橄欖球風氣極為盛行，學生是球員便是啦啦隊員，圖為馬偕外孫柯設偕所做的「淡中健兒站起來」啦啦隊歌。（莊永明提供）

①淡水中學橄欖球隊員在台北博物館大門前留影，1920-30年代.（莊永明提供）

②日治時期的淡中橄欖球隊號稱「打遍台灣無敵手」，圖為校內競賽（同①）

⑨橄欖球在日治時期被視為具有「紳士意識」，進入國府時代卻被認為太殘忍而不列入賽項目，經橄欖球界人士力爭才恢復比賽，風氣再起後，渾身是泥的橄欖球員成為勇士的表徵，圖為鏖戰後的大專盃球員，1985，梁正居攝。

揚國黃 世界籃球最佳球員
中賽盃

⑫在東京舉行的第三屆亞運中華籃球隊大敗菲律賓之役的畫面,取自《今日世界》,1958.(李火龍提供)
⑬世籃賽紀念旗,1959.(莊永明提供)
⑭中華籃球隊在1959年於智利舉行的世界盃籃球賽中勇奪第四名,圖為當年最佳球員黃國揚搶球畫面.(來源同⑫)

籃球在日治時期稱為籠球,圖為台北新公園球場跳球的場面.(岩奇正夫收藏.胡文雄提供)

克難隊是1950年代台灣籃壇的代名詞,集結了七虎,大鵬,警光,鐵路,海軍等隊菁英,1955年克難隊代表中華民國遠征韓國,七戰七勝,所向披靡,圖中16號球員為最佳中鋒霍劍平.(霍劍平提供)

⑮純德女籃是1950-60年代台灣女籃之后,圖為1961年在台北國際學舍體育館舉行的中菲港女籃賽中,純德隊與菲律賓隊激戰畫面.(同⑫)

中華體育館

在中華體育館「活著」的25年間(1963-88),亞洲盃、瓊斯盃籃賽在這裡開打(不論打球還是打架),Bee Gees、鄧麗君、羅大佑、楊麗花在這裡演出,國慶晚會和金馬獎典禮也在這裡舉辦。只可惜,這麼一座大館,後來卻毀在一支沖天炮的星火之中!

⑯中華體育館為第二屆亞洲盃籃球賽而建,圖為啟用紀念郵封,1963.(莊永明提供)

【長人報到!】瓊斯盃最風光的年代,買一張票,很容易看到好多長人飛身灌籃,很容易看到後來叱吒NBA的郵差馬龍、艾歐坎普、上帝的左手穆林、鳳凰城快手凱文強森。可是,要買到一張瓊斯盃的球票,還真不很容易!(1980年代前後瓊斯盃開幕式,中時資料片)

追趕跑跳碰
相撲/摔角/賽馬
其他球類

網球的興盛與否常意味著該國是否已步入現代化之林。台灣人雖因體形、軟硬體設施不足，很難和歐美好手並駕齊驅，但網球風氣頗盛。大約1907年後，日本人引進改良後的軟式網球，此後十餘年的大力倡導，軟網很快遍及全台。其中像柳金木，曾榮獲全台單打四次、雙打五次冠軍。如今不少中小學教員依舊鍾情於軟網，扎根工作相當厚實。

儘管高爾夫被認為是貴族運動，但早年為台灣爭光的高爾夫好手多為桿弟出身，可謂另一椿台灣奇蹟。早在1919年淡水高爾夫球場就正式啟用，而後在名教練陳金獅的帶領下，培育出陳清波、謝永郁、呂良煥、謝敏男、郭吉雄、許溪山、何明忠、許勝三、陳志忠、涂阿玉、吳明月、黃玥琴等好手。1970-80年代是台灣高爾夫揚名國際的黃金期，因此撇開環保、官商互通等棘手問題，高爾夫可說是有功於台灣體壇。

較棒球、網球、高爾夫稍晚些，排球是在1922年左右渡海來台。日本當局對排球的推廣不遺餘力，從1929-1942年間共舉辦14屆的「全台灣排球選手權大會」。戰後雖然國際戰力不足，但近年來球員體格的提昇及戰術的更新已稍見成效，排球有機會躋身重點球類。

桌球近年引進陳靜等中國大陸好手，除可增添獎牌數，對於扎根亦見成效。至於羽球，1960年成立的南京羽球隊對於台灣羽球的推展貢獻頗大，羽球成為全民普及的運動是可以期待的。（晏山農）

①【相撲在台灣】 相撲是日本國技，早在1897年就已引進台灣，各地學校、街庄壯丁團都有相撲訓練和競活動。對於較勁比力的相撲，台灣人的表現頗優，是台灣人最早進軍日本職業運動界的項目。曾有一位原住相撲力士在日本晉升到「幕內」(一級力士)，是台灣相撲選手在日本競賽的最高階。(1942,嘉義,吳子文提供)

① 日治時期曾有賽馬活動，後因戰爭而終止，1930年代末，北投馬場。(簡義雄提供)

④ 日治時期至今，校園裡都有柔道活動，1950年代，傅良圃攝。(常民文化學會提供)

觀大場馬競北臺

② 日治時代的台北市有馬場町，北投(上圖,今復興崗)二座馬場。(簡義雄提供)

⑤ 日治時期中學校網球賽紀念章。(林漢章提供)

⑥ 由宜蘭農校,嘉中等校組成的台灣隊,勇奪日本國民體育大會中學網球組冠軍,1939.(范姜廷運收藏,胡文雄提供)

③ 在日本軍事教育下,青年學生也熱衷馬術運動,1930年代,淡水。(莊永明提供)

⑦ 軟網在日治時期極為風行,圖為受好網球人士組隊參加在專賣局埔里分張所(今埔里酒廠)舉行的網球賽賽後紀念照,1939-41.(莊正夫提供)

1919年開始啓用的淡水球埔是台灣第一座高爾夫球場.(莊永明提供)

台灣高爾夫名將多是桿弟出身,圖約1930年代,淡水高爾夫球場.(遠流資料室)

台灣第一場女排賽:台北第一高女(前方)對台中高女,1927,台北.(胡文雄提供)

⑪二戰末期,淡水高爾夫球場因被劃為軍事要塞而受損,戰後由美軍顧問團修護並代管,圖為球師陳金獅,陳清波和當時還只是小桿弟,日後成為國際高爾夫名將的呂良煥,許溪山,謝永郁,張春發等人的合照,1951.(蘇文魁提供)

⑫第四屆省運排球賽在總統府前的介壽公園球場舉行,圍觀民眾踴躍,1949.(胡文雄提供)

⑬保齡球曾在1960-70年代大放光芒,圖為台北圓山保齡球館球賽現場,1966.(新生報資料片.國史館提供)

運動+娛樂

撞球、保齡球是運動與娛樂兼具的雙棲運動。不過撞球店在戰後曾被視為特種行業,是不良少年出入的場所。近十年來透過電子媒體轉播,趙豐邦、陳純甄等好手打出國際品牌,撞球污名才逐漸滌淨。保齡球則是駐台美軍引進的室內運動,「保齡球」一詞是台灣第一位漫畫家陳炳煌所譯。台灣第一座民間保齡球館建於1960年代,即台北市南京西路、北淡線鐵路旁的榮星保齡球館(現為百貨公司)。

⑭南投信義鄉鄉運上布農族人的排球賽,1990,梁正居攝.

終點線上
百年運動會瀏覽

　　大型運動會是現代國家的擬宗教祝祭儀式，因此對於明治維新以後的日本來說，不論是在本土還是海外殖民地，年度的大型運動會必然慎重熱烈。由台灣體育協會主辦的「全島陸上競技選手權大會」從1920年到1932年共舉辦13屆，而在日本本土，從1924年也開始於明治神宮舉辦國民體育大會，到1943年為止共舉辦14屆，參加區域除日本各地，還包括台灣、朝鮮、樺太（庫頁島）等地，其後因太平洋戰爭的擴大遂致停辦。此外，還有1940年在東京舉辦的東亞競技大會。

　　戰後，國民政府於1946年創設台灣省運動會，由各縣市爭取主辦。1968年起，因台北市已升格為直轄市，省、市運分家，直到1974年，台澎金馬再度匯於一爐，改制為台灣區運動會。但因年年舉辦猶似大拜拜，對於提昇運動實力幫助有限，於是1999年起，以亞、奧運模式為主的全國運動會遂應運而生。而除了省、區、全運之外，大專運動會、全國中等學校運動會也是體育界的年度盛事。

　　綜觀國內賽事之變革，其目標無非是希望在東亞運、亞運、奧運上可以揚眉吐氣。然而在國際賽事上，台灣的運動成績始終差強人意，除了楊傳廣、紀政、蔡溫義、陳靜、成棒等先後獲得奧運獎牌，其餘項目至多只有亞洲水準，始終無法探頭。現今台灣的政治、經濟已有相當條件，可讓世人刮目相看，但如果體育成績無法齊頭並進，整體國力很難有所提昇。（晏山農）

①1924年，日本政府在由東京青山練兵廠改建的競技場舉行全國運動會，即第1屆明治神宮體育大會，圖為壯觀的開幕式，前排右起第六為台灣隊。(胡文雄提供)

④北市三線道路接力賽於1911年開辦，賽程是從西門，小南門，東門，北門再到西門，每隊五名選手。圖為1921年抵達終點的北星A隊高何土選手。(胡文雄提供)

②日治時代到日本參加國民體育大會是許多台灣選手的畢生榮耀，圖為入選跳遠及百米競賽台灣代表隊的清水人士趙培乾，身穿選手號碼衣的紀念照，1939。右上③國民體育大會秩序冊，1939。(②③趙培乾提供)⑤台中市中學運動會紀念章⑥中學校泳賽紀念章，1936。(⑤⑥林漢章提供)

⑤　　　　⑥

⑧1955年的省運冒出了許多戰後第二代運動好手，圖為三泳將，鄧南光攝。

⬇【等待第一名】1946年第一屆省運在台大運動場舉行，共有各縣市隊、行政長官公署隊、國防隊、鐵路隊等26隊參加，並由來台視察的蔣中正主席主持開幕式。圖為在蔣中正肖像與訓辭看板前，民眾等待賽跑選手衝抵終點的情景。（鄧南光攝）

⑦陳誠省主席身著軍裝主持省運開幕式的場面，1949，總統府前，鄧南光攝。

第19屆省運適逢奧運年,楊傳廣特別回國參加開幕式,並示範表演,圖為男子選手跨欄的情景,1964,台中,羅超群攝。(羅廣仁提供)

歷來運動會都少不了鳴砲,放和平鴿,傳聖火等儀式,圖為第3屆北市運聖火傳遞的畫面,取自《台北畫刊》,1969。(遠流資料室)

體壇健將多出自能跑善跳的原住民,圖為原住民聚居的尖石鄉內小學選拔跳遠選手參加新竹縣運的情景,1977,梁正居攝.

上 12 第15屆省運便覽,1960。(鄭世璠提供)
右 13 以跳遠為圖案的第17屆省運紀念郵封,1962。(莊永明提供)

14 中上學校運動會是高中,大專運動好手的舞台,圖為1966年與會的嘉農田徑選手蔡武璋,現致力於嘉農棒運史料的整理。(蔡武璋提供)

15 縣運是選手初露頭角之地,圖為曾以6公尺32破新竹縣運跳遠記錄的選手許明薰,他後來擔任紀政的初中體育教練。(許明薰提供)

16 民間自辦的運動會,也是運動會的一種類型,圖為台塑集團運動會上負責人王永慶(左二)帶頭跑5000公尺長跑,1992,潘小俠攝.

區運小紀事

　　1974年,舉辦了28年的省運改為區運,首屆區運在高雄市揭幕,到1998年走入歷史,次年起改為兩年一次的全國運動會。

　　區運的特色是田徑場改為美觀的人工跑道(如速維龍、PU),聖火點燃方式充滿鄉土風情。但舉辦區運的花費、選手數額、獎金都流於浮濫,且對於提昇成績效益有限,因此興革改制確屬必要。

左起 17 18 上 19 1990年代各縣市籌辦區運時,常設計吉祥物來凸顯大會風格。(莊永明提供)

體壇之星
傑出運動員紀事

　　如果說歐美、日韓、中國的體育明星多如天上繁星，那麼台灣可以傲人的體育健將就如晦暗孤月；不過也因為數量有限，回憶起來更加餘味無窮。

　　日治時代體壇最足稱道的熠熠紅星首推進軍甲子園的嘉農棒球好手，如吳明捷、蘇正生、吳波（吳昌征）、吳新亨等人。還有橄欖球好手柯子彰，他在1931年當選日本國家代表隊隊長並遠征加拿大。另外，1932及1936年連續兩屆代表日本參加奧運田徑賽的張星賢，也不容青史成灰。

　　戰後，台灣體壇的首號人物當然是「亞洲鐵人」楊傳廣。他是台灣參加亞運首位金牌（十項運動）得主，1958年破亞運記錄，1960年羅馬奧運獲十項運動銀牌，是首位獲奧運獎牌的台灣選手。而後是「飛躍的羚羊」紀政，1966年獲亞運跳遠金牌，1968年獲墨西哥奧運80公尺女子低欄銅牌，迄今她在100、400公尺和跨欄項目依舊是台灣地區記錄保持人。眾所矚目的成棒在1980年代起飛，二郭一莊（郭源治、郭泰源、莊勝雄）、呂明賜先後揚威東瀛，如今陳金鋒、張誌家也是英雄出少年，未來前途不可限量。籃球方面從洪濬哲到鄭志龍均引領一時風騷，田徑場上李福恩、古金水、王惠珍也享盛名。高爾夫球場，謝永郁、呂良煥、謝敏男、郭吉雄、許勝三曾被譽為「亞洲球王」。舉重好手蔡溫義則是另一奧運銅牌得主，黎鋒英、郭羿含也接踵其後，至於女網王思婷、跆拳陳怡安的表現也都讓人驚豔。（晏山農）

[1]嘉農棒球隊當家投手吳明捷曾創下台灣第一個「完投」紀錄，圖為打者被吳明捷三振出局的畫面，1931，台北圓山球場。（蔡武璋提供）

左[3]吳明捷有金臂猿之稱，投球的姿勢呈T字型，1931。右[4]嘉農隊中堅手蘇正生，曾以驚人的外野直傳本壘封殺跑者，轟動1931年的甲子園之役。（[3][4]蔡武璋提供）

[2]嘉農隊左打手吳昌征(右二)1934年首次進軍甲子園，後來進入日本職棒界，是台灣第一個進入日本職棒名人堂的球員。（蔡武璋提供）

[5]「全壘打王」王貞治曾是許多台灣棒球少年的偶像，而他長期關懷台灣棒運，也對戰後台灣棒運發展有所助益，圖為他擊出破世界記錄的第756支全壘打的歷史鏡頭。

[6]「東方快車」郭泰源的投球速高達時速156公里，圖為他代表中華成棒隊參賽亞洲盃時的投球畫面，1983。

[7]第1屆瓊斯盃籃賽的頭號射手洪濬哲，1977。

[8]女網名將王思婷曾晉級法、美公開賽青少女組單打前四名，圖為王思婷擊球畫面，1990，北京亞運，黃華生攝

[9]涂阿玉是國際女子高爾夫「賞金王」，1997，陳鏡人攝。

[10]陳靜是來自中國，入籍台灣的桌球好手，圖為她在1996年亞特大奧運贏得桌球女子單打銀牌時的比賽畫面，黃華生攝。

[11]奧運百週年紀念郵票，1996。（陳耀明提供）

中華台北在奧運

　　1949年以後，「兩個中國」的問題也在國際體壇發酵。1979年，國際奧會承認北京的中國奧會代表中國，我國奧會會籍被排除。其後在我國籍奧會委員徐亨提起國際訴訟並力爭之下，台灣終於在1981年以「中華台北奧林匹克委員會」名義參加國際比賽，成為日後參與國際盛會的模式。

陸上競技我代表
男子廿六名、女子九名
昨夜銓衡委員會で決定
臺中商業出の張星賢君も選ばる

晴れのオリムピツクへ！

②日治時期臺灣唯一參加過奧運的運動員是三級跳選手張星賢(左),圖為他參加1932年洛杉磯奧運的報導,取自《臺灣日日新報》。(遠流資料室)

⑯「亞洲鐵人」楊傳廣在羅馬奧運贏得十項全能銀牌時的腹滾式跳高畫面,1960,陳少華攝。(中央社提供)

楊傳廣(左一)與紀政等到金門勞軍時的盛大場面,1969。⑭1957年剛出道的紀政代表新竹縣參加區運時,跳高項目破大會記錄,從此比賽時穿的選手服成了她的「幸運衣」,圖為紀政身穿幸運衣在美國比賽,1970。⑮紀政(右二)獲墨西哥奧運80公尺低欄銅牌時的比賽畫面,1968。(⑮紀政提供)

⑰紀政參加東京奧運時的練習畫面,其奔馳之姿有如「飛躍的羚羊」,1964,汪清澄攝。(中央社提供)

李福恩是台灣區男子十項紀錄保持人,圖為他參加1990年區運110公尺欄比賽時的跨欄動作,陳鏡人攝。

王惠珍是1990年代的傑出女子田徑選手,有「紀政接班人」之稱,圖為她第12屆亞運的比賽畫面,後獲得女子200公尺短跑金牌,1994,林明源攝。

⑳蔡溫義是1984年洛杉磯奧運舉重輕量級銅牌得主,圖為他參加1986年台灣區運時的抓舉畫面,陳鏡人攝。

㉑陳怡安在1988年漢城奧運和1992年巴塞隆納奧運(上圖)均獲得跆拳道示範賽金牌,黃華生攝。

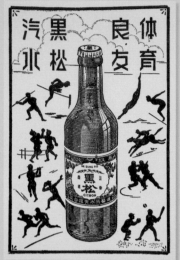

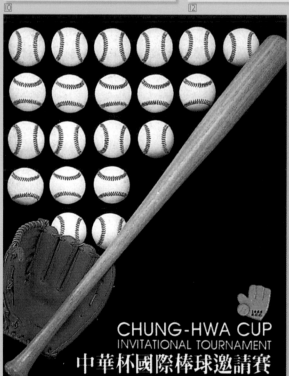

啦啦隊俱樂部──海報獎盃秩序冊，票根郵票簽名球

【圖片說明】①慶祝天長節(天皇誕生紀念)運動會的商店廣告,1919.(遠流資料室)②東亞競技大會海報,1940.(膠漢水收藏,胡又雄提供)③④⑥⑦各屆省運秩序冊,1946.③④⑦胡又雄提供⑧區運護照,1995.(莊永明提供)從運動用品到黑松汽水,「中國強」球鞋,運動周邊商品也風光一時,圖⑨1937年,圖⑩⑫⑭1950-60年代廣告.⑨⑫⑭遠流資料室⑩莊永明提供⑪還沒有電視轉播賽的年代,看奧運得到電影院去(圖⑪)世運(奧運)影片廣告,1957.(遠流資料室)從第一位進入日本職棒名人堂的吳波簽名球(圖⑮),到蘇正生(圖⑬),郭源治(圖⑬)簽名球,從愛國獎券(圖⑳),到國際邀請賽海報(圖⑬)台日棒球友好旗(圖⑬),職棒球票(圖⑳),金手套紀念票(圖⑳),都是台灣棒球光榮歲月的見證.⑮⑯蔡武璋提供⑰莊永明提供⑱鄭林鐘提供⑲棒協提供⑳張義義提供⑳中華職棒提供 從亞洲盃(圖⑳),瓊斯盃(圖⑳⑳),到城市盃(圖⑳)籃球也風光多年⑳⑳李廣淮提供⑳莊永明提供⑳黃慶峰提供 其他球類、田徑和林間運動也在台灣各領一時風騷⑳⑳遠流資料室⑳莊永明提供⑳張六正提供⑳張芳偉提供⑳棒協攝

【盜壘】棒球比賽中，壘上□者趁對方防守者不備，快□前進到下一個壘包的進壘□式。盜壘成功必須快腿、□反應靈敏、精算對方投捕□投球時間與動作，常用□形容以迅雷不及掩耳的□式達成目標。

【蓋火鍋】籃球比賽中，當進攻的一方要投籃時，防守員設法在空中將球打掉的動作。要完成蓋火鍋，必須身高體長、腿力和腰力彈性十足，美國NBA常演出蓋火鍋絕技。現引申為擾人美夢，是半路殺出程咬金的行徑。

【一桿進洞】高爾夫球比賽一般以18洞為基準，選手按擊球順序逐一完成揮桿進洞動作，擊球總數最少者為優勝者。因高爾夫球場空曠無比，要一桿進洞除了實力和經驗也靠運氣，因此幸運達成目標就用一桿進洞形容。

【馬拉松】源於古希臘的奧運競賽，是距離最長（42.195公里）、最考驗耐力的項目。起步領先者未必最先抵達終點，要到最後才見真章，因此政治選舉、愛情角逐、企業競爭、升學考試都可用馬拉松精神來鼓勵參與者。

【凸槌】撞球比賽是以手持球桿，計算好力學角度和力量大小，然後敲擊母球去碰撞子球的室內運動。凸槌指擊球角度偏差，未能順利推進母球，且發出怪異擦撞聲，是最糗的撞球動作，常用來取笑失誤的言行。

土地家園

　　台灣，福爾摩沙，美麗之島；曾經遍野梅花鹿跳躍，滿山林木飄香，溪流魚群悠游，村野鳥類飛翔，而今安在？

　　日治時期殖民政府進行開發與整治，同時也剝削了這海島的自然資源。國府來台，建設台灣為反共復國的基地，創造出舉世傲人的經濟奇蹟。而所謂的「台灣錢淹腳目」卻是把河川變黑變臭，把田地變成產出鎘米的死亡土地。

　　台灣是我們可以安居的所在嗎？颱風暴雨年年來犯，旱災水災齊作，還有那不知道何時會發生的地震。當能源消耗殆盡、生態破壞慘重，寶島變成「垃圾島」，未來我們希望生活在一個什麼樣的環境裡？我們能否為未來子孫留下一片淨土？

底圖：遠望蘭陽平原，夕暉猶染天交界之際，田野平疇綠意豐美，人家燈火星星點點，這是詩意靜謐的家園，更是需要我們珍惜呵護的淨土。(1990,徐仁修攝)
右頁小圖：如何維持人和大自然的和諧共生關係，是現代文明發展的一大課題。圖為日治時期公學校的自然教學情景。(1930年代.意圖工作室提供,相關主題見p140-141)

土地‧生態‧人

劉克襄 自由作家

冒著濃煙的大煙囪、攔溪而建的水庫、使用核能的電廠，
在過去都是國家發展的象徵，
現在卻成爲污染或是危險的訊號。
懷疑是反省的開始，
此刻我們必須重估一切「開發」的價值，
注重環境保育的生態意識，才有永續的可能。

千年巨檜倒下了

1900年，日本殖民政府發現阿里山原始檜木林；1911年12月，沿著剛築好的阿里山森林鐵路，一輛載運著赭紅色千年巨大檜木的蒸氣火車，緩緩駛抵嘉義北門車站。砍伐台灣高山森林的時代，就此正式登場。

此後，阿里山、八仙山和太平山三大林場陸續成立；緊接著，還有林田山、木瓜山等林場。1949年國民政府遷台後，林木砍伐的範圍更擴及全台，造成現今台灣中海拔以下的區域幾無原始森林存在。

同一時期，低海拔森林的開墾並未停止。19世紀以來的樟樹砍伐，更因山區原住民被日本人征服，砍伐的面積大大擴增。1920年代時，台灣的樟腦產量高居世界第一，可見樟樹的砍伐有多麼劇烈，其他闊葉樹種的森林亦遭到大面積的濫伐。

日本人對台灣山地林木的砍伐，完全是建基在20世紀初全台的土地調查和林野調查事業之上。這是近代國家統治的基礎工作。相對的，也在這樣的基礎上，展開了大規模的開發，以及對於生態環境的破壞。

築水圳與農田改良

除了山林的開發，低海拔農耕地的拓墾也更加全面。

1925年時，穿越桃園台地的桃園大圳建設完成，截取大料崁溪（今大漢溪）的溪水，灌溉了桃園地區的農田。這條大圳的出現，讓更多的水塘和農田，出現在這片原本乾燥的台地上，也改變了當地客家族群的農作生產型態。

1930年，工程更爲浩大的嘉南大圳竣工，造就了富庶的嘉南平原。嘉南大圳利用濁水溪和曾文溪的河水，廣泛地拓展了稻田面積。另一方面，在官方努力的宣導下，農民也改良了農耕方法，開始利用農藥驅逐病蟲害，並且施灑肥料，讓台灣稻米、甘蔗和雜作的產量倍增。15萬甲的平野幾乎全部拓墾爲農地，雲林以南的莽莽荒野幾乎消失殆盡。至此，在日本的民間資本投入，以及總督府大力督促的開發政策下，形成難以想像的急激躍進。台灣農業不再只是自給自足，而是走向經濟作物的農業生產型態，爲殖民事業賺取利潤。

在土地的利用與耗損方面，日治時期，因化學肥料昂貴，水源也不充足，土地還有休耕的機會。1960年代以後，水源供給逐漸充沛，肥料更易獲得，農田的耕種開始朝精緻化發展，每個人都努力耕作，增加生產。在如此密集的土地利用下，土地幾無喘息的機會。

建設乎？破壞乎？

一種努力建設家園、拓墾山林的意識也在戰後隨著政策悄然形成，對生態環境的影響更加深遠。

1956年石門水庫開始動工；八年後這座號稱國民政府來台後最偉大的工程完工。此後，水庫不斷在各地出現，成爲政府宣傳偉大建設的重要符號。在這時期，經常可看同一種類型的大型看板，內容是抬頭挺胸英姿煥發的士農工商，背景裡有巨大煙囪冒著濃煙的工廠，或者高高矗立的水庫；旁則寫著：「建設台灣、光復大陸」之類的反共標語。從這些地方，我們看到的是征服環境、人定勝天的自強意識，以及經濟開發勝於一切的政策。

在這種意識下，山林變成當局眼中取之不盡、用之不竭的自然資源。直到1960年代，林務單位才開始正視到過度砍伐森林所導致資源逐漸消失、林場被迫關閉的問題。可是，大面積的造林政策，廣泛栽植單一林相的柳杉，仍因循日本人的錯誤觀念，完全忽視台灣特有的複雜森林原貌，形成過度的山林破壞。

當時的台灣社會由於物質貧困，人人想追求富裕的生活，完全忽視被嚴重破壞的生態環境。濃密的煙霧不是污染，高大的水庫也不是生態毀滅，它們是積極建設的表徵，更是國家富裕的新希望。這樣的觀念直到1970年代十大建設陸續推動時，絕大多數人還是深信不疑。

生態意識的覺醒

台灣的生態意識啓蒙是由下向上，從人文關懷的角度開始發動的。1970年元月，時報紙發行量最大的《中央日報》，連載一本重要的生態著作《寂靜的春天》。這本書雖在美國引起震撼，可惜在台灣卻叫好不

。1970年代中期，東海大學生物教授林
□義在環境科學中心發行的雜誌上發表反核
□章，但亦如水中漣漪，並未激起波瀾。
　直到1979年，《漢聲》雜誌中文版推出
□「台灣生態保育」專輯，以及隔年韓韓、
□以工所寫的《我們只有一個地球》，終於
□起輿論的廣泛回響，成為生態意識覺醒上
□重要轉捩點。
　1984年9月，台北近郊的關渡，吸引了上
□名民眾前往這塊沼澤地賞鳥，經媒體報
□，掀起了社會大眾參與生態保育的熱潮。
□後，賞鳥、觀蟲等戶外自然觀察活動在台
□蔚為風氣，各類生態保育組織和地方文史
□團，紛紛出現。
　1980年代，墾丁、玉山、陽明山、太魯閣
□四座國家公園陸續成立，台灣有十分之一
□土地劃歸在國家公園內。但是，這些生態
□育的進展，都無法和同時期爆發出來的反
□害反污染的抗議聲相比，因為污染問題不
□直接影響到生態環境，也衝擊到民生生
□。1986年，蘇聯車諾比核電廠爆炸、瑞
□山度士大火、農藥污染萊茵河等接連不斷
□重大污染事件，在國際間備受矚目。同年
□月，鹿港小鎮發起反杜邦運動。一萬多名
□地居民和環保團體人士走上街頭示威，反
□具有高污染潛在威脅的跨國化工企業到鹿
□設廠。這項運動是台灣環保運動的發端。
□後，針對環境污染的自力救濟事件，不斷
□撞既有體制，其展現的「顛覆性格」，讓
□政者與企業界聞之色變。

土地倫理的淪喪

　其實，這個階段台灣的土地也已經千瘡百
孔，變成「國在山河破」的惡質環境。例如
全台高達五萬家以上的工廠沒有廢水、廢氣
的淨化設備；單位面積農地的農藥使用量高
居世界第一；城市的空氣污染指數平均是歐
美國家的六、七倍等，這樣的例子不勝枚
舉。看來台灣在20世紀最後20年間的破
壞，已遠超過早年建設所導致之破壞的總
和，甚至把未來的生活品質都提前消耗了。
　1990年代起，經過大規模的環保運動和環
保立法，許多高污染的小型工廠雖已不再運
作或繼續投資。但悲哀的是，台灣的生態問
題，也是複雜的政治、經濟問題。在政府的
經濟開發政策下，一些大財團仍繼續進行更
大面積的環境威脅和破壞，高危險的核能發
電也有可能繼續冒險籌建。更為迫在眉睫的
是，垃圾污染、海岸溼地消失、山坡地濫墾
等問題日益嚴重。顯然的，我們的土地倫理
不僅喪失，未來亦蒙上多層陰影。

死了一隻黑面琵鷺之後

　1992年秋天，長期被忽略的野生動物生態
保育出現了新的契機。好幾家台灣報紙的頭
條都刊出一隻黑面琵鷺被獵人殺害的消息，
這是台灣的野生動物新聞首次出現在報紙頭
版頭條。為什麼一隻黑面琵鷺死了，會引起
如此大的震撼呢？原來，前一年澎湖漁民虐
殺海豚的殘忍畫面，在全世界各地媒體播
出。同時，國外激進保育團體製作的

「made in diewan」公益廣告，也在歐美的電
視台播出，呼籲當地人士拒買台灣商品。台
灣屠殺動物的惡名發展到這種地步，讓政府
不得不正視野生動物的生存權利。
　不過，保護單一物種的效果有限，更無法
阻止生物的毀滅速度。維持生物的多樣性，
是20世紀末期國際生態專家的主要觀點之
一。透過這個觀點，台灣必須有更大的生態
範圍，來保護既有的生物，保存最大且最多
的物種留給後世子孫，這是達成「永續台灣」
的唯一之道。
　2000年底，台灣發生了大規模的棲蘭檜木
森林請願運動。這波運動的背後意義相當深
遠，一方面，它揭示了台灣在20世紀以
來，對於山林的過度利用和漠視，此時應是
重新反省的時候。另一方面，它也隱含了生
態保育人士對於21世紀台灣森林環境復育
的期待——讓嚴重的破壞，就此結束於20
世紀末。

啊！福爾摩沙 自然生態與現代開發

地質上台灣正值青壯，在三萬多平方公里的海島上，山區占三分之二強，氣候上屬亞熱帶，雨量豐沛，孕育出涵蓋熱帶雨林到高山森林的多樣地貌。人口數十萬的南島語族原住民漁獵採集、刀耕火食幾千年，對台灣地貌改變不大。

17世紀中期以後漢人入墾的三百多年間，台灣進入農業社會，平原與丘陵逐漸開闢成稻田、茶園、魚塭、農村與城鎮。

□ 梅花鹿曾經在台灣高山平野成群奔馳，約1900年代。(莊永明提供)

1895年日人領台後，以台灣為提供帝國農工原料的殖民地，大量砍伐原始森林，並貫徹「米糖政策」，地表上出現綿延百里的稻田與甘蔗園，在在破壞自然生態的多樣性。

二戰結束後，農業仍是重要生產方式，台灣繼續大量伐木，製糖、養鰻、養豬，不一而足。為了發展經濟及賺取外匯，大量使用農藥與肥料，土地生態更加殘破。為了國防安全開闢的中橫、北橫與南橫，則年年崩塌，危害脆弱的山區。

1970年代以降，工業化帶動經濟起飛，以原料加工出口為工業國代製商品，勞力密集而利潤微薄。許多工廠或因回收處理費用昂貴，或因欠缺回收觀念，把含重金屬的廢棄物直接排入溝河，嚴重污染河川。

1980年代以後，環保抗爭與自力救濟事件不斷，生態環境保護受到重視。雖然付出的代價鉅大，但總算有了起步。(李文吉)

左 ② 生在台灣，摰愛台灣的日畫家立石鐵臣筆下的台灣，196. (立石壽美提供) 上 ③ 民主鬥士暨說家楊逵在1950年代所寫的「墾拓荒」街頭劇序詞。(楊翠提供)

左圖 ④ 1900年印行的《台灣三字經》詳述台灣的自然地理風貌與人文史。(國圖台灣分館提供) 上圖 ⑤ 在傳統農村社會，人們常以「大樹公」之名奉祀花樹，充分流露人對於大自然的崇敬之情，相對於現今動輒以拓寬馬路之名，不惜砍伐老樹的作為，不可同日而語，圖為日治下皇民化運動斯新竹橫山庄將各地樹靈遷至一處共同祭拜所舉行的儀式。(1937,陳板提供)

【群山冠冕】台灣是山之島，千峰綿延、萬壑奔流，數不盡的山林珍寶，滋養了島上各族文明與文化的生成。聳立於峰巒之上的玉山主峰高3,952公尺，是群山之冠，也是東亞第一高峰。圖為主峰巉巖峻峭的野性粗獷之姿。(約1930年代,莊永明提供)

起[6][7]河川流過台灣無數的大城小鎮,曾經是飲水灌溉的泉源,也是人們養鴨,洗滌的好所在.[8]土埆厝,芥菜田,和牛兒一起歇息的農人,這是一闋消逝已久的田園牧歌,約1920-30年代.[6]-[8]莊永明提供)

在農業機械化以前,牛始終是農人的親密伴侶,圖為一日辛勞下來,老農親手餵老水牛吃甘蔗葉的情景,1954.楊基炘攝.

[10]秋收後的稻草堆,勾勒出動人的田園印象派風景,1957.楊基炘攝.

高粱田裡的蘇王爺不僅要護佑信衆平安發財,也肩負鎮守田地以防備青小與鳥雀啄食的大,而王爺祭壇上的束束香火,也象徵了人對神明與大自然的感恩之情,1988.澎湖.李文吉攝.

[12]農民曆是依陰曆的「天時」來安排農漁業者耕耘播種撒網,百業工作及婚喪喜慶吉凶準則的行事曆,每年印行新版本,被稱為是發行量最大,版本最多的印刷品,1952.(莊永明提供)

[13]舊時農業社會,在農曆過年前,農家都要在家裡牆壁貼上新的春牛圖,是農人四季耕耘播種與人情世故的指導守則,1980.(鄭麗卿提供)

好山好水保護區——國家公園

1931年日本公布國立公園法,台灣也順勢成立國立公園調查會。1935年規劃了三個國立公園:大屯國立公園(今大屯、七星及觀音山)、次高太魯閣國立公園(今雪山、合歡山及太魯閣)、新高阿里山國立公園(今玉山及阿里山)。後因太平洋戰爭而中斷規劃,但相關法規、制度和範圍已具雛形。國府來台後,首重經濟發展,直至1980年代生態意識日漸提高,遂先後設立四座國家公園,1990年代再設立兩座。國家公園具保育與研究、遊憩與教育的功能,對提升生態保育自有必要。但因台灣地狹人稠,如何不破壞園區內住民的文化主體性與生計,也是不可忽略的課題。

[14]阿里山是台灣森林的寶庫,山巒、雲海、日出等自然景觀美不勝收,圖為1934年的紀念明信片集封套,前景是阿里山特有植物「台灣一葉蘭」,今因過度採擷,已成為稀有植物.(莊永明提供)

[15]阿里山高山博物館紀念戳,1936.(遺流資料室)

1984年　1985年　1985年

1986年　1992年　1995年

[16]現今台灣六個國家公園的標誌,圖下年代為各國家公園設立年代.(各國家公園管理處提供)

開山闢土
百年自然環境的開發與運用

　　閩粵漢人四百年前開始移民台灣，形成以稻米種植為主的農業社會，逐漸將原野開墾為農田。到1895年日人領台時，西部平原與東部蘭陽平原已經有250多萬人口。為提高農業生產力，殖民政府拓殖花東地區，同時在各地引進作物改良、水利、運輸、氣象預報等現代農業技術，以致全台耕地從1898年的41萬多甲增加到1934年的85萬多甲。

　　水利方面，台灣年雨量雖高達二、三千公釐，但降雨季節分配並不平均，加上山高水急，降雨蓄積不易，故旱澇嚴重。因此，殖民政府先後在嘉南平原建了烏山頭等六座水庫。水利工程則以嘉南大圳最為浩大，使嘉南平原成為寶島糧倉。此外，台東卑南大圳對於花東縱谷的農作亦助益匪淺。

　　戰後二、三十年間，為了以農產品養活激增的人口與「厚植反共復國國力」，農業擔負了自給與輸出的重擔。於是魚塭、香蕉園、養豬場逐漸改變了農村的地貌。1970年代以後，工業產品逐漸成為出口大宗，農業盛況不再，農村人口嚴重外流，政府獎勵農田休耕轉作，農業又回到供應內需，但增加了高山茶、檳榔等經濟作物。近年來有機農業風行，農藥與化肥的使用較前減緩，假以時日，台灣的農村或可恢復自然生機。相形之下，多山河、基隆河截彎取直，彰濱、麥寮填海造地等建設的防洪治水工事，還停留在人定勝天的落伍階段，20世紀末風災與水害造成的傷害即是警訊。（李文吉）

（台灣）嘉南大圳工事 當時ノ壯觀（其ノ二）
此の工事は 大正九年起工、昭和五年竣工した。幹線水路二十七里給水路二百三十九里の水路網により千年の荒原は忽ちに沃野と化し十五萬甲步の美田を現出した　（302）

[1]監造嘉南大圳與烏山頭水庫的日籍水利工程師八田與一，至今仍有民眾至其塑像前獻花，並每年舉行祭祀活動緬懷他對台灣的貢獻，1995，高明華攝.

[2]嘉南大圳的水源取自濁水溪與曾文溪，其中曾文溪的灌溉範圍為北港至台南間，為了截取及蓄積溪水，日本人在山區設堰堤，興建烏山頭水庫，圖為日治時期金子常光所繪的「台南州大觀」鳥瞰圖，畫面中烏山頭水庫下方可見渠道，將水引入嘉南大圳，分流南北，稱為嘉南大圳的北幹道，南幹道，1933.（莊永明提供）

[3]日治後於1896年開始設立氣象測候所，1905年大體完成全台初步的氣象觀測網，圖為台南測候所.

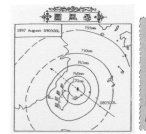

上左[4]台灣第一張颱風動向圖，1897.（周明德提供）
上右[5]水文紀念郵票，1974. 下左[6]第十屆氣象郵票，1970 下右[7]現今的氣象測候已邁入衛星時代，圖為衛星站落成郵票，1981.（[5]-[7]遠流資料室）

（台灣）　嘉南大圳工事　當時ノ壯觀（其ノ一）
此の大工事は台灣產業施設の第一に數へらるゝものにして、官田溪を堰き止める爲に長さ七百間、高さ百十尺の大堰堤を築きて所謂珊瑚を作り台南平野十五萬甲步に灌溉する施設である　（301）

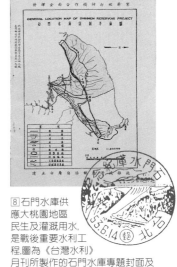

⑧石門水庫供
應大桃園地區
民生及灌溉用水,
是戰後重要水利工
程,圖為《台灣水利》
月刊所製作的石門水庫專題封面及
封底之水庫計畫圖,1954.(張素娥提供)
右⑨石門水庫紀念戳.(遠流資料室)

●【水的長城】嘉南大圳在1920年開工,是當時亞洲規模最大的水利工程,建設規模與困難前所未有,十年後完工,統整濁水溪以南、台南市以北範圍內15萬甲田地的灌溉與排水。其主要幹線有三條,濁幹線引水自濁水溪,北幹線與南幹線自烏山頭水庫流出,水源取自曾文溪;總計各類幹支線長達一萬六千公里,為原本乾旱的嘉南地區注入甘霖,對台灣的農業發展貢獻頗大,也徹底改變了當地的地貌與生態。（簡義雄提供）

⑩現代文明的建立和擴展,改變了土地的原有地貌,圖為台中清水地區鋪設柏油路面的情景,1939.(蔡正文提供)

⑪高山開發建設,天災破壞,循環不已,圖為八七水災後搶修道路情景,1959,取自《今日世界》.(李火龍提供)

⑫與海爭地的台南七股以北之海埔新生地,目前仍在整地開發的階段,1998,莊正原攝.

山海的子民
從理蕃到原運──原住民百年滄桑

現今台灣的原住民族有泰雅、阿美、布農、排灣、賽夏、邵、鄒、卑南、魯凱、達悟等族,他們從數千年前開始定居在這塊土地上。在漢人移入前,各族大致停留在原始部落社會,還沒進入農業社會,也未發展出政治組織。漁獵採集與刀耕火種的生活方式,對大自然資源的運用而言,在物質上是共生共榮,在精神上則是因理解而至敬畏。

四百年前,漢人開始入墾台灣,原住民與農業民族的衝突也隨之展開,原本生存於島上各處的原住民族逐漸退據山林。

進入日治後,優勢民族的壓迫更形嚴重。1910年起的五年間,佐久間總督發動全面的「理蕃」戰爭:強迫遷村、收繳武器、縮小蕃界,原住民的生存空間大為縮小,引發了多起反抗事件。1930年,泰雅族人不滿長期遭受日警欺壓,爆發轟動島內外的霧社事件。

1950年代國民政府實施山胞山地保留地管制,清丈山區土地。1963年規定每丁保有二公頃保留地,原住民的生存領域再度遭到壓縮。但也是這個年代,阿美族「亞洲鐵人」楊傳廣與布農族紅葉少棒隊為國人帶來無比的驕傲。

1970年代開始,瀕臨破產的部落經濟,迫使半數以上的青壯人口流落平地謀生,從遠洋漁船、煤礦坑道、建築工地,到色情工業煉獄,許多人被拐騙盤剝,凌辱死去。

1987年起,原住民運動團體針對漢人色情剝削、土地擁有權、族群歷史解釋權等問題發動抗議。1990年代,儘管台灣歷經政治自由化的發展,至今仍有許多原住民生存權益未獲解決。也許,這就像一位鄒族老人在總結原住民的20世紀命運時所說的:「百年來我們民族不斷的在退化!」(李文吉)

① 討蕃隊凱旋戰,1914. (遠流資料室)

② 1931年,在與日本殖民政府對抗數年後,布農族終於向強大的殖民勢力輸誠,圖為阿里曼頭目與台東廳長會談情景

③ 理蕃政策所及,在台東地區連火車都設「蕃人專用」車廂,1935.

④ 花蓮官廳特意振興太巴塱阿美族賞月節慶的畫面,1920年代.

⑤ 日治時期,原住民即已成為明信片上的「風景

⑥ 原住民久居山林,能走擅奔,圖為雪山山徑上負重登高的泰雅族人,1930年代.

⑦ 山林是原住民的生存場所,圖為獵人出獵情景,除了獵刀獵槍和獵狗,連襁褓中的幼兒也揹在身上,1964,盧山溫泉吊橋,陳耿彬攝.(陳政雄提供)

⑧ 日月潭地區的邵族是較早接受漢化原住民,圖為邵族婦女與書寫了邵族歷源流的布告,取自《風光台灣》,1939.

⑨ 以台灣原住民婦女為封面的《日本殖民地史:台灣卷》封面,1978.

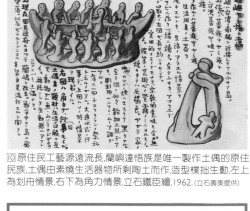

⑩原住民工藝源遠流長,蘭嶼達悟族是唯一製作土偶的原住民族,土偶由素燒生活器物所剩陶土而作,造型樸拙生動,在上為划舟情景,右下為角力情景,立石鐵臣繪,1962.(立石壽美提供)

恢復我們的姓名

從日治時代開始,優勢民族開始以國家的力量推行同化政策,對原住民文化帶來前所未有的壓迫,原住民失去了原來的名姓,也失去了以母語傳承文化的能力。以下節錄自排灣族盲詩人莫那能的〈恢復我們的姓名〉

從「生番」到「山地同胞」/我們的姓名/漸漸地被遺忘在台灣史的角落……我們的姓名/在身分證的表格裡沈沒了/無私的人生觀/在工地的鷹架上擺盪/在拆船廠、礦坑、漁船徘徊/莊嚴的神話/成了電視劇庸俗的情節/傳統的道德/也在煙花巷內被踐躪……

上⑪《山外山》是第一份原住民族自覺運動刊物以爭取基本權利為宗旨,圖為創刊號封面,1985.(莊永明提供)
右⑫近十年來,各地住民普遍強調地方文化的特色,原住民也開始還原自己的歷史文化風貌,圖為原住民文化活動海報,1998.
(常民文化學會提供)

⬆【陽光下的山林之子】

自古以來,台灣原住民昂揚於群山之間,他們迅捷如天上鷹隼,勇猛如山間雲豹,樸實如溪谷苔石。但在外來統治者只顧及自身利益的政策下,他們的生活面貌急遽改變、扭曲,生存空間受到強力壓縮,遭遇經濟剝削、社會歧視、政治壓迫與文化漠視,喪失了昔日山野陽光下的恣意與自信。
(取自《台灣國立公園寫真帖》,1937,莊永明提供)

⑬漢人所制定的許多政策剝奪了原住民的傳統生存空間,造成原住民悲慘的生存困境,其中包括許多原住民少女,淪為城市色情行業犧牲品的嚴重問題,圖為1987年台北華西街反雛妓遊行現場,蔡明德攝.

⑭1988年鄒族青年抗議「吳鳳神話」以漢人沙文主義將原住民醜化為殺人蠻族,要求撤除吳鳳像,嘉義,蔡明德攝.

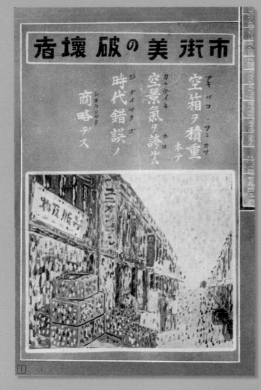

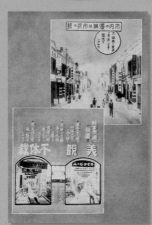

守護家園

【圖片說明】不論戰前或戰後，政府未必真正保護環境，但對推行市容美觀與居住安全倒是口徑一致：①-③日治時期官方宣導品。①②③中研院社科所所提供②洪麟益提供 ④⑥⑧⑨ 解嚴後，社區營造蔚為風潮，並發行刊物.④-⑨遠流資料室⑤921地震後，災區居民展開社區重建，並發行刊物.⑦文化工作者透過影像來紀錄家園遞變. 環境破壞是台灣經濟成長所付出的代價之一，1980年代開始引起更多媒體重視：⑩⑪人間雜誌的公害專題，1980年代.⑫天下雜誌專刊，1996.⑬大地地理雜誌專刊，1999.⑩-⑬遠流資料室 核電問題是1980-90年代台灣環境的重議題：⑭-⑰為民間反核團體的宣傳品及活動現場.⑱-⑳自然生態保育觀念的建立與落實，在1990年代有較具體的進展.⑱遠流資料室⑯⑰陳輝明收藏 ㉓㉕以空氣污染防治為重點的生活物件. ㉔㉖-㉘資源回收也是環保重要課題.㉑-㉓㉗㉘遠流資料室㉖陳輝明收藏）台灣河川污染嚴重，人與自然的關係亟需調整；㉙出版品封面（遠流資料室）㉚河川之愛活動海報，1994.(民間藝術工作室提供)

新辭彙·舊時語

【土石流】泛指土、石和水混合後產生集體運動的流動體。其特色是搬運力高、破壞力強、啟動快但持續時間短，事先難以察覺或預防。土石流與地震一樣均屬自然現象，而人與土石爭道，終不免釀成災難。

【截彎取直】都市防洪計下的河川水道變更辦法。隆河截彎取直為知名案例，但完工後防洪未必，釀災成真。除了因中游汐止過開發而導致水土破壞外，因為淡水河道被堤防圍堵使颱風夾帶的龐大雨量，

第**112**期
2001.1.10.出版

荒野快報

wilderness is where life begins...

荒野是... 萬物生命的源頭 是人類古老的鄉愁 讓我們重回荒野 找尋失落的喜悅...

乏蜻蜓河道緩衝，無法迅速
宣洩，因而氾濫成災。

【**山老鼠**】指盜採原木牟利
的人。他們大肆盜伐深山枯
木巨樹、挖空樹幹植菇。而
古木原是野生動物棲息地，
盜伐後缺乏水土保持，山林
王鼠輩橫行後滿目瘡痍。

【**廢五金**】包括廢棄鋼、
銅、鋁、電線以及電纜。為
了回收其中可用金屬，業者
以拆解、燃燒、酸洗、冶煉
等方式處理，導致不同的環
境污染問題；其中以露天燃
燒造成戴奧辛污染空氣、酸
洗污染河川最為嚴重。

【**鳥仔踏**】冬候鳥紅尾伯勞
每年過境台灣，在恆春半島
中途休憩時，常遭獵人非法
設置陷阱「鳥仔踏」捕殺後
販賣，數量多時曾達一年上
萬隻。這種大規模獵殺野生
動物的行徑，引來生態保育
團體的嚴重抗議。

【**免洗餐具**】1970年代衛
生當局為杜絕A型肝炎傳染
而大力宣導民眾使用免洗餐
具。但免洗餐具多由塑膠、
保麗龍等無法自然分解的物
質製成，不但形成資源浪
費、製造大量垃圾，焚化時
也極易導致空氣污染。

【**垃圾山**】聳立在台灣城鎮
邊緣地帶的「新山」。過去
都市計畫中缺乏關於廢棄物
處理的設計，多採丟棄掩埋
的做法。工商社會人們大量
消費也製造大量垃圾，堆積
如山難以銷毀，廢棄物處置
是現代人不能迴避的問題。

拼貼 台灣

台灣萬象，無奇不有。撇開那些
珍奇古怪的景象，每個世代最平常
的事物，都會在下個世代成為奇
特；每個時代的生活景象，也會在
獨特的眼光下，成為另一種奇特。
從被壓抑的政治，到氾濫的政治；
從宗教的畫符到新人類的電腦符
碼；從中國到台灣，從台灣到美
國，又從美國到台灣；從日出而
作、日落而息的時間觀，到PDA
的時間管理；從傳教士眼中的憐憫
到世界遊子的驚呼；從「三民主義
萬歲」到「只要我喜歡有什麼不可
以」，台灣用她獨特的方式拼貼出
一張張混亂又難捨的影像。

台灣在認同錯亂與經濟盛衰的氛
圍中顛簸地走過20世紀。未來的
百年，台灣會留下、剩下什麼？

底圖：在蘭嶼達悟族「驅惡靈」祭儀活動上頭戴石膏
製驢頭面具的少年。（1985.潘小俠攝）

圖騰的腳印　台灣民主國大日本帝國，反共抗俄與威權解構，感性訴求的新圖騰年代；圖騰，在台灣20世紀天空下一路狂飆

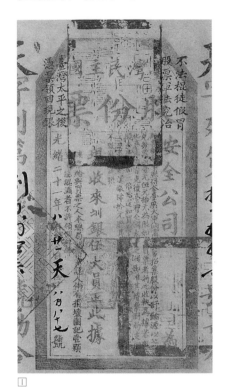

1

4

2

3

5

① 「民主」與「國家」似乎是台灣百年來的夢想與夢魘。1895年，一群台灣人在激昂的抗日情緒下，建立獨立國家，名為「台灣民主國」。有台灣、有民主、有國家，夢想皆備，卻在短短百日之內，從無到有又從有到無，台灣民主國就這樣銷聲匿跡。而獨立國家的美夢經過不同時代的詮釋，如今竟如洪水猛獸般迫人。圖為台灣民主國成立時，為募集資金而發行的台灣民主國股票。(1895，李景暘提供)

② 太平洋戰爭期間，日本以效忠「國家」的概念，強力動員台灣人加入皇國聖戰的行列。這張戰爭末期的宣傳單上，就打出了「備戰啊！台灣與日本生死攸關！」慷慨激昂的口號。(1940年代，李景暘提供)

③ 1946年，台灣在新舊交替之時徬徨著。男子身著中山裝，手持印有「民主」兩字的狗皮藥膏，張口大聲吆喝著。看來朝代雖然變了，民主依然是獨門生意。(取自《新新》，1946，鄭世璠提供)

④ 從戰後一直到解嚴的40年之間，「老蔣」肖像可謂台灣最常見的圖像。在中國童子軍16周年紀念大會上，孩子們矮小的身影背後，就豎起了一幅巨大的蔣中正半身像，睥睨四方。(1950，秦凱攝，中央社提供)

⑤ 二次世界大戰後，美國以其富裕經濟為後盾，投入世界秩序重整。在援助與被援助者之間形成一股聯盟新勢力，將世界一分為二。圖為美援麵粉袋。(1950年代，洪聰益提供)

⑥ 蔣中正誕辰，退輔會旗

各事業單位聯合登報祝壽。
(1970,遠流資料室)

⑦有個年代,廟會陣頭打前
鋒的是政治人物的肖像。這
種民間自發的行為表現出民
眾對政治威權的「信仰」。
(1974,梁正居攝)

⑧國民黨舊中央黨部拆除現
場。過去高掛在牆上的偉人
像,不知該擺到何處去。
(1994,黃華生攝)

⑨從大日本帝國到國民政府
時代,總統府的空間威權性
格,始終不變。圖為藝術家

梅丁衍的觀念藝術作品「印
象—出日,印象—日落」。
(油畫, 1992,梅丁衍提供)

⑩首屆總統直選民進黨候選
人的標誌「海洋鯨魚」加上
「阿扁笑臉」,台灣進入新圖
騰時代。(2000,王漢順攝)

故鄉客與異鄉人　不管從何方來，或要去向何方，遷徙與歸屬，是世紀台灣人的無奈際遇，也是夢想

1 二戰末期戰事吃緊，日本政府以赴日深造為由，招募八千多位台灣少年到日本製造軍機，從此歸鄉夢遙，死於異鄉戰火者無數。圖為台灣少年工在宿舍前留下「望鄉」之影。（約1944,陳碧奎提供）

2 身分證和戶籍是人存在與存在某處的證明。1910年代，台灣人的身分標記是由戶籍上的種族、吸食鴉片、纏足、種痘等欄位構成。（陳輝明提供）

3 1939年的戶口名簿。（莊永明提供）

4 日本雷屬推行皇民化運動期間，台灣人由傳統漢姓改為日本姓名。1945年，日本人敗戰走了，台灣人又紛紛恢復舊姓名。（台北228紀念館提供）

5 戰後的戶口名簿逐頁記載一家人出生、教育程度。（蔡進昌提供）

6 1960年代的身分證字號看來彷彿「特務」編號。（鄭世璠提供）

7 戰後大量人口隨國民政府遷入台灣島，人口問題以及隨之而來的糧食、住宅、能源問題，是當時許多人的隱憂。（1949,取自《中央日報》遠流資料室）

8 1945年到1950年代中期，不知有多少來自彼岸的異鄉客，輾轉來到台灣這個小島，從此異鄉變家鄉。圖為1954年入境證。（羅廣仁提供）

9 人在島地台灣，卻「擁有」對岸大陸某個遼闊省份的土地。一張薄薄的戰士授田證，是荒謬的時代寓言，也是戰後許多大陸來台軍人的安慰。（羅廣仁提供）

10 戰後隨國府來台的大陸人士多住在眷村中。圖為新竹市東大新村一景。（1951,荊廣禹攝）

11-12 1950到70年代，台灣人出國的並不多見，留學深造是人生大事，而學成歸國與返鄉探親自然無比風光。

1

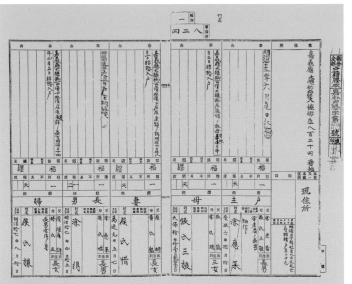

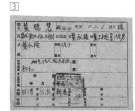

2

3

4

5

6

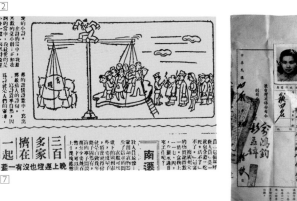

7

8

9

⓭-⓰20世紀末期，美加移民政策趨緊，台灣人遂以中美洲的迷你國家做為移民中途站。當人們急切離開此地時，卻有另一些人因婚姻定居此地。（⓫-⓰遠流資料室）

⓱台灣島內的遷移多因迫於生計，只好離鄉背井來打拼，如1980年代集體遷移至基隆八尺門當漁工的花東地區阿美族人。圖為族人肩上背著故鄉白米，走上八尺門的家。（1985，關曉榮攝）

⓲大象林旺和馬蘭，跟著孫立人將軍帶領的滇緬軍隊，飄洋過海到台灣。從此由工作象變成動物園裡的老牌紅星。（1950年代初，羅超群攝，羅廣仁提供）

⓳動物園的動物，遷移全由主人決定。圖為台北市立動物園由圓山遷至木柵時，長頸鹿裝箱運送的有趣畫面。（1983,馮國鏘攝，中央社提供）

鵬程萬里

送別的場面　總是感人的

載譽歸國

回家的時候　總是 Happy

⓱

⓳

拼貼台灣

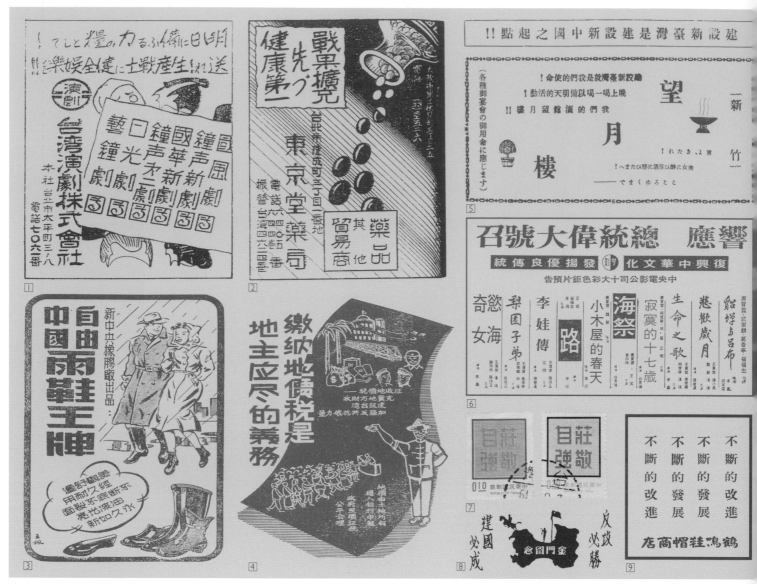

1 文字是表達情感與意念的媒介；有的時代，它也是傳達政治意識最有力的工具。不同的時代，應付不同的情勢，也產生了各具時代感的標語，成了台灣文化特有的型態。太平洋戰爭時期，激勵戰鬥意志，是官方的政策目標，而商家也只得配合。台灣演劇株式會社的廣告上便以「為明日儲備精力的糧食！把娛樂送給戰士！」做為文案。

2 藥品廣告則以「戰果擴充、健康為先」做標題。（1 2 取自《台新》，1944，遠流資料室）

3 在反共抗俄時代，連雨鞋都命名為「自由中國」。（取自《台灣經濟》，1957，遠流資料室）

4 「繳納地價稅是地主應盡的義務」這樣一個熟悉的句子，只須改個起頭，換個名詞，到今天都還能看得見。（取自《報學》，1957，遠流資料室）

5 就連吃飯喝酒的餐館也要和「建設新台灣」扯上關係，喝個酒竟然是為了明天！（取自《新新》創刊號，1945，鄭世璠提供）

6 復興中華文化、發揚優良傳統就得去看電影，仔細一瞧，那些電影和這標語又有何關連？（1967，遠流資料室）

7 「莊敬自強」這四個字應是動盪不安的年代裡，出現頻率最高的標語了。（1972，莊永明提供）

8 位居反共前線的金門，自然是政宣標語的好「戰場」。（約1970年代，王榮文提供）

9 鶴鳴鞋帽店以不斷重複的反共字眼，不斷重複的建設口號來宣傳，極具威權國度所特有的「口號催眠」效果。（取自《反攻》，1952，遠流資料室）

10 彈珠台上以標語徽章製成的得分板，當然也負有政宣教化的功能。（1960-70年代，台北228紀念館提供）

⑪廣告宣傳首重效益，騎一輛三輪車出門，上頭的訊息能塞就塞，除了琳瑯滿目的電影廣告之外，也沒忘了幫忙宣傳政府政策。其中，近幾年才真正落實的「騎機車戴安全帽」，也赫然在列。大小標語，密密麻麻，加上小丑裝扮，果然引人注目。相中人為李清沛先生，自稱李小丑，這麼熱鬧的三輪廣告車，比起從前走在路上、前後揹著廣告看板的「三明治人」要進步多了。(1970年代,萬華,梁正居攝)

⑫古人吟詩寫字，多為抒發情懷；咱們寫毛筆字，可是為了提振自強救國的決心。書法、海報比賽的內容，全脫不了反共愛國、倫理道德等教條，書法與繪畫的視覺美感反倒成了陪襯。那是難以理解的時代，卻是許多台灣人的共同記憶。(1975,松山火車站,梁正居攝)

⑬1950年代之後，無所不在的口號標語，有如政府的鴉片，控制著人們的腦袋。這種以文字標語強迫灌輸意識形態的做法，漸漸引起一些人的反制。解嚴後，反抗的聲音在各個領域蔓延，藝術家也開始以他們的媒介來表達、嘲諷台灣特有的泛標語文化。藝術家楊茂林的作品「Made in Taiwan」標語篇，便是將許多日常生活中的標語寫在古台灣島上。透過集合這些標語，並抽離這些字彙與其相應的關連，讓觀者重新思考這些字彙的真正意義，進而達到藝術家嘲諷的目的。(1993,楊茂林提供)

⑭一條窄巷，一棟新建的樓房邊，立著斑駁的平房，在它漆成淺色的磚牆上，貼著「守望相助、敦親睦鄰」八個字。這原是傳統社會特有的人情溫暖，如今社會結構變化，人與人互動的形態也不再相同，照片上掉落的「鄰」字，竟像是種嘲笑。(2000,基隆,王漢順攝）

台灣‧表情‧符碼

從古老的廟籤，到網路世代電子新暗號；從野台人與偶，到路邊人看人，數不盡的台灣表情在上演

□「文字」與「圖像」是人與人、世代與世代間溝通的媒介。然而在我們的文化中，也存在一種圖像符號，它們僅僅是某一特定對象之間的語彙，如「符咒」即人與神明溝通的符號。犯太歲是指出生年庚與值年太歲相同，此時便必須到廟裡拜太歲星君，求一張太歲符，以保平安。(2000,鄭麗卿提供)

②南瑤宮鎮宅符，通常貼於門上，保佑全家平安。(1999,吳興文提供)

③奉天宮平安符，隨身攜帶，以保平安及辟邪祈福。(1999,吳興文提供)

④對現今20歲左右或更年輕的世代來說，實體郵件已相當陌生，他們溝通的方式變成在電腦前發電子郵件或上BBS聊天。為應付網路快速聊天所需的打字速度，以及彌補看不見彼此表情的缺憾，於是發展出以鍵盤符號組成的表情和簡碼。只需幾個英數符號就能組合成開心、不高興或尷尬的表情。而

以英文字仿台語發音拼成的縮寫，如ATOS即台語的「會吐死」，也都讓舊時代的人類驚嘆不已。(2000,遠流資料室)

⑤在電視、電影等聲光娛樂越見普遍的時代，台灣的野台歌仔戲依舊存在，並添上了新時代的色彩：古典的仕女圖布景加紅藍帆布棚、墨鏡、麥克風、露肩裝，連頭套也免了。(1987,高雄,劉振祥攝)

⑥河堤邊，衣裝鮮豔、表情各一的布袋戲偶左右上下排排站，成了一幅布袋戲偶的眾生相。數量與色彩的強勢，也將媚俗的商品轉換成一種另類文化。(1993,陳田稻攝)

⑦七爺八爺原本應屬於人群簇擁的廟會場景，此時卻遁入歸於平靜的小巷中，迎面遇上攝影師。地上爆竹屑遍布，空氣中煙霧瀰漫，兩名神將在鏡頭下像是迷失了方向，弄丟了群眾。(1994,新港,劉振祥攝)

③ 過去在迎神廟會的場合
裡，總少不了藝閣來炒熱慶
典氣氛。對平時少有娛樂的
大眾來說，這也是難得的看
熱鬧機會。圖中表演者還是
個孩子的模樣，腳跐木屐，
高高地站在綴飾了五花八門
萬國旗的竹竿上，神情頗為
威風。下面看熱鬧的人群，
每個表情都有一種驚嘆。
(1961,桃園,吳永順攝)
⑨ 早年的選舉宣傳手法是將
候選人的海報四處張貼，也
因此有些無法避免的「麻
煩」。彰化火車站前，一些
選舉海報人頭照就這樣被人
胡亂的畫了一通。(1980年
代,梁正居攝)
⑩ 人的面相，決定了人的命
運；一個黑點的位置，代表
了不同的人生。這樣的一張
面相圖就像是難懂難解的符
碼和人生。(1976,萬華,張照
堂攝)

看見時間

隨著時代變遷，時間以不同方式被記錄、切割、懸掛、慶賀及消費……

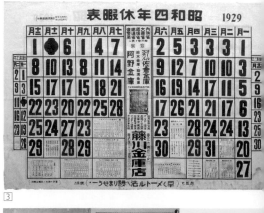

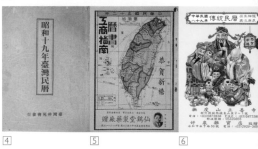

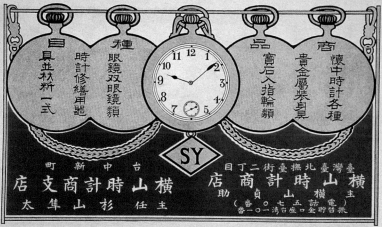

惑覺時間

時間難被察覺，時間只會在不經意的角落，表現出世紀以來生活的流逝和變化

1

2

13

4

15

16

① 日本政府為了讓台灣農業社會習慣現代的時間觀念，遂推動時間節（6月10日），宣傳海報上便標明「時間就是金錢，時間不等人，要守時」。(1926,中研院社科所提供)

② 昭和15年台中清水神社祭事曆標明每月各項祭祀慶典時間，在須掛國旗的日子，印上太陽旗。(1940,洪聰益提供)

③ ⑧ 不同時代與朝代休假日不同，休假的理由也不相同。(③ 洪聰益提供 ⑧ 遠流資料室)

④-⑥ 不論時代如何在變換，民曆始終存在。(④⑤ 莊永明提供 ⑥ 李火龍提供)

⑦ 1912年的鐘錶廣告。(遠流資料室)

⑨ 不論百年歲月如何變遷，是慢悠悠走過農業時代，還是上緊發條一路「快轉」的工商社會，日曆仍一頁頁撕去，年復一年。(1998,新港,大家樂求明牌現場,劉振祥攝)

⑩ 隨著時代的變遷，時間的意義不斷擴大，成了慶祝、消費的理由及消費的計算方式(1960年代-2000,遠流資料室)

⑪ 街屋山牆上的大鐘，是鐘錶尚未普及時代的報時者。(1920-30年代,洪聰益提供)

⑫ 1930年代末，日本政府開始禁止台灣傳統習俗，也包含農曆春節，每年元旦變成了新年，門口要插上榕枝，構成了這幅「日本年」景像。(新港,洪宗光提供)

⑬ 1945年5月間，曾遭受美軍轟炸的街景彷彿時間停格，連聲音也彷若消失了一般。(1945年10月,遠流資料室)

⑭ 1970年代末的台灣街頭，時間已開始在車水馬龍中穿梭。(梁正居攝)

⑮ 2000年的台灣人擠在動彈不得的道路車陣中，任時間無奈流逝。(台北,王漢順攝)

⑯ 迎接千禧年成了全球大事，倒數的秒數板，也將時間一一格化。(台北,陳輝明攝)

拼貼台灣

聲色・台灣

舞廳，酒家，理髮廳，美國大兵的Bar，叫小姐電可琴伴車上地旁橫鄉西施，鋼管舞電坑公主，電光聲色照台灣

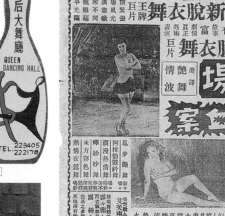

1 情色文化不是過去也不是現在，不是台灣也不是任何地方所專有，它是超越時間和地域，普遍而共通的文化；它從未抬上桌面，卻始終屹立不搖。戰後的一幅漫畫即呈現出改朝換代的動盪也無法動搖的聲色文化。(取自《新新》，1946，鄭世璠提供)

2 5-7 每個時代對聲色場所的稱呼都不相同。從早年一直到1970年代末期，稱這些地方為舞廳、酒家、酒吧、茶室；後來又有理容院、三溫暖、俱樂部等。名稱差距極大，也越趨「名不符實」。(2張先正提供 5陳振平提供67張芳伶提供)

3 萬華、北投和延平北路曾是台北的風化區所在。此景是早年萬華風化區一角，這些區域在2001年北市府廢除公娼之後，已褪去顏「色」。(1953，鄧南光攝)

4 外國製作的A片，是早年情色電影的大宗，多在三流小戲院放映。因當時總以為洋人便是滿頭金髮，遂稱西洋脫衣舞孃為金絲貓。而當年類似這樣的宣傳單，有時還會托給計程車司機沿街拋送。(1960年代，陳慶芳提供)

8 1950年韓戰爆發後，南台灣最大的港口——高雄，成了美國大兵和外籍船員娛樂消費的所在，其中尤以港邊的七賢三路最為熱鬧，鼎盛時期曾有33間酒吧。華燈初上，男男女女搭肩摟腰，搖擺過街，此番風情直到1970年代越戰結束才落幕。(1960年代，高雄，蔡高明攝)

9 1950-70年代，駐台美軍顧問團及來台度假的越戰美軍，帶來台北中山北路、錦州街、雙城街一帶Bar的黃金歲月，許多酒吧至今仍持續其洋風情調。(1959，陳漢中攝，中央社提供)

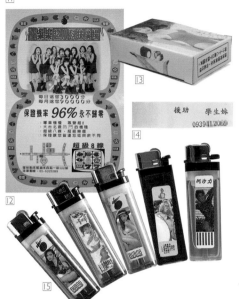

10 1980年代末期台灣股市狂飆，房地產景氣大好，露天演出的工地秀在中南部現身，成為繼牛肉場、電子琴花車之後的台灣特產，圖為台中某預售屋的露天歌舞秀。(1999,鄭履中攝)

11 牛肉場興盛的年代，歌劇院與西餐廳的清涼秀海報四處可見。圖中老農夫的身影與海報上艷星的姿態成了強烈的對比。(1980年代,黃華生攝)

12 台灣的電動玩具店到了1990年代末期冠上了科技之名，稱作科技廣場，服務生也改由辣妹充當，聲光、暴力、賭博等電玩再加上美女，20世紀末所講求的多元與綜合，竟然在這裡徹底實踐。(2000,遠流資料室)

13 檳榔西施是台灣最令人咋舌的商業行銷手法。衣著「精簡」的販售小姐、檳榔盒上香豔的美少女，色香味俱全，大概沒有任何一種商品能與之媲美。(2000,遠流資料室)

14 警方開始取締色情宣傳品後，應召業便只把手機號碼印在便條紙上，見車就貼。另一個新名詞——援助交際，也同時出現。(2000,遠流資料室)

15 美女如雲的打火機，是外國人來台必收集的紀念品。(2000,遠流資料室)

16 鋼管舞發源於美國，在中台灣聲名大噪。因其難以界定是色情還是表演，相關單位頗傷腦筋。(1996,台中,蔡明德攝)

外國人看台灣

純樸大地，悠閒歲月，戰火離亂，孩童笑顏，世紀末景象──異邦人愛台灣

1 日治時期，首位來台調查的日籍人類學家鳥居龍藏所攝之排灣族石板屋，其拍照主要是爲了記錄之用，呈現出物件與人的完整面貌爲其重點。(1896-97,遠流資料室)

2 原住民是日本殖民政府最佳的獵奇對象。原本隨著大地律動自然起舞歌唱的祭舞場面，卻加上了一台留聲機，儼然一幅異邦人擺弄出來的景象。(取自《風光台灣》,1939,遠流資料室)

3 二戰剛結束，一批美方人員來台蒐集情報，留下許多台灣當時的景象。(1945,高雄火車站,遠流資料室)

4 5 在台出生的日籍畫家立石鐵臣曾繪下許多1930-40年代台灣的人文風景。(1962,立石壽美提供)

6 1960年代，法籍范賓神父來到新竹內灣。傳教之餘也拍下了內灣人的面容與生活樣貌。(1960,內灣天主堂提供)

7-9 美籍傳教士傅良圃(Fred Foley)曾任教台灣大學外文系，服務耕莘文教院期間，極力推動台灣文藝，攝影作品豐富，以《台灣寫眞》(圖8)爲代表。(1950-60年代,常民文化學會提供)

10 11 在南投鹿谷地區奉獻40餘年的美籍神父謝省躬，以相機捕捉鹿谷人貧困而簡樸的生活。鏡頭下孩童的天眞，不覺也顯露出攝影者純眞的情懷。(1950-60年代,常民文化學會提供)

12 13 來台定居將近九年的荷蘭籍漢學博士羅斌(Robin Ruizendaal)，他的油畫作品，表現出他對台灣通俗文化獨特而幽默的見解。(1994-95,羅斌提供)

14 15 法籍攝影師Nathalie Falgarone 2000年來到台灣。在她的鏡頭下，台灣竟迴盪著一種法國獨有的浪漫情調。(Nathalie Falgarone提供)

1

2

3

train loading since authority of MP + Police has diminished - Taichu Station Oct 1945

4

5

6

拼貼台灣

情調台灣

懷舊情調，異國情調，野台情調，童真情調，青春情調……述説不盡的台灣情調

1

2

3

1 太陽底下無鮮事？不！當太陽暫時不見蹤影的時候，連三輪車夫也會暫停自己的勤奮，觀看難得一見的日蝕奇景。有人手拿黑色膠片，有人戴著太陽眼鏡，也有人什麼保護也沒有，就這樣抬頭直視，等待陽光漸漸暗去的時刻來臨。(1955,台北正中書局前,蘇培基攝,中央社提供)

2 在台灣這塊土地上，日日上演著各式戲碼。舞台上有主角、有配角，各扮各的角色。等待美國總統尼克森抵達新竹機場的記者們，身上掛著高檔相機，西裝畢挺，站姿瀟灑，臉上難掩興奮的表情。他們原不是場面中的主角，卻成了另一個鏡頭下的焦點。(1953,鄧秀璧攝,中央社提供)

3 剛下軍機的美國飛行員，笑容滿面地朝著騎在台灣水牛背上的牧童走來。水牛和牧童，彷彿與飛行員、軍機分屬兩個不同的世界。不搭調的兩景相鄰，凸顯出1950至60年代台灣特殊的歷史處境。(1955,陳少華攝,中央社提供)

4 「舞台即生活」是戲子的宿命，哪裡有戲演，就往哪裡去。而這一去，往往半年數月。於是整家隨著戲班四處搬演，就成了野台戲風光年代的標準場面。即使再漂泊的生活，也不忘偷個閒，娛樂一番。魁梧而高大的父親，上好了花臉，一掌舉起嬰兒，健壯的嬰孩站得牢牢，大家也開心地笑了。布棚外透著一點傍晚的藍天，再不久，便是上戲時分。(1976,新竹,陳田稻攝)

4

⑤「我家門前有小河……小河裡，有白鵝，鵝兒戲綠波……」。村溪圳邊戲水的小孩，有鴨為伴，有樹可爬，這不僅是兒歌的場景，也是半個世紀以前台灣的真實景像。(1954,台南鹽水,楊基炘攝)

⑥半個世紀之後，我們的孩子在何處嬉戲？治安敗壞的年代，孩童只有跟著父母才讓人安心。於是，父母的活動地點，就成了孩子遊戲的所在。(1987,何經泰攝)

⑦反共抗俄時代的青年在艷陽下作體操，在那個時代，「整齊劃一、遵守準則」是好男兒最高的行為標準。(1951,台北,鄧秀璧攝,中央社提供)

⑧1990年代，當台灣領受到言論思想的解放、氾濫與經濟富裕之後，創新、另類、享樂、和別人不一樣，成了新世代追求的目標。青少年的娛樂方式同時解嚴，在夜總會徹夜跳舞，也變成極為平常之事。(1985,黃華生攝)

⑤

⑦

⑥

⑧

參考書目

凡書籍資料未標示日文版或英文版者均為中文版,各分類項依出版時間排序

20世紀歷史‧影像

◆ 20世紀:從攝影看世界與日本的一百年(日文版),1996,日本東京,集英社
◆ 人物20世紀(日文版),1998,日本東京,講談社
◆ 日錄20世紀(日文版),1999,日本東京,講談社
◆ 時代精選,1973,時代雜誌
◆ 20世紀影像史(英文版 Photohistory of the 20th Century),1986, Grimwood, Joanthan/Blandford Press, 紐約
◆ 我們的時代:馬格蘭攝影精選(英文版)In Our Time: The world as Seen by Magnum Photographers, 1989, William Manchester with essays by Jean Lacouture and Fred Ritchin.
◆ 人類大世紀(20th),1999,大地地理出版社
◆ 20世紀史(Our Times),1998,貓頭鷹出版社
◆ 珍藏20世紀(The Century),1999,彼德‧詹寧斯、陶德‧布魯斯特著/時報出版公司

台灣日治時期歷史‧影像

◆ 台灣大觀(日文版),1912,台灣大觀社
◆ 台北州警察衛生展覽會寫真帖(日文版),1926,台北州警務部
◆ 台灣體育史(日文版),竹村豐俊編輯,1933,臺灣體協會
◆ 東台灣展望(日文版),1933,東台灣曉聲會
◆ 國立公園寫真帖(日文版),1939,台灣國立公園協會
◆ 日本植民地史3:台灣‧南洋(日文版),1978,日本東京,每日新聞社
◆ 台灣懷舊1895-1945,1990,創意力文化公司
◆ 台灣回想1895-1945,1990,創意力文化公司
◆ 斯土繪影1895-1945,1996,立虹出版社
◆ 台灣鳥瞰圖,莊永明著,1996,遠流出版公司

台灣史料總覽

◆ 台灣大年表(中文復刻版),1938,台灣經世新報社
◆ 工商指南曆書,1962,瑞成書局
◆ 台灣畫史,1963,台灣畫史編纂委員會
◆ 光復前台灣文學全集,1979-82,遠景出版社
◆ 現代社會的民俗曲藝,邱坤良著,1983,遠流出版公司
◆ 台灣報業演進40年,祝萍、陳國祥著,1987,自立晚報社文化出版部
◆ 台灣光復後田徑運動發展之研究,雷寅雄著,1988,中華民國田徑協會
◆ 台灣歌仔戲的發展與變遷,曾永義著,1988,聯經出版事業公司
◆ 台灣地區文獻會期刊總索引,1989,龍文出版社
◆ 台灣紀事:台灣歷史上的今天(上/下),莊永明著,1989,時報出版公司
◆ 美麗的稻穗,莫那能著,1989,晨星出版社

廣播電視年鑑

◆ 廣播電視年鑑,1990,中華民國廣播電視事業協會
◆ 台灣全記錄,1990,錦繡出版社
◆ 台灣戰後初期的戲劇,焦桐著,1990,協和藝術文化基金會
◆ 台灣風雨歲月——台灣的天氣諺語與氣象史,周明德著,1992,聯明出版
◆ 台灣百科,若林正丈,劉進慶,松永正編著,1993,克寧出版社
◆ 重返美濃:台灣第一部反水庫運動紀實,美濃愛鄉協進會編著,1994,晨出版社
◆ 台灣歌謠鄉土情,莊永明、孫德銘編,1994,孫德銘出版
◆ 台灣第一,莊永明著,1995,時報出版公司
◆ 永遠的未央歌:現代民歌/校園歌曲20年紀念冊,1995,台灣滾石唱片公司
◆ 台灣歷史年表(1-5),1996,台灣史料編纂小組,業強出版社
◆ 台灣近代史(文化篇),1997,台灣省文獻會委員會
◆ 台灣歷史圖說,周婉窈著,1997,聯經出版公司
◆ 台灣生態史話,陳玉峰著,1997,前衛出版社
◆ 島國顯影(1-4),1997,創意力文化公司
◆ 台北西門町電影史1896-1997,葉龍彥著,1997,財團法人國家電影資料館
◆ 台北藝術文化年表,1997,台北市政府新聞處
◆ 日治時期台灣電影史,葉龍彥著,1998,玉山社出版公司
◆ 日據時代台灣師範學校體育發展史,蔡禎雄著,1998,師大書院有限公司
◆ 台灣電影:政治、經濟、美學(1949-1994),盧非易著,1998,遠流出版公司
◆ 台灣民俗技藝之美,許常惠著,1998,中華民俗藝術基金會
◆ 從流行歌曲看台灣社會,曾慧佳著,1998,桂冠圖書公司
◆ 台灣史100件大事(上/下),李筱峰著,1999,玉山社出版公司
◆ 破冰——資深新聞人蘇玉珍的報緣與球緣,蘇玉珍著,1999,商智文化
◆ 台灣出版史,辛廣偉著,2000,河北教育出版社
◆ 台灣百人傳(1-3),莊永明著,2000,時報出版公司
◆ 台灣史小事典,遠流台灣館編著,2000,遠流出版公司
◆ 我國參加奧運滄桑史下篇:國際奧會與兩岸三角關係研究(1949-1996),湯銘新編著,2000,中華台北奧林匹克委員會
◆ 台灣重層近代化論文集,王慧芬等著,2000,播種者文化
◆ 台灣電視風雲錄,何貽謀著,2002,台灣商務印書館

台灣影像‧圖象誌

◆ 日新懷念集,約1975,私人出版
◆ 台灣行腳,1984,大拇指出版社
◆ 台灣經濟影像(1940-80年代),1987,卓越文化事業公司
◆ 影像的追尋(上/下),張照堂著,1988,光華書報雜誌社
◆ 快門下的老台灣,向陽、劉還月編著,1989,林白出版社
◆ 玉山回首,1992,玉山國家公園出版社

走過從前：澎湖懷舊照片專輯,1994,澎湖縣立文化中心

往日情懷：大甲老照片徵展專輯,1994,台中縣立文化中心

街坊市井：鹿港景深30年,許蒼澤攝影集,1992,左羊出版社

南投縣老照片特輯(1-5),1994,南投縣立文化中心

看見淡水河,張照堂主編,1994,台北縣立文化中心

回首楊梅壢,梁國龍,曾年有編,1995,楊梅文化促進會

打開新港人的相簿,顏新珠編著,1995,遠流出版公司

台灣百年攝影展圖錄,1995,國立歷史博物館

台灣：戰後50年,1995,時報出版公司

圖說淡水四百年,1995,台北縣淡水鎮公所

大員印象・安平圖像,1995,台南市立文化中心

生活・台灣,1995,中華發展基金管理委員會編印

內灣線的故事,陳板主編,1996,新竹縣政府

立石鐵臣：台灣畫冊解說,1996,台北縣立文化中心

牛罵頭老照片專輯,1996,台中縣立文化中心

年輕・台北,1996,台北市政府新聞處

時空寄情-馬祖,1996,連江縣社會教育館出版

塵煙回眸憶當年：南投縣老照片特輯,1996,南投縣立文化中心

女人・台北,1997,台北市政府新聞處

皮影戲——張德成藝師家傳影偶圖錄,張榑國著,1997,教育部

走過從前：眷村的影像歲月,1997,新竹市立文化中心編印

影說台北,1997,台北市政府新聞處

影像寫台灣：花蓮人的老相簿,邱上林編著,1997,花蓮縣立文化中心

展讀歷史・典藏歲月,周明編著,1997,台灣省文獻會印行

嘉義風華,顏新珠編著,1997,嘉義縣立文化中心

重道崇文：大員印象・教育圖像,1998,台南市文化基金會

莿桐最後的望族,林保寶著,1998,玉山社出版公司

看見原鄉人,1998,台北市政府,台北市客家公共事務協會

老・台北・人,張照堂主編,1998,台北市政府新聞處

百年台灣音樂圖像巡禮,陳郁秀編著,1998,時報文化出版

台灣少年工,張良澤,張瑞雄,陳碧奎合編,1999,前衛出版社

回想清水：牛罵頭老照片專輯,1999,台中縣立文化中心

時代膠囊：千禧年半世紀前的影像台灣,1999,楊基炘

消失中的台灣珊瑚礁,李永適著,1999,大地地理出版公司

認真的台北人,1999,張照堂主編,台北市政府新聞處

台灣20世紀影像寫真輯,1999-2000,台中扶輪社

光陰的故事：黃伯驥70攝影展,2000,國立歷史博物館

從異鄉到家鄉：「外省人」影像文物展,2000,台北228紀念館

鄧南光影像故事(1),2000,北埔鄉農會膨風節工作站贊助出版

歲月・部落・原住民,2000,台北市政府,原住民事務委員會

邊陲東部,徐仁修著,2000,大地地理出版公司

台灣體育影像集(1),2001,行政院體育委員會

風中舞影攝影作品集,2001,新竹市立演藝廳

郭泰源・瞄準本壘,郭泰源、曾文誠合著,2001,那魯灣股份有限公司

世紀回顧：圖說華語電影,2001,財團法人國家電影資料館、文建會

報紙・期刊

臺灣日日新報(日文版),1900-1940,臺灣日日新報社

臺灣新民報(日文版),1930年代,臺灣新民報社

民俗台灣(日文版),1941-45(1998復刻),末次保,金關丈夫編著,南天書局

新新月刊,1945-46,(1995復刻1-8),傳文文化公司

台灣文化,1945-46,(1999復刻),吳三連台灣史料基金會、傳文文化公司

中央日報,1949-60年代,中央日報社

自由談3-7卷,1952-56年代,中國自由出版社

豐年,2卷1期,7卷11期,4卷15期,1952-54,豐年社

自由中國,15卷10期-16卷3期,18卷1期,1954-60,自由中國社

台灣新生報光復創刊16年特刊,1961,台灣新生報社

今日世界,1950-70年代,今日世界出版社

台北畫刊,1968-70,台北市政府新聞處台北畫刊社

台灣畫刊,1965-72,台灣畫刊雜誌社

今天雜誌,1965,今天雜誌社

世界地理雜誌精選集(1),1984,世界地理雜誌社

人間,37期,讓歷史指引未來專題,1988,人間雜誌社

歷史月刊,45期,1991,歷史月刊雜誌社

竹塹文獻雜誌,1995年10月試刊號,新竹市立文化中心

表演藝術,33期,1995,國立中正文化中心

中國時報,1996年度「台灣體壇講古」專欄,胡文雄撰文

遠航雜誌,1997-98,樺榭文化公司、遠航雜誌社

天下雜誌：發現台灣專題/影響200飛越2000專題/風雲際會100年專題,1991/1998/1999,天下雜誌社

廣告雜誌,100期,1999,廣告雜誌社

台北畫刊,1999-2000,台北市政府新聞處

國民體育季刊,30卷3期,2001,行政院體育委員會

臺北文獻,137期,2001,臺北市文獻委員會

嘉農人,5期,2001,中華嘉大校友會

無非閱讀2期,4期,2001,無非文化出版

源,36期,2001,促進電源開發協助基金管理委員會(電基會)

特別感謝

以下人士及單位熱心提供珍貴的影像、圖象、文史資料，
讓我們得以長眺台灣百年文化的流轉，並共同在21世紀繼續累積，在此致上最深的謝意。

（依姓氏、單位筆劃序，敬稱略）

攝影者

卜華志、王漢順、何淑娟、何經泰、李文吉、吳永順、吳冰雲、宋隆泉、林明源、林盟山、邱瑞金、柯錫杰、徐子喬
徐仁修、徐明正、翁庭華、荊廣禹、張照堂、梁正居、莊正原、許伯鑫、陳田稻、陳炳勳、陳輝明、陳鏡人、黃伯驥
黃季瀛、黃華生、傅良圃 (F. J.Foley)、楊約翰、楊基炘、楊雅棠、劉安明、劉振祥、潘小俠、蔡永春、蔡明德、蔡高明
鄭履中、鄧南光、蕭嘉慶、賴聲川、薛繼光、謝三泰、謝省躬、鍾俊陞、關曉榮、鐘永和、Nathalie Falgarone

圖片・資料提供者

丁榮生、于嘉言、王安祁、王春木、立石壽美、朱天文、何輝慶、李火龍、李秀玲、李疾、李季準、李東璧、李景暘
李魁賢、李廣淮、吳子文、吳長錕、吳榮訓、吳榮輝、吳俊輝、吳娉婷、吳興文、杜詩填、杜蕙如、周明德、周雪蓮
林千鈺、林生祥、林青萍、林佩霓、林絮霏、林漢章、林鳳嬌、范姜廷運、邱榆鑑、邱榮華、邱淑芬、阿匹婆、紀政
洪一峰、洪立穎、洪宗光、洪榮宏、洪聰益、胡文雄、高光德、高作珮、高明堂、高明華、張玉珍、張先正、張作驥
張明義、張芳伶、張致斌、張素娥、張傳財、張榑國、張潘靜智、曹永洋、梁志忠、梅丁衍、莊正夫、莊展鵬、莊靈
莫渝、許明薰、許碧月、郭泰源、陳正雄、陳板、陳秀芳、陳茉莉、陳昱如、陳品秀、陳若曦、陳建年、陳政雄
陳映真、陳振平、陳琦顥、陳碧奎、陳慶芳、陳橋木、陳豐偉、陳耀圻、陳義霖、陶曉清、游正名、黃天橫、黃訓慶
黃慶峰、楊弦、楊翠、楊茂林、楊祖珺、楊基湃、楊敏盛、楊新賛、楊惠怡、楊憶暉、葉正文、葉姿吟、葉博文
葉憲修、趙林秋鶯、趙培乾、劉還月、蔡大昌、蔡正文、蔡正良、蔡武璋、蔡家嫻、蔡揚名、蔡進昌、蔡麗華、鄭世璠
鄭茂仁、鄭恆隆、鄭振、鄧世光、黎煥雄、霍劍平、薛惠玲、蕭吉惠、謝水木、謝明昌、謝曉婷、鍾金水、隱地
鴻鴻、簡瑞隆、簡義雄、顏新珠、羅斌、羅廣仁、蘇文魁、Akibo Lee
大地地理出版公司、大稻埕偶戲館、中央日報社、中央通訊社、中央電影公司、中研院人文社會科學研究所
中研院民族研究所、中時資料中心、中國國民黨黨史會、中國電視公司、中國廣播公司、中華民俗藝術基金會
中華民國棒球協會、中華民國籃球協會、中華電視公司、中華職棒公司、今日郵政社、元素集合、天下出版集團
內灣天主堂、太魯閣國家公園管理處、戶外出版社、水牛出版公司、水晶唱片公司、牛罵頭文化協進會
世界華人攝影網、台中瑞成書店、台中縣高美國小、台北228紀念館、台北民族舞團、台灣人權促進會
台灣省教育廳、台灣英文雜誌社、台灣麥克出版公司、台灣商務印書館、民視電視公司、玉山國家公園管理處
光華雜誌社、年代影視、吳三連台灣史料基金會、吳三連獎基金會、志文出版公司、余光音樂雜誌、李梅樹紀念館
延平影業、河左岸劇團、河洛歌子戲團、東立出版公司、表演工作坊、金石堂公司、金門國家公園管理處
皇冠文化集團、原住民部落工作隊、展顏工作室、浸美堂、財團法人鄧麗君文教基金會、國史館
國立史前文化博物館、國家電影資料館、國家圖書館台灣分館、常民文化學會、張作驥工作室
雪霸國家公園管理處、郵政博物館、陽明山國家公園管理處、雄獅圖書公司、傳文文化公司、意圖工作室
新竹市立影像博物館、新象文教基金會、瑞龍公司、誠品好讀、誠品書店、遠景出版公司、嘉義大學校友會
嘉義縣文化局、滾石國際音樂公司、劉開工作室、鄭南榕基金會、墾丁國家公園管理處、縱橫國際影視
聯合報、聯旭廣告公司、臨界點劇象錄劇團、豐年社、YAMAHA公司

台灣世紀回味.Vol.3, 文化流轉1895-2000 / 遠流
　視覺書編輯室編著. -- 二版. -- 台北市：遠
　流，2011.06
　　面： 公分.
ISBN 978-957-32-6813-0（精裝）

1.台灣史

733.21　　　　　　　　　　100011596

手　　　戸　　　　　　　　　戈

日　　　　　方　　　斤　斗

木　　　　　月